D1718295

Willi Wottreng

Ein einzig Volk von Immigranten

Willi Wottreng

Ein einzig Volk von Immigranten

Die Geschichte der Einwanderung in die Schweiz

orell füssli Verlag AG

© 2000 by Orell Füssli Verlag AG, Zürich
Alle Rechte vorbehalten
Umschlag: Mario Moths, cosmic Werbeagentur, Zürich.
Foto: Prisma/Held, Zürich
Druck und Einband: Freiburger Graphische Betriebe, Freiburg i. Br.
Abbildungen mit freundlicher Genehmigung des Nebelspalter Verlages
Printed in Germany
ISBN 3-280-02652-0

—————

Die Deutsche Einheitsbibliothek — CIP-Einheitsaufnahme

Wottreng, Willi:
Ein einzig Volk von Immigranten : die Geschichte der Einwanderung in die Schweiz /
Willi Wottreng. - Zürich : Orell Füssli, 2000
ISBN 3-280-02652-0

Inhalt

Spurius Titus Mamma: «Die Germanen kommen!»
Achilles: «Die kommen schon seit fünfhundert Jahren, Spurius Titus Mamma.»

Friedrich Dürrenmatt, Romulus der Große

Die Festung Schweiz;
Nebelspalter Nr. 47, 1887

Vorwort

«Der Kopf ist rund, damit das Denken seine Richtung verändern kann.» (Francis Piccabia)

Inland oder Ausland? Wie oft haben sich die Grenzen der Länder in der Geschichte der zivilisierten Menschheit nicht schon verändert. In- oder Ausländer? Einheimisch oder fremd? Rechtlich gleichgestellt oder diskriminiert? Menschlich akzeptiert oder ausgegrenzt? Zufall oder Prinzip?

Die Geschichte der Menschheit ist die Geschichte von der Suche nach Ideen, die das Zusammenleben der Menschen regeln, die Geschichte der Suche nach Prinzipien der Beziehung der einzelnen Staaten zueinander. Aber es ist auch die Suche nach einem System, das zwischen Regierenden und Untertanen, zwischen Besitzenden und Besitzlosen einen möglichst gerechten Ausgleich schaffen werde. Und es ist das Streben, die Interessen der Gruppe mit denjenigen des Individuums in Einklang zu bringen.

Die Schweiz hat in ihrer Geschichte eine grandiose Idee verwirklicht: die Idee der Willensnation. Damit ist die Nationalität, die Zugehörigkeit zur Nation, nicht vorab definiert durch die blutsmässige Abstammung, sondern durch den Willen, verschiedene Völker zu einer staatlichen Zusammenghörigkeit zu verschmelzen. Wer zur Zeit der Gründung der Eidgenossenschaft auf dem Territorium des neuen Staatsgebildes lebte und arbeitete, wurde Bürger unseres Landes. Jus soli. So einfach war das.

Mir scheint, dass das 18. Jahrhundert nicht nur den Segen der Aufklärung; das 19. Jahrhundert nicht nur die Industrialisierung und die Stärkung des Dritten Standes, der Bürger, brachten, sondern auch ein neues Nationalbewusstsein, die Idee, dass nur wer blutsmäßig von einem Bürger, einer Bürgerin der Schweiz abstamme, Schweizer oder Schweizerin sein könne. Jus sanguinis.

Aber Hand aufs Herz: jus soli oder jus sanguinis, das sind keine gottgegebenen Gebote. Es sind nur Ideen, Gedanken. Kein Mensch auf der Welt kann die Schweiz daran hindern, ihre Idee über die Staatszugehörigkeit zu ändern und einen Verfassungsartikel einzuführen, wonach jedermann, der auf dem Gebiet der Schweiz Arbeit findet und seine Steuern bezahlt, Schweizer sein könne! Das Asylrecht vorbehalten.

Man stelle sich vor, alle Menschen, die sich heute in der Schweiz aufhalten und eine Arbeit finden, würden ab morgen SchweizerInnen. Wir hätten morgen keine AusländerInnen mehr. Wie hört sich die neue Idee an, dass die Schweiz die Globalisierung vorwegnimmt: es gibt keine «Kreise», aus denen arbeitswillige Immigranten zugelassen werden, sondern es gibt nur Menschen, die in unserem Land Arbeit finden, unqualifizierte oder qualifizierte. Und wer den Schweizer Boden bearbeitet, zum Bruttosozialprodukt beisteuert, wird Schweizer. Mit allen Rechten und Pflichten. Ein Land voller Minderheiten, eine Willensnation eben, wie sie von unseren Vorfahren erdacht war. Wenn das stimmt, dass unser Kopf rund ist, so stimmt es auch, dass unser Denken die Richtung verändern kann.

Willi Wottrengs Beitrag, die geschichtliche Aufarbeitung des Verhältnisses zwischen In- und Ausländern, zwischen Einheimischen und Fremden, könnte richtungsändernd wirken. Dann hätte sich die Willensnation Schweiz als Chance bestätigt. Die Möglichkeit, ein gültiges Prinzip des Zusammenlebens von Mehrheiten und Minderheiten in einer globalisierten Welt sinnstiftend zu leben, hätte sich bewährt: «Nicht das liebe ich, was Du bist, nicht das was du warst, aber deine Möglichkeit liebe ich.» (Friedrich Dürrenmatt, Schweizerpsalm).

I. Alte Eidgenossenschaft – Kantonsfremde und Landfahrende

Die ersten Ausländer waren Kantonsfremde. «Chly Aargau» – «Klein Aargau» – wurde in Wetzikon zur Zeit der Industrialisierung um 1870 eine Wohnsiedlung mit Zugezogenen aus den Nachbarkantonen genannt.[1] Sie muss den Zürcher Oberländern so mafiös erschienen sein wie Little Italy den ansässigen New Yorkern.

Solange verschiedene Geldsysteme sie trennten, blieben sich die späteren Bundesstaatsschweizer auch mental fremd. Zudem unterschieden sich Maße und Gewichte, die Rechtssysteme und manchmal selbst die Grußformeln. So sagte man im katholischen Kanton Luzern zu bestimmten Zeiten nicht modisch-salopp: «Grüezi», sondern ehrerbietig: «Gelobt sei Jesus Christus», worauf die richtige Antwort lautete: «In Ewigkeit Amen.»

Zwar galt seit der von den Franzosen aus der Taufe gehobenen Helvetik auf dem Gebiet der Eidgenossenschaft im Prinzip der Schweizer Franken, eingeteilt in zehn Batzen zu zehn Rappen oder zu vier Kreuzern. Doch hatten nach dem Zusammenbruch des helvetischen Zentralstaates die Kantone wieder die eigenen Münzpressen in Gang gesetzt, die Stücke von ganz unterschiedlichem Feinmetallgehalt lieferten, so dass auch die nominell gleich lautenden kantonalen Franken unterschiedlich viel galten. Zusammen mit den ausländischen zirkulierenden Geldstücken waren rund 700 Münzsorten in Gebrauch. Die Situation war derart grotesk, dass ein Berichterstatter verzweifelt ausrief: «Die Schweiz war und ist gegenwärtig noch der Sammelplatz der Münzen von allen Geprägen, und wenn es je ein Asylrecht im ausgedehntesten Sinne gab, so hat es die Schweiz in Bezug auf die Münzen ausgeübt.»[2]

Derselbe regionale Wirrwarr herrschte bei Maß und Gewicht: Die Kantone Freiburg und Waadt kannten je acht verschiedene Pfund, Aargau sogar zehn, in den Kantonen Zürich, St. Gallen und Aargau wurde mit je drei verschiedenen Ellen gemessen, in der Waadt mit nicht weniger als zwanzig. Ein Historiker ergänzt: «Erhöht wurde diese allgemeine Unordnung noch dadurch, dass man am einen Ort unter den nämlichen Bezeichnungen verschiedene Maße verstand, während man am anderen unter verschiedenen Namen die nämlichen Maße gebrauchte.»[3]

Diese Unterschiede nährten das Regionalbewusstsein. Die alten Schweizer waren Luzerner, Basler, Neuenburger, oder eben Tessinerinnen, Zugerinnen, Zürcherinnen, nicht aber Schweizerinnen und Schweizer. Das stimmte mit ihren Papieren überein; ein nationales Bürgerrecht war bis zur Gründung des Bundesstaates 1848 unbekannt. Und es gab bis 1915 auch keinen Schweizer Pass. Die kantonalen Kanzleien stellten Reisenden auf Verlangen Papiere aus, die als Pässe galten.

Wenn der «Kantönligeist» zu einem Merkmal der schweizerischen politischen Kultur und der Mentalität der Bevölkerung wurde, hatte dieser seine staatsrechtliche Grundlage im kantonalen Bürgerrecht. Historiker betonen im Rückblick, dass die erste Integration, welche die Schweiz vollzog, ihre eigene Integration war. Darunter ist die Organisierung des inneren friedlichen Zusammenlebens zu verstehen.[4]

Wer also von einem Kanton in den anderen zügelte, tat gut daran, sich um dessen Kantonsbürgerschaft zu bemühen. Und er war auch nachher nicht davor gefeit, als Zugezogener ein Bürger zweiter Klasse zu sein.

Die Kantone schlossen, obwohl sie gemeinsam einen lockeren Staatenbund bildeten, Bünde untereinander und gegeneinander. Deren berühmtester und folgenschwerster sollte der Sonderbund werden. Die Geschichte erinnert an den Balkan.

Der Kanton Luzern galt den Radikalen schon fast als Vatikanstaat der Schweizer Konservativen. Um die Luzerner Regierung zu stürzen, scheuten aufrührerische Luzerner, die in andere Kantone geflüchtet waren, nicht davor zurück, militärische Feldzüge gegen ihre Heimat zu organisieren. Dies mit Zuzug von Gleichgesinnten aus den Kantonen Aargau, Bern, Baselland oder Solothurn. Im März 1845 fielen bei einem solchen Unternehmen 105 so genannte Freischärler, 1785 wurden «erjagt», das heißt, gefangen genommen. Es sei ein «aus allen Winden zusammengejagter Abschaum der menschlichen Gesellschaft»[5], fand man in Luzern, und die Luzerner Regierung begann mit einigem Recht, sich gegen die «Emigrantenpropaganda»[6] und deren bedrohliche Folgen zu wehren. Um ihr Territorium und ihre Souveränität gegen erneute derartige Angriffe zu schützen, schlossen die sieben katholisch-konservativen Orte im Dezember 1845 eine «Schutzvereinigung», die eben als Sonderbund in die Geschichte einging.

Der geistige Führer des Sonderbundes, Constantin Siegwart-Müller, strebte seinerseits danach, die Eidgenossenschaft nach konfessionellen Kriterien aufzuteilen. Er legte die Souveränität der Kantone – der so genannten Stände – seinem Projekt zugrunde. Hätte Siegwart-Müller sein Ziel erreicht, hätten Verhältnisse wie in Bosnien am Endes des zwanzigsten Jahrhunderts Platz gegriffen. Die Schweiz wäre nicht geworden, was ihr später zu so viel Anerkennung verholfen hat: zu einem Staat, in dem Menschen verschiedener Bekenntnisse und Sprachen einigermaßen gleichberechtigt zusammenleben.

Der Traum von der Kantonalsouveränität wurde militärisch zerschlagen; der erste General der Schweiz, Henri Dufour, führte einen Krieg im Innern des Landes zur Auflösung des Sonderbundes der katholischen Kantone. Glücklicherweise vermochte er den Feldzug ohne Massenschlächtereien in knapp einem Monat zu beenden. Tote gab es dennoch, auf beiden Seiten starben über hundert Menschen, zuvor waren in den Freischarenzügen wohl ebenso viele umgekommen. Der Zusammenstoß hat tiefe Narben hinterlassen. Im luzernischen Ruswil, einem Zentrum des katholischen Konservativismus, erinnert man sich heute noch daran, dass etwa ein Bauer seinen Sohn, der bei den freischärlerischen Truppen gekämpft hatte, nach dem Krieg erst ausgraben musste, bevor er ihn kirchengemäß bestatten konnte.[7]

Die siegreichen Bundesstaatsgründer versuchten noch weit ins 20. Jahrhundert hinein, diese gewaltsame Integration zu verharmlosen. Vermutlich sind in den Sonderbundszeiten mehr Schweizer an den innereidgenössischen Grenzen gestorben als später während einer Besetzung der äußeren Grenzen.

Als der schweizerische Bundesstaat 1848 gegründet wurde, blieben alte kantonale Souveränitätsrechte bestehen. Die Verleihung des Bürgerrechts war ein solches Vorrecht. In der Bundesverfassung hieß es zu diesem Thema deshalb nur: «Ausländern darf kein Kanton das Bürgerrecht erteilen, wenn sie nicht aus dem früheren Staatsverbande entlassen werden» (Artikel 43); Angehörige eines fremden Staates wurden also Schweizer nur durch Kantonsbürgerrecht. Erst bei der Revision von 1874 kam der Artikel 44 in die Verfassung: «Jeder Kantonsbürger ist Schweizerbürger.» Noch 1901 musste der Bundesrat anlässlich einer Revision der Bürgerrechtsgesetzgebung in seiner Botschaft betonen, «dass eine politische Gefahr im Aufenthalt von Angehörigen eines Kantons in einem anderen als dem Heimatkanton nicht erblickt werden kann.»[8] Die Suche nach Arbeit verschlug in der Epoche der Industrialisierung eben manchen ins kantonale Ausland, und der Bundesrat verteidigte, indem er diese Zustände guthieß, die Bildung eines übergeordneten Wirtschaftsraums: «Selbst dann, wenn die Wohnbevölkerung eines Kantons in ihrer Mehrzahl aus Bürgern anderer Kantone bestehen würde, also immer aus Schweizer Bürgern, wäre kein Grund gegeben, um von Bundes wegen irgend welche Maßnahmen zu veranlassen», sprach er.[9]

Nach der Volkszählung von 1836/37 waren schon 5,5 Prozent der gesamten Wohnbevölkerung oder 120 662 von 2 188 009 Einwohnern Kantonsfremde. Niedergelassene Ausländer aus den umliegenden Staaten zählten die Behörden 2,5 Prozent oder 54 776.[10]

Diejenigen, die nicht bloß in einem, sondern in allen Kantonen als Fremde abgelehnt wurden, entwickelten sich zu einem eigenen Volk: die Fahrenden. Die erste Dekade nach Gründung des Bundesstaates war geprägt von der Frage, was mit ihnen geschehen solle. Denn die so genannte «Heimatlosenfrage» ließ sich im vereinheitlichten Bundesstaat nicht mehr unter den Teppich kehren, indem man die Heimatlosen über die Grenze abschob, da nun jenseits der Grenze derselbe Bund mit seinen Gesetzen wirksam war. So stellten sich die Politiker auf die neue politische Geografie ein und beschäftigten sich jahrelang damit, die Fahrenden zwischen Bund und Kantonen hin- und herzuschieben.

Ein Gedicht im aargauischen «Posthörnchen» – vermutlich verfasst von einem philanthropisch Gesinnten – schilderte die Nöte der Fahrenden in der Form einer Klage an die Hohe Tagsatzung, das damalige eidgenössische Parlament:

Wie lange noch, Ihr Bundesherren!
Die Ihr des Landes Wohl erwägt
Soll uns der Gram das Herz verzerren
Eh Ihr ein besseres Los uns legt?

O, sind der Heimatlosen Tränen
Des Mitleids immer noch nicht wert?
Wird ihrem ewig langen Sehnen
Gar nie ein Heimatrecht beschert?

Was haben wir denn auch verschuldet?
Zählt die Verbrechen alle auf!
Dass man uns nirgendwo geduldet,
So weit die Sonn geht ihren Lauf?

Wie den Tieren in den Wüsten
Darhin verbannt von der Natur
Zeigt man an uns ein Jagdgelüsten
Sobald man wittert unsre Spur.

Verdrängt von einer March zur anderen,
Gönnt man uns weder Rast noch Ruh,
Wir müssen unaufhörlich wandern,
Uns schließt man jede Türe zu.[11]

Unterzeichnet ist das Gedicht mit «Ein Eidgenosse».

Die Fahrenden sicherten einen wichtigen Teil der Grundversorgung der Bauern. Als während der Helvetik das Hausieren landesweit verboten wurde, protestierte die innerschweizerische Verwaltungskammer mit dem Hinweis auf deren wirtschaftliche Funktion: «Was hingegen die Glaser, Sägenfeiler, Räderflicker, Parisolmacher und Kessler betrifft, so kann man dieser Leute in unsern Berggegenden nicht entbehren.»[12] Dennoch konnten vor allem städtische Bürger gelegentlich rabiat werden, wenn Kantonsfremde ihnen den Handel verdarben. So findet sich im «Posthörnchen» 1844 ein Inserat mit folgender Warnung an einen Fahrenden: «Einen gewissen Brändli von obscurer Herkunft, welcher sich seit einiger Zeit auf Gnad und Ungnade in Lostorf aufhält, möchten wir hiermit gewarnt haben, uns in Zukunft mit seinen lästigen Hausierbesuchen ein für allemal zu verschonen. Wenn uns einerseits seine plumpe Zudringlichkeit und namentlich sein ekelhaftes Äusseres in höchstem Grade zuwider ist, so wissen wir anderseits gar wohl, wo wir unseren

Kleiderbedarf beziehen können. In diesem Falle wenden wir uns lieber an einen rechtschaffenen, permanenten Kaufmann, welcher seine Waren pr. comtant ankauft, als von einem hergelaufenen Burschen, welcher dieselben nur borgsweise bezieht, indem wir versichert sind, vom ersten besser und billiger bedient zu werden. Hat er uns verstanden. – Einer im Namen mehrerer.»[13]

Am 3. Dezember 1850 erließ der Bundesrat ein Gesetz, das die Kantone verpflichtete, einen Teil der Heimatlosen einzubürgern. Artikel 1 definierte: «Als heimatlos sind alle in der Schweiz befindlichen Personen zu betrachten, welche weder einem Kantone als Bürger noch einem auswärtigen Staat als heimatberechtigt angehören.» Ein schweizerisches Bürgerrecht gab es ja noch nicht. Das Gesetz teilte «Heimatlose» in zwei Gruppen: in «Geduldete» und in «Vaganten». Vaganten war ein Gesetzesbegriff. «Für die Heimatlosen beider Klassen soll durch die Bundesbehörden ein Kantonsbürgerrecht und durch die betreffenden Kantone ein Gemeindebürgerrecht ausgemittelt werden.»[14] Das heißt, die Kantone wurden verpflichtet, die Fahrenden den Gemeinden zur Einbürgerung zuzuweisen. Dabei vergaß der Bund nicht festzulegen: «Mit diesen Rechten erwirbt er» – der Eingebürgerte – «aber nicht zugleich den Anteil an dem allfällig vom Gemeindegute durch Überlassung oder Zuteilung unmittelbar herfließenden Bürgernutzen.»[15] Die Holzbürdeli aus dem Gemeindewald wanderten weiterhin in den Ofen der Altbürger.

Das Wort «ausmitteln» beschreibt zutreffend die komplizierte Rechnerei, die nun angestellt werden musste. Da sich Fahrende fast naturgemäß in verschiedenen Kantonen aufgehalten hatten, galt es abzuklären, wo sie in jüngerer Zeit am längsten angesessen oder geduldet waren – was Stoff zu Interpretationen bot. So wurde der Korbflechter Eulogius Suter, genannt «Stülzfuß», schließlich zu drei Zehnteln dem Kanton Luzern, zu je einem Viertel den Kantonen Aargau und Zug und zu einem Fünftel dem Kanton Schaffhausen zugeteilt. Nun hätten Verhandlungen über die Einbürgerung stattfinden sollen. Der Fall komplizierte sich dadurch, dass Suters Frau Anna Maria Müller, genannt «die rote Nann», aus dem Großherzogtum Baden stammte, wohin sie vorsorglich samt fünf Kindern abgeschoben wurde. Schließlich wurde der gordische Knoten gelöst, indem die Gemeinde der Familie die Abreise nach Amerika finanzierte.[16]

Die Zwangsauswanderung war ein Ausweg, der für die Lösung der Heimatlosenfrage immer wieder vorgeschlagen wurde. Man befreie sich von den Auswärtigen, indem man den anderen Staaten ein Auswärtigenproblem schafft.

Das Heimatlosengesetz von 1850 war begleitet von «Maßregeln zur Verhinderung der Entstehung neuer Fälle von Heimatlosigkeit». Es bestimmte: «Die bisherigen Heimatlosen, welche in einem Konkubinatsverhältnisse stehen, haben sich entweder zu trennen oder gesetzlich zu ehelichen», und: «Beruflos herumziehende Vaganten und Bettler sollen (...) mit Verhaft oder Zwangsarbeit bestraft werden.»[17]

Da wurden Ursache und Wirkung verkehrt. Die «Maßregeln zur Verhinderung der Entstehung neuer Fälle von Heimatlosigkeit» nannten nämlich einen entscheidenden Grund nicht, der zur Entstehung dieses Volkes von inländischen Ausländern geführt hatte: die Politik der Kantone. So wurde etwa Bettelvolk im 17. und 18. Jahrhundert in regelmäßigen Landjeginen – Jagden im Kantonsgebiet – vertrieben, wobei nicht nur Menschen, die beispielsweise aufgrund der Folgen des Dreißigjährigen Krieges in die Schweiz gelangt waren, ausgeschafft wurden, sondern oft auch verarmte Kantonsbürger, die als liederlich oder kriminell galten. Das ersparte den Gemeinden die Mühe, ein Sozialwesen aufzubauen. Da auch die Nachkommen solcher Verbannter nicht wieder ins Landrecht aufgenommen wurden, verlor eine wachsende Bevölkerungsschicht ihren Heimatkanton – und wohl oft die Papiere, die bewiesen, woher sie einst gekommen waren.

Auch die Religionszugehörigkeit konnte zum Entzug des Heimatrechts führen. Nach der Reformation betrieben manche Kantone eine Politik, die mit heutigen Begriffen als ethnisch-religiöse «Säuberung» bezeichnet werden könnte. Ihr entsprang eine der berühmtesten fahrenden Sippen, die Husers, im zwanzigsten Jahrhundert eine Dynastie von begabten Volksmusikern. Ein Zweig der Familie wurde in Magliaso im Kanton Tessin entsprechend den Bundesanweisungen eingebürgert. Der Stammvater Heinrich Huser stammte aus dem zürcherischen Wädenswil, war in Luzern zum katholischen Glauben konvertiert und deshalb in Zürich nicht mehr geduldet.[18] So stieß er zum Kontingent der Fahrenden.

Die Auflösung des fahrenden Volkes war eine entscheidende Vorbedingung, dass der Territorialstaat Schweiz geschaffen werden konnte. Dabei stellte das kantonale Bürgerrecht nicht das Ziel der Eingliederung dar, sondern es war das Mittel und der Ausgangspunkt der Integration. Mit Hilfe der bürokratisch verhängten Aufnahme ins Bürgerrecht sollten die Fremden erst zu Hiesigen, zu richtigen Schweizern gemacht werden. Die Sesshaftmachung habe notfalls mit polizeilicher Gewalt zu geschehen. 1852 schlug das Eidgenössische Politische Departement eine «allgemeine Vagantenfahndung in der ganzen Eidgenossenschaft» und die «Concentration der Heimatlosen in Bern» vor, von wo die Fahrenden auf die Kantone verteilt werden sollten.[19] Die allgemeine Fahndung erschien dann als zu teuer, die Konzentration der Fahrenden in Bern aber kam zustande. Da wurden sie untersucht, entlaust und porträtiert. Es war der Anfang des polizeilichen Erkennungsdienstes.

An die 30 000 Menschen wurden schließlich aufgrund des Bundesgesetzes formell eingebürgert; aufgelöst wurden damit eine ganze Lebensweise und ein Teil der nationalen Ökonomie: die mobilen Kleingewerbetreibenden. Man glaubte, die Menschen müssten an den Boden gebunden sein, wenn der Staat auf stabilem Volksfundament stehen sollte.

Der jenische Hausierer;
Nebelspalter Nr. 30, 1886

Der Staat musste sich sein Volk also zum Teil erst erschaffen. Es wäre ein Mythos zu meinen, da habe es zuerst die patriotischen Schweizer und Schweizerinnen gegeben, die wie hungrige Vögelein im Nest nach einem eigenen Staat geschrien hätten. Manchem der Vögelein wurde das Nest per Polizei und Justiz erst zugewiesen. Der Querdenker Sergius Golowin kehrt in seiner Geschichte der Schweiz deshalb die Verhältnisse um und erklärt die Zigeuner zur eigentlichen schweizerischen Urbevölkerung. Es ist eine hübsche Übertreibung, die ihren Kern Wahrheit enthält.[20]

Jedenfalls bestand nie ein einzig Volk von Brüdern und Schwestern, deren Vorfahren schon bei Morgarten und Sempach gekämpft hatten und die womöglich die unvermischten Nachfahren der Alemannen und Burgunder oder gar der Kelten waren und nun durch einen Staat zusammengeschweißt sein wollten. Weil das in der Heimatmystik aber so gesehen wird, erscheint die Immigrationsgeschichte als zu-

17

Ein Ausländer vor und
nach der Niederlassung;
Nebelspalter Nr. 27, 1875

nehmendes Eindringen von Fremden, das abgelehnt wird – oder in einer neueren heimatkundlichen Variante als Bereicherung des Volkskörpers auch begrüßt.

Tatsächlich war das damalige Staatsvolk ein Gewirr von Menschen, die aus vielfach Ortsfremden erst zum nationalen Teppich verwoben werden mussten – das ist die Aufgabe jeder Integrationspolitik bis in die Gegenwart geblieben: vernetzen, verknüpfen, verdichten.

Gottfried Keller, der Nationaldichter der Schweiz, hat um das Geheimnis dieser Nation gewusst; er besang es im Gedicht «Eidgenossenschaft»:

Wie ist denn einst der Diamant entstanden
Zu unzerstörlich alldurchdrungner Einheit,
Zu ungetrübter, strahlendheller Reinheit,
Gefestiget von unsichtbaren Banden?

Wenn aus der Völker Schwellen und Versanden
Ein Neues sich zu einem Ganzen einreiht,
Wenn Freiheitslieb zum Volke dann es einweiht,
Wo Gleichgesinnte ihre Heimat fanden:

Wer will da wohl noch rütteln dran und feilen?
Zu spät, ihr Herrn! Schon ist's ein Diamant,
Der nicht mehr ist zu trüben und zu teilen!

Und wenn, wie man im Edelstein erkannt,
Darin noch kleine dunkle Körper weilen,
So sind sie fest umschlossen und gebannt.[21]

Die Schaffung des Schweizervolkes wurde mit Ritualen bekräftigt. Eine eigentliche Feier erfuhr der Diamant am Unspunnenfest von 1805, dem ersten großen Alphirtenfest, das 1908 wiederholt und später in größeren Abständen neu aufgelegt wurde. Es begründete gleichsam die Schweiz durch die Folklore. Da wurden Spiel und Sport der Sennen einem begeisterten Publikum vorgeführt, das zu einem guten Teil aus Städtern, Touristen und ausländischen Adligen bestand – just als die Moderne mit Bergwerken und Straßen in den Alpen Einzug hielt. Der Anlass war erhebend, wie ein Berichterstatter schrieb: «Fürsten u. Prinzen und die ersten Häupter der Schweizerischen Regierungen tanzten mit Landmädchen, Gräfinnen mit Hirten, Greise mit Kindern.»[22]

Historische Trachten, alte Chorgesänge und Hirtensportarten wurden neu erfunden. In ihrer neuen Selbstdarstellung gaben sich die Menschen, als was sie von ihren Gegnern beschimpft wurden – ein in der Geschichte häufiger Vorgang: als Kuhhirten. Der Schwingerkönig wurde zum «Roi des Suisses». Mit Begeisterung ohnegleichen erfreuten sich die Gewerbler und Kaufleute im 19. Jahrhundert an den sagenhaften Gestalten der Berge, am «bösen» Schwinger Ueli Beer aus dem Berner Oberland etwa, von dem man sagte, seine Gegner seien unfehlbar verloren gewesen, sobald er sie nur um einen einzigen Zentimeter vom Boden hochhob. Oder an Baschi von Meiringen, der bei einem Schwinganlass den Tragsattel samt zwei Fässchen Wein vom Pferd hob, worauf die Haslischwinger auf einen Hosenlupf mit diesem Kerl verzichteten. Alles, was einst belächelt worden war, galt plötzlich als urschweizerisch: Ringen und Schwingen, Steinewerfen und Fahnenschwingen – das Programm eines späteren Älplerfestes verzeichnete sogar (Finger-) Häggelen, Radschlagen und Sackgumpen. Und das Ausland entdeckte die echte Schweiz. Es war ein Deutscher, der um diese Zeit die schweizerische Nationalfigur kreierte: Wilhelm Tell, den Apfelschützen. Das Epos vollendete der Dichter, der nie in der Schweiz gewesen war, 1804:

Es kann der Frömmste nicht in Frieden bleiben,
Wenn es dem bösen Nachbar nicht gefällt.[23]

In einer bitterbösen Tirade machte sich der Mitbegründer des Marxismus, Friedrich Engels, lustig über die Erfindung der Schweiz, die es so nie gegeben hatte: «Wo ist der deutsche Spießbürger, der nicht begeistert ist für Willhelm Tell, den Vaterlandsbefreier, (...) wo die hysterische alte Jungfer, die nicht für die derben Waden und strammen Schenkel der sittenreinen Alpenjünglinge schwärmt?»[24]

Engels nahm die Schweizer beim Bild, das sie von sich geschaffen hatten. Es ist wohl die härteste Publikumsbeschimpfung, die je über dieses Land ausgegossen wurde: «Sowohl Norwegen wie die Urschweiz liefern noch unverfälschte Exemplare jener Menschenrasse, welche einst im Teutoburger Wald die Römer auf gut westfälisch mit Knüppeln und Dreschflegeln totschlug», spottete Engels.[25]

Interessanterweise entstand in einigen Schweizer Regionen ein Mythos, der die eigenen Ursprünge im Ausland suchte, als sollte im neuen nationalen Fimmel eine eigene regionale Identität gerettet werden. Schweizforscher wie der Geologie-professor Julius Fröbel von der Universität Zürich entdeckten mit Erstaunen, dass man sich im Walliser Val d'Anniviers Erinnerungen an die Hunnen bewahrte.[26]

Der Mythos hat sich bis heute gehalten. In Beizen im Tal löst sich beim Gletscherwein die Zunge, und man erfährt, dass die Annivarden direkt von jenen krummsäbligen, braun gebrannten, seidengewickelten Wildlingen aus dem Fernen Osten abstammten. Die seien im sechsten und im achten Jahrhundert über den Simplon und den Großen St. Bernhard in die Region eingefallen und hätten in den Schlupfwinkeln des Eifischtals – wie das Val d'Anniviers auf Deutsch heißt – den Stamm der Annivarden gezeugt. Alle kennens, niemand glaubts, und wenn auch die Historiker noch so oft versucht haben, das Märchen zu töten, wird es nur umso lieber kolportiert. Denn die Geschichte ist in höherem Sinn wahr. Sie besagt, dass die Annivarden ein Bild von sich haben. Das kann einem keine Wissenschaft nehmen. Prosit.

Zudem scheint es Belege genug zu geben: Woher käme sonst das fremd klingende Patois des Tals? Woher Familiennamen wie Zappellaz oder Salamin? Und woher der steppenhaft-trockene Charakter des Menschenschlags hier? Forscher haben versucht, den Mythos wissenschaftlich zu fundieren: «Das Wort ‹ris› (sprich ris) heißt in der Eifischer Mundart ‹betrunken› und entspricht daher dem Sinn und Laute nach vollkommen der veralteten Wurzel ‹rèsz› des ungarischen Wortes ‹rèszeg› (betrunken) und seiner Derivate», so ein Autor, der beim Schreiben gewiss auch einige Glas Gletscherwein getrunken hatte.[27]

Nicht nur die Annivarden, auch die Appenzeller berufen sich auf die Hunnen. Dem halten lokale Historiker wiederum fundierte volkskundliche Argumente entgegen: «Neuerdings wird die Annahme verbreitet, wir Appenzeller stammten von diesen Ungaren ab. (…) Wenn wir der roten Weste wegen als Ungaren betrachtet werden, so ist dem entgegenzuhalten, dass in dem 1915 erschienenen Buch ‹Schwyzerländli› alte Männertrachten des letzten Jahrhunderts aus acht Kantonen ein rotes Gilet aufweisen. Auch fehlen die Ohrringe auf alten Sennentrachtenbildern sozusagen durchwegs.»[28]

Der Einwand zielt teilweise ins Leere. Denn aufgeklärtere Appenzellerinnen und Appenzeller verstehen sich schon längst als Nachkommen der Römer. (Wenns denn mit den Hunnen nicht funktioniert.) «Für mich ist der Appenzeller etwas Besonderes», schreibt eine Einheimische. «Prägt ihn die Landschaft, das Nicht-zu-große, Nicht-erdrückende, dem Menschen proportional Angepasste? Ist es die römische Abstammung? Ich habe ein großes Buch mit Abbildungen der Köpfe römischer Kaiser. Man müsste ihnen nur ein Lindauerli in den Mund stecken und hätte die allertypischsten Appenzeller.»[29] Der Appenzeller Käse kommt vom römischen Caseus, und der typisch appenzellische Sennenhund war einst ein römischer Kohortenhund. Hauptsache: nichtschweizerisch.

II. An der Wiege der Schweiz – Die hugenottischen Flüchtlinge

Die Schweiz als Hort der Glaubensflüchtlinge – das ist ein Gründermythos dieses Landes. «Zu Tausenden flohen die Hugenotten auf eidgenössischen Boden, wo die Bevölkerung der glaubensverwandten Orte sich ihrer liebevoll annahm», schreibt sogar ein kritischer Historiker wie Valentin Gitermann.[30]

Eigentlich beschränkt sich dieses Buch auf die Darstellung der Immigration, seit es die Schweiz als Staatswesen gibt. Doch gibt es sie unter anderem nur dank der Immigration. Die Hugenotten stehen an der Wiege der modernen Schweiz. Sie haben die Schweiz bereichert, ideell und materiell. Sie gaben der kapitalistischen Entwicklung Auftrieb. Und sie gelten als Zeugen für die Humanität dieses Landes, das sich eine außerordentliche Offenheit für Flüchtlinge zuschreibt.

«Die Asyltradition unseres Landes ist so fest verankert, dass nicht nur der Schweizer Bürger, sondern auch jede Amtsstelle, die sich mit dem Einzelfall eines Flüchtlings befassen muss, im Zweifel zu dessen Aufnahme geneigt ist und sich zur Rückweisung nur dann entschließt, wenn besondere Gründe vorliegen.»[31] Dies schrieb 250 Jahre später der Chef der schweizerischen Fremdenpolizei, Heinrich Rothmund, einer der Hauptverantwortlichen für die Rückweisung von Flüchtlingen im Zweiten Weltkrieg.

Es sei eine «Bluttransfusion» gewesen, die da zwischen Frankreich und Genf eingeleitet wurde, so erzählt eine populäre Darstellung über die Geburtsstunde der Schweiz: «Da Frankreich damals auf allen Gebieten der feinen Lebenskunst, so auch im Schmuck- und Uhrengewerbe, dank dem Glanze des Versailler Hofes und des Adels führend war, bewirkte der neue Zustrom im Genfer Schmuck- und Uhrenhandwerk nicht nur eine mengenmäßige Ausweitung, sondern auch eine Verbesserung der Technik und des Geschmackes.»[32]

Manche Westschweizer Familie ist heute stolz darauf, dass in ihrem Stammbaum Hugenotten zu finden sind. Würden all die Darstellungen des familiären Stamm- und Wurzelbewusstseins historisch zutreffen, müssten die Hugenotten nicht nur unheimlich fleißig, sondern auch unheimlich fruchtbar gewesen sein, in jeder Beziehung treue Erfüller ihrer Pflicht. Doch die kritische Geschichtsbetrachtung fügt dem genealogischen Forstwesen gelegentlich arge Kerben zu, etwa wenn sie nachweist, dass der Name der Waadtländer Familie Chapuis, eines dieser Geschlechter mit angeblicher Hugenottenherkunft, in Wirklichkeit nicht von den Hugenotten stammt, sondern mit dem Wort «charpentier» verwandt ist, der französischen Berufsbezeichnung für Zimmermann. Ein Zimmermann aus Sumiswald hat diesen Familienzweig begründet, leider kein Franzos.

1685 widerrief der katholische König Ludwig XIV. das Edikt von Nantes, das den protestantischen Untertanen in Frankreich Glaubensfreiheit garantiert hatte. Staatliche Verfolgungen und Vertreibungen der so genannten Hugenotten setzten wieder ein, wie dies schon vor dem Erlass des Toleranzediktes Ende des 16. Jahrhunderts der Fall gewesen war. Die Tempel der Reformierten wurden zerstört, ihre Schulen geschlossen. Die Priester aufgefordert, innert vierzehn Tagen das Land zu verlassen. Die Zeit des Refuge – der großen Flucht – brach an.

Genf, die Stadt des radikalen Reformators Calvin, wurde zu einer der ersten Adressen für die Vertriebenen. Leicht zu erreichen, lappte sie doch wie eine Halbinsel in französisches Gebiet. Und die Calvinstadt öffnete ihre Türen. «Was Genf für die verfolgten Hugenotten leistete, steht in der Geschichte des Refuge wohl einzig da», schreibt ein Autor.[33]

Mit aktiver Beteiligung von Schweizern wurde ein Schleppernetz aufgebaut, das den Reformierten den Übertritt in die Schweiz ermöglichte – gegen Honorierung. Die Leute arbeiteten ähnlich wie Bergführer, nur eben auf illegalem Terrain. Mancher Schweizer wurde in Frankreich arretiert und geriet auf die Galeeren.

Die Protestanten kamen aus der Dauphiné, den Cevennen und dem Languedoc. Rhoneaufwärts reisten sie bis Lyon und auf verschiedenen Routen bis Genf, wo sie vorerst in Sicherheit waren. Allein am 30. August 1687 zählte der Torwärter der Porte neuve 8000 Ankömmlinge.

Den Bedrängten sei Hilfe zu gewähren, war die Maxime der Asylpolitik, die beschlossen wurde. Hinter Genf standen einmütig die protestantischen Kantone der Eidgenossenschaft. Diese hatten sich auf eine gemeinsame Aufnahmepolitik geeinigt und einen Prozentschlüssel festgelegt, wie die Flüchtlinge auf die Kantone verteilt werden sollten. Die schweizerische Toleranz zeigte sich nicht zuletzt darin, dass in den Bettelordnungen Hugenotten oft separat als Menschen aufgeführt waren, die nicht zu verjagen seien.

Die Flüchtlinge konnten nicht in Genf bleiben, da es aus allen Nähten platzte. Wirtschaftliche Diskriminierungen halfen, sie weiterzutreiben.[34] Nur einige Tausend der rund 30 000 Hugenotten, die zwischen 1685 und 1687 nach Genf gelangten, konnten sich dauerhaft niederlassen. Bern und Zürich waren wichtige nächste Zielorte.

Die Asylpolitik, die gegenüber den Hugenotten angewandt wurde, war differenziert: Die Behörden nahmen die Flüchtlinge auf und gaben ihnen Verpflegung und Unterkunft, aber sie stellten ihnen auch Reisepässe aus und drängten sie dazu, weiterzureisen. Die Schweiz war damals über weite Landstriche arm, die Landwirtschaft musste die eigenen Leute ernähren. «Die Immigration war nicht erwünscht, da die Region schon genügend bevölkert war», schreibt ein Historiker über das Bernbiet zur Zeit der Ankunft der Hugenotten.[35]

Waren sie auch Brüder und Schwestern im Geiste, stellten sie den Theologen doch Probleme. Naturgemäß waren Priester unter den Glaubensflüchtlingen besonders zahlreich. Da die Gefahr bestand, dass sie der Lehre des «Amyraldismus» anhängten – einer protestantischen Anschauung mit eigenständigen theologischen Interpretationen der Gnadenwahl –, und da sie somit die hiesigen orthodoxen Lehren verunreinigen könnten, wurden sie auch hierzulande unter Druck gesetzt. Die schweizerischen Kirchen verlangten von den Priestern die schriftliche Zustimmung zur «wahren» Lehre. Stimmten sie nicht zu, hatten sie das Land zu verlassen. Der Rat von Bern legte kategorisch fest, dass Priester, wenn irgend möglich, weggeschickt werden sollten. Vor allem Handwerker und Gewerbsleute wollte man behalten. Knaben und Mädchen durften als Dienstboten ein Unterkommen finden.

Gewiss, die Schweiz half den Hugenotten, vor allem aber half sie ihnen weiterzuziehen. Im Norden Europas gab es mehr Lebensraum, seit der Dreißigjährige Krieg ganze Landstriche entvölkert hatte. Der evangelisch-reformierte Kurfürst von Brandenburg hatte den Flüchtlingen in einem Erlass Siedlungsmöglichkeiten auf seinem Gebiet, dem Umland von Berlin, angeboten.[36] Auch Dänemark, Holland und England offerierten günstige Bedingungen. Die Schweiz verstand sich als Durchgangsland – wobei angefügt werden muss, dass viele Hugenotten, die schon vor dem Erlass des Ediktes von Nantes aus Frankreich geflohen waren – also ein Jahrhundert vor den jetzt geschilderten Ereignissen –, tatsächlich in der Schweiz Aufnahme gefunden hatten. Doch seither hatte sich das Klima verändert, die Reformation lag schon länger zurück: «Bei der zweiten großen Welle am Ende des 17. Jahrhunderts hatten die Absperrungstendenzen bereits gesiegt, nur im Waadtland und im geringeren Umfang in Genf dürfte sich damals eine größere Zahl von Hugenotten fest angesiedelt haben; was in den Städten der deutschen Schweiz blieb, war zahlenmäßig gering.»[37]

Die wenigen, die sich für immer niederlassen konnten – sei es in Genf wie anderswo –, gaben wichtige Impulse. Denn sie brachten ein Know-how mit, auf das die lokale Wirtschaft gewartet hatte, auch wenn die bestehenden Zunftordnungen eine wirtschaftliche Initiative von Fremden nur beschränkt zuließen. Eine Westschweizer Untersuchung zieht folgende Bilanz: «Allerdings haben die Refugiés nur in einigen ganz bestimmten Tätigkeitsbereichen Fuß fassen und sich behaupten können, Bereichen jedoch, die, wie sich herausstellt, im allgemeinen Wachstum eine Spitzenposition einnehmen, so in gewissen Gewerbezweigen sowie im Handel und in den Bankgeschäften.»[38]

Da war etwa der Lyoner Waagenmacher Jacques Blanc, der 1685 nach Genf gelangte und dort Stammvater einer Dynastie wurde, die Gewichte und Waagen für Geldwechsler produzierte. Zuvor kannte man in der Schweiz keinen einzigen Waagenmacher. Ein ganzer Berufszweig wurde im entscheidenden Moment eingeführt, wo es galt, die kapitalistische Entwicklung zu beschleunigen. Der Geldverkehr verlangte nach einheitlicheren Münzen und genaueren Rechnungen.

Immigranten aus Südfrankreich, die in ihrer Heimat Maulbeerbäume angepflanzt hatten, versuchten dasselbe in der Schweiz; Blätter von Maulbeerbäumen dienten Seidenraupen als Nahrung. Auf den Ländereien patrizischer Großgrundbesitzer erhielten die fremden Seidenproduzenten hin und wieder Konzessionen; nur das Klima machte keine. Der Versuch schlug fast ausnahmslos fehl. Wenn Thuns verkehrsreichster Platz heute noch Maulbeerplatz heißt, erinnert dies an einen solchen Versuch, auf der Allmend Maulbeerbäume anzupflanzen. Trotzdem haben Hugenotten dem Handel mit wertvollen Tüchern in einem Ausmaß Impulse gegeben, dass sie oft einfach «Seidenflüchtlinge» genannt wurden.

Die Kunst der Goldbearbeitung erfuhr durch die Zuwanderung einen Aufschwung. Im Waadtland wurden einige Jahrzehnte nach dem Zustrom der Hugenotten mehr als zweihundert Goldschmiede gezählt, die berühmt waren als Hersteller von Kaffee- und Teekannen, Leuchtern und anderen Gebrauchsgegenständen. Einige Namen, sie stehen für viele: Frédéric Amiel, Jean-Daniel Barde, Benjamin de Molière, Charles-Louis Duciel, Jean-Philippe Léveillé, Antoine-Pierre Mercier, Philibert Potin, Charles-Louis Rapillard, Etienne Terroux, Pierre-Daniel Veyrassat, Elie Papus, Pierre-Henri Dautin.

Die Flüchtlinge zur Abreise zu bewegen, war nicht immer leicht, zumal manche Hugenotten die Hoffnung hegten, nach Beruhigung der Lage doch wieder nach Frankreich zurückkehren zu können, weshalb sie gerne in der Nähe der französischen Grenze blieben. Es wurde ein eigentlicher Transportdienst für die Flüchtlinge organisiert. Von Bern aus führte der Weg auf der Aare Richtung Nordgrenze. Gelegentlich kippte eine Barke, nicht nur, weil sie übervoll war, sondern weil der Führer betrunken war. Tote wurden verzeichnet. Bei Solothurn ereigneten sich diplomatische Zwischenfälle, da dort der französische Gesandte residierte und Schiffe anhalten ließ.

Als die ersten Flüchtlingsströme Zürich erreichten, bildete sich wie in anderen Städten eine Art Kommission für Flüchtlingsangelegenheiten, die «Exulantenkammer». In einer Spendenaktion – vergleichbar mit der «Glückskette» unserer Zeit – sammelte man Geld für die bedürftigen Menschen. 17 000 hugenottische Ankömmlinge zählten die Zürcher Behörden in den Jahren 1683 bis 1687. Blieben sie zumeist nur vorübergehend, waren sie doch eine bedeutende Zahl angesichts der Tatsache, dass in der Stadt nur etwa 20 000 Einwohner lebten. 1785 lebten siebenhundert Franzosen dauerhaft in der Stadt.

Neuankömmlinge wurden im einstigen Nonnenkloster Selnau, aber auch in Spitälern und Waisenhäusern untergebracht; wenn Private sie aufnahmen, erhielten sie als Entschädigung aus der Kollekte pro Flüchtling jährlich «50 Gulden, 3 Mütt Kernen und 3 Eimer Wein»[39].

Es wurden ihrer immer mehr. Die Stadt sah sich in den umliegenden Gemeinden nach Unterbringungsmöglichkeiten um. Die Gemeindebehörden antworteten unisono, sie könnten «Exulanten» nur dann übernehmen, wenn ihnen die Tischgelder vergütet würden. Oberstrass erklärte sich bereit, 26 Exulanten aufzunehmen, falls man mit Betten aushelfe. Solidarität war in der Schweiz schon immer etwas, das sich auch rechnen lässt. 1685 waren die gesammelten Spendengelder aufgebraucht.

Die Stadtbehörden erklärten den Ankömmlingen zwar von Anfang an, dass sie nicht hoffen sollten, in der Stadt bleiben zu können. Doch behielt man soziale Härtefälle im Auge: Weggewiesen wurde zuerst «wass jung, gesund und stark» war, es sollte «mit alten, schwachen, krancknen und schwangeren leüthen hingägen gedult getragen werden».[40] Wer verreiste, erhielt ein Weggeld.

Schon damals gab es Klagen über Asylrechtsmissbrauch. Diskutiert wurde, was echte und unechte Exulanten seien, da sich oft gewöhnliches Bettelvolk unter die Flüchtlinge mischte und ungerechtfertigterweise Verpflegung und Weggeld bezog. Selbst echte Flüchtlinge nutzten die Situation aus und klapperten Stadt für Stadt nach Hilfsgeldern ab. Die Torwärter der Stadt Zürich hatten deshalb Ankömmlinge zu befragen und beispielsweise die Glaubwürdigkeit der Reiseroute festzustellen. Anschließend prüften französische Pfarrer die Person über die wichtigsten evangelischen Glaubenssätze. Behördenvertreter legten im Umgang mit Flüchtlingen keine Handschuhe an; gegen den Zürcher Exulantenschreiber wurden 1686 seiner groben Art wegen Klagen erhoben, und die Kirchenältesten erkundigten sich, ob man nicht eine freundlichere Person für dieses Amt bestimmen könnte.

Flüchtlinge sollten arbeiten können, befanden die Stadtbehörden. Je eher, desto besser für die Stadtkasse, die dadurch entlastet würde. Die Stadtregierung forderte die Handwerksgesellschaften auf, Hugenotten zu beschäftigen. Aber die Zünfte entwickelten Widerstände dagegen. Es gebe nicht genug Arbeit für alle Ankömmlinge, deren Arbeitsqualität sei oft minderwertig, und wenn sie sich selbstständig machten, stellten sie eine Konkurrenz dar. Als Meister jedenfalls durften Hugenotten nicht tätig werden. Einzelne Ausnahmen sind bekannt: So konnte ein Goldschmied aus Lyon Goldwaagen herstellen. Ein Mann aus Sedan wusste Springbrunnen und Grotten mit hübschen Wasserspielen anzufertigen, die eine Neuheit darstellten und kein einheimisches Gewerbe konkurrenzierten.

Wenn schon, hatten sich die Flüchtlinge jenen Erwerbszweigen zuzuwenden, die nicht der Zunftordnung unterworfen waren. Nischen gab es häufig in der aufkommenden Textilindustrie, war doch nur der Detailhandel mit Tüchern zunftrechtlich geregelt. So gelang es rund zwei Dutzend hugenottischen Großhändlern und Fabrikanten, in Zürich ein Textilgewerbe aufzubauen.

Einige erzielten tatsächlich schnelle kommerzielle Erfolge. Der Leinen-, Woll- und Seidenhändler Salomon Negret aus Lyon stieg in Zürich zum einflussreichsten Mann der lokalen Hugenottengemeinde auf. Erfolg wiederum weckte Neid. Man warf den Hugenotten vor, dass sie ihre Lizenzen überschritten. Ein zugewanderter Tuchhändler wurde verklagt, weil er nicht beim Engroshandel verblieb, sondern auch «bei dem ausschnitt» verkaufte. Er musste die Stadt verlassen. Die lokalen Kaufleute, die in der Zunft zur Safran organisiert waren, reichten 1690 ein Memorial ein, worin sie ihre Klagen gegen die französischen Händler in harschem Ton zusammenfassten. Da sei ein Seidenhändler, der verbotenerweise auch getrocknetes Fleisch verkaufe; ein gewisser Großhändler gehe direkt zu Landleuten auf Einkaufstour. Ein anderer verkaufe Güter en détail, die er auf einem auswärtigen Markt billig erwerbe. Das Memorial betreffend «frömbde in hiesiger Statt sässhaffte Negotianten» kam zum Schluss: «So lange handlende refugianten im land bleibend, so lang wird hiesige negotierende burgerschaft geplaget sein; denn jene sind industrios, sparsam, tragen keine burgerliche beschwerden» – womit Steuerlasten gemeint waren. Und drohend weiter: «hingegen wann sy aussert lands weren ...»[41] Der Tonfall klingt wie ein Nachhall mittelalterlicher Kampagnen gegen eine andere vermeintliche Konkurrenz, die Juden.

Die Zürcher Geistlichkeit versuchte zu beschwichtigen. Nicht die Flüchtlinge seien schuld an der Teuerung, auch bezögen längst nicht alle ungerechtfertigt Unterstützungsgelder; zudem kämen die Reicheren unter ihnen den darbenden Glaubensgenossen zu Hilfe. Doch der Druck verstärkte sich. In Horgen hatten Flüchtlinge einen Sack Baumwolle zu Radgarn verarbeitet, was einen Einbruch in die Privilegien der Detailhändler darstellte. Andere fremde Unternehmer hatten Baumwolltücher gekauft und in der Stadt zum Bleichen gegeben, was ebenfalls städtische Privilegien verletzte. Schließlich erreichte die Zunft der Kaufleute ihr Ziel. 1699 beschloss der regierende Rat, alle bemittelten Flüchtlinge – nicht aber die unbemittelten – auszuweisen. Es sei der gnädigen Herren «heiterer will und befelch, dass umb ihrer und ihrer nachkommenden zeitlichen besseren glüks willen und zu erlangung eines beständigen vatterlands» sie mitsamt ihren Familien innert vier Monaten «sich unfehlbahrlich von hier wegbegeben und delogieren thüegen».[42]

Profitiert hatten die Zürcher von den Hugenotten in der Zeit ihres Aufenthaltes weidlich. Als beispielsweise zwei Flüchtlingen bewilligt wurde, eine Strumpfmanufaktur zu eröffnen, bestimmte der Rat, dass sie nicht nur ansässige Arbeiter einzustellen hätten, sondern er legte auch fest, dass sie «verburgerte handtwercksleüth, so etwann der aussarbeitung beyzewohnen verlangen theten, zuschauwen lassen» sollten[43] – Fabrikspionage mit amtlicher Lizenz.

So eigneten sich die Zürcher von den Flüchtlingen wenn nicht die Betriebe, so doch Kenntnisse über Produkte und Fabrikationsmethoden an. Die Untersuchungen erlauben kaum mehr festzustellen, wo ein Betrieb direkt aus hugenottischen Händen in einheimische überging und unter welchen Umständen. Klar ist: Eine große Zahl von Firmen wurde in den zwei Jahrzehnten 1685 bis 1705, also in der Zeit des Refuge, gegründet, und der Historiker, der diese Zusammenhänge untersucht hat, kommt zum Schluss: «Wir dürfen annehmen, dass zu ihrer Entstehung großenteils die Hugenotten direkt oder indirekt den Anstoß gegeben haben.»[44]

III. Bürgerliche Revolution – Die Barrikaden-kämpfer

Wer Anfang 19. Jahrhundert ins Gebiet der Eidgenossenschaft einreiste, brauchte keinen Pass und kein Papier. Weder Asyl Suchende noch Kurgäste, weder Studierende noch Handelsreisende. Eine Bewilligung mussten Grenzüberschreiter erst dann einholen, wenn sie sich dauerhaft in einem Kanton niederlassen wollten. Touristen wurden je nach Kanton durch die Einträge in den Fremdenbüchern kontrolliert.

So hatten sich Asyl Suchende nicht an einem bestimmten Grenztor zu melden, und die Kantone konnten sie nicht von vornherein abweisen. Es gab keine grüne Grenze, weil die gesamte Grenze für den Personenverkehr durchlässig war. Und es gab keine Asylpolitik. Jedenfalls nicht im Sinn des 20. Jahrhunderts, wo bestimmten Flüchtlingsgruppen aus Krisenländern die Aufnahme gewährt oder nicht gewährt wurde. Das entscheidende Instrument der Flüchtlingspolitik waren polizeiliche Wegweisungen. Vor allem Ausländer, die der Armenpflege zur Last fielen, wurden ausgeschafft. Aber auch politische Agitatoren, die andere Ansichten als die Regierungen vertraten, wobei die Ausweisungen nur für den Kanton galten, wo sie stattfanden. Im Nachbarkanton saß einer im Trockenen, wenn dort ein liberales Regime herrschte.

Die kantonalen Regierungen bestimmten also nach Gusto, welche Flüchtlinge sie dulden wollten, wobei eben kein Flüchtling als solcher gekennzeichnet war. (heute gibt es Ausweise für Asylbewerber und die Kategorie der anerkannten Flüchtlinge.) Die Stimmung in der Bevölkerung setzte sich so ohne parlamentarische Verfahren und ohne Rücksicht auf Gesetzeserlasse in die praktizierte Politik um.

Die Asyl Suchenden, von denen die Rede sein wird, waren demokratische Polen, europäisch gesinnte Mazzini-Anhänger und deutsche Revolutionäre.

Begeistert feierte die Bevölkerung den polnischen General Tadeus Kosciusko. Von der Schweiz aus hatte er schon 1797 polnische Legionen zur Befreiung seines Heimatlandes vom Joch der Russen und Preußen organisiert. Er verbrachte die letzten Jahre seines Lebens in Solothurn und starb dort 1817. Sein Begräbnis wurde zum Volks- und Staatsanlass, die großartigste Leichenfeier, welche die Stadt – vielleicht bis auf den Tod des Bundesrates Willi Ritschard 1983 – erlebt hat.

Am 9. April 1833 tauchte in den jurassischen Freibergen ein polnischer Fourier auf und bestellte in den Gasthöfen Nachtessen für 160 Mann, die sich auf der Durchreise in ihre Heimat befanden. Tatsächlich erschienen dann mehr als 400 Leute. Zwar trugen sie keine Uniformen, doch Waffen. Es waren demokratisch gesinnte Polen, die nach den gescheiterten Aufständen von 1830/31 nach Frankreich geflüchtet waren, vereinigt in einer kleinen Armee, die sich «Heilige Schar» nannte. In ihrer Mehrheit formierte sie sich aus Offizieren. Nun wollten diese im Badischen – in Süddeutschland – der demokratischen Revolution zu Hilfe kommen, die eben ausgerufen worden war. Indes, so schnell das Feuer ausbrach, so schnell erlosch es. Der Aufstand in Baden war bereits niedergeschlagen. Zurück nach Frankreich wollten die polnischen Legionäre nicht. Da saßen sie nun in der Schweiz fest und wurden aufgenommen.

Ihre Beziehungen zur Schweizer Bevölkerung entwickelten sich freundschaftlich, wird berichtet.[45] Die schweizerische Bevölkerung hasste die «Polenschlächter» stellvertretend für alle gekrönten Häupter und absolutistischen Regierungen. In dieser Stimmung entstanden dreißig polnisch-schweizerische Komitees.

Die polnischen Immigranten halfen bei Feldarbeiten, arbeiteten in Uhrenfabriken und wurden engagiert beim Bau des Kanals, der den Thuner- mit dem Brienzersee verbindet.

Die Uhrenfabrik Patek Philippe & Cie in Genf geht auf einen dieser polnischen Offiziere zurück. Sie wurde gegründet vom Flüchtling Antoni Norbert Patek de Prawdiz, der als Kavallerist beim polnischen Freiheitskampf mitwirkte, zweimal verletzt wurde, und als Unteroffizier mit einem Ehrenorden an der Brust den Kampf beendete. In der Schweiz nannte er sich Antoine Norbert de Patek.[46]

Doch die immigrierten Umstürzler beschränkten sich nicht darauf, im Gastland Entwicklungshilfe zu leisten. Sie unterstützten weiterhin die Freiheitsbestrebungen ihres Volkes und schlossen sich in politischen Vereinigungen zusammen. Die meisten gehörten der Vereinigung der Carbonari an, die von Italien aus ganz Europa mit den Segnungen der Demokratie beglücken wollte.

Mehr noch, sie mischten sich aktiv in innenpolitische Auseinandersetzungen ein. Als Baselland danach strebte, sich als Halbkanton von der Stadt zu lösen, stellten die freiheitsdurstigen Polen dem aufrührerischen Kanton eine eigene Miliz. Ein Leutnant Nowicki übernahm die Führung der Basellandschäftler Artillerie; ein Hauptmann Kloss – dessen Nachkommen noch in der Schweiz leben sollen – den Befehl über die Liestaler Truppe.

Von der Schweiz aus beteiligten sie sich auch an Militäraktionen in Nachbarländern. Als die Carbonari beschlossen, Savoyen zu erobern, um dort König Karl Albert zu entthronen und das Land mit Italien zu vereinen, waren die polnischen Kämpfer wieder dabei. Auch diese Aktion scheiterte.

Den von Monarchen regierten Großmächten waren diese Umtriebe ein Dorn im Auge, und sie setzten die Schweiz unter Druck. So gelang es ihnen, zu erwirken, dass die Tagsatzung die Hitzköpfe auswies. Viele Polen aber blieben weiterhin im Land und dienten ihm als Ingenieure oder Universitätslehrer. Einige Jahrzehnte später schufen sie in Rapperswil ein polnisches Nationalmuseum.

Als Schlüsselfigur der Bewegung, die von der Schweiz aus in den Jahren 1833 bis 1836 die Freiheitsbestrebungen in ganz Europa koordinierte, wirkte Giuseppe Mazzini. «Er war ein lebendiger Apostel», der seinen Glauben lebte und in den Menschen das «Gefühl des Universellen» geweckt habe, urteilte Benedetto Croce.[47] Mazzinis Schöpfung war die Bewegung «Junges Europa», gegründet in Bern von sieben Italienern, fünf Polen und fünf Deutschen. Die Schweiz sollte als «Confédération des Alpes» den Kern des neuen «Europa der Völker» bilden. Als Ableger dieser Bewegung entstand auch eine umtriebige «Junge Schweiz».

Die Polizeibehörden in vielen Kantonen waren Mazzini allerdings nicht grün, zog er doch einmal mehr das Augenmerk der gekrönten Häupter auf diese un-höfliche Schweiz. So wechselte der Berufsrevolutionär häufig den Wohnort, lebte in abgelegenen Dörfern, schlief auf Strohmatten beim Fenster, um durch dasselbe das Haus sofort verlassen zu können. Für mehr als ein Jahr dann schlug Mazzini sein Hauptquartier im «Bachtelenbad» in Grenchen auf, «wo er allen bekannt und nur der Polizei verborgen war».[48] Die Gemeinde Grenchen verlieh dem Revoluzzer gar das Bürgerrecht, indes wurde seine Aufnahme ins Landrecht von der Kantonsregierung nur einen Monat später widerrufen; das Risiko, durch diesen offiziellen Schritt eine Großmacht zum Einschreiten zu provozieren, erschien den Behörden in der Ambassadorenstadt als zu gewagt. Das Beispiel zeigt, wie niedrig die Hürde zum Erwerb des Bürgerrechts war. Die nun einmal im Land waren, sollten möglichst schnell dazu gehören, vor allem, wenn sie sich aktiv betätigten.

Als die Tagsatzung ein weiteres Mal darüber zu debattieren begann, die fremden Agitatoren auszuschaffen, verließ Mazzini die Schweiz und ging nach London, doch trat er 1848 erneut in Erscheinung, als er von Lugano aus einen Aufstand in Italien zu organisieren versuchte. Die Schmuggelwege, die nur den Einheimischen bekannt sind, dienten hier als Pfade der Demokratie.

Auf unkontrollierbaren Wegen schleppten auch die Handwerksburschen den revolutionären Bazillus durch Europa. «Der patriotische deutsche Handwerker ist eine Propaganda zu Fuß», freute sich einer der prominenten frühbürgerlichen Revolutionäre, der schweizerisch-deutsche Doppelbürger Ernst Schüler; «das Felleisen auf dem Rücken, ein paar Batzen in der Tasche, den Knotenstock in der Hand», so wanderten sie «von Berlin nach Konstanz, von Wien nach Hamburg». In den Wirtshäusern, wo sie verkehrten, legten sie Zeitungen auf, in Vereinsversammlungen hielten sie patriotische Reden zur Aufklärung der Handwerksbrüder. «Hinter dem Ofen ist weder die Schweizerfreiheit noch die Reformation der Kirche errungen worden», belehrte Schüler, angeklagt wegen Hochverrats in Bern, seine neuen Schweizer Mitbürger, und er lobte die politische Unruhe: «Bewegung ist die Bedingung jeglichen Lebens, Ruhe nur im Grabe.»[49]

Auch die Deutschen stellten in der Schweiz ihre kleinen Armeen zur Durchführung von Revolutionen auf, unternahmen Einfälle nach Deutschland, erlitten

Niederlagen, mussten sich zurückziehen, versuchten es von neuem. Der Oberkommandierende der Volkswehren beim dritten und letzten Aufstandsversuch im Großherzogtum Baden stammte aus den Reihen dieser politischen Flüchtlinge: Als Johann Philipp Becker 1849 die Revolutionäre in Süddeutschland auf die Barrikaden führte, besaß er bereits das Schweizer Bürgerrecht. Offensichtlich hatte er das verbreitete Schweizer Schießwesen benutzt, um das Kriegshandwerk zu erlernen. Von Beruf Zigarrenfabrikant in Biel und Chef von 72 Arbeitern, hatte Becker zwei Jahre zuvor das Berner Schützenfest präsidiert. Die Niederlage in Baden tat seiner revolutionären militärischen Karriere keinen Abbruch. Im November des gleichen Jahres 1849 wurde er zum Stabssekretär des schweizerischen Divisionskommandanten Ochsenbein berufen, in dessen Dienst er die sonderbündlerischen Innerschweizer zusammenkartätschen half.

Ohnehin scheinen die Herren im Exil unbeschwert mit dem Schießeisen umgegangen zu sein. Vergnügt berichtet der Deutsche Julius Fröbel – von dem noch die Rede sein wird – über seine Begegnungen mit dem Prinzen Louis-Napoléon Bonaparte und späteren Kaiser der Franzosen: «Ich sah ihn zuweilen im Sihlwäldchen mit einem kleinen Gefolge von politischen Flüchtlingen verschiedener Nationen mit der Pistole nach der Scheibe schießen.»[50]

Ein Eldorado für Exil Suchende aller Art, so erscheint die Schweiz im Rückblick auf die frühbürgerlichen Revolutionen. Mit der Zeit veränderten sich im Tableau vor allem die Größenordnungen: Nach den Aufständen in Deutschland waren es nicht mehr Hunderte, sondern Tausende von Flüchtlingen, die sich in die Schweiz retteten, 10 000 bis 11 000 kamen im Umfeld der 1848er-Revolution allein aus Deutschland. Der Prozentsatz der niedergelassenen Ausländer in der Schweiz stieg bis 1850 auf 3,0 Prozent der Wohnbevölkerung oder auf 71 570 von insgesamt 2 392 740 Einwohnern an.[51] Die Grenzstädte wiesen allerdings bedeutend höhere Anteile auf: Genf 23,6, Basel-Stadt 23,0 Prozent.[52] Trotz dieser bedeutenden Ausländeranteile sollten beide Städte in den folgenden 150 Jahren meist eine ausgesprochen liberale Einstellung gegenüber den Neuankömmlingen beweisen.

Man war eben im Zuge der Bestrebungen nach einem demokratischen Bundesstaat internationalistisch gesinnt – an einer Feier zum Gedenken an die amerikanische Unabhängigkeit wehte im Juli 1848 über Muttenz das amerikanische Sternenbanner, zusammen mit der schwarz-rot-goldenen Flagge der Deutschen Republik. An einem Churer Schützenfest sprach kein Geringerer als der deutsche Freiheitsdichter Georg Herwegh.

Nebst Handwerksburschen spielten Akademiker in diesen Revolutionsprozessen eine bedeutende Rolle; die farbentragenden Burschenschaften prägten den deutschen Aufbruch mit. Es ist kaum übertrieben zu sagen, dass die revolutionären Intellektuellen die schweizerischen Universitäten in höherem Maß in die Unruhen einbezogen als im 20. Jahrhundert die Achtundsechzigerbewegung der Studenten.

Ein Handwerksbursche
am Zoll; Nebelspalter
Nr. 46, 1877

Bei der Gründung der Universität Zürich im Jahr 1833 saßen auf allen elf Lehr-
stühlen ausländische Professoren. Bildungsdirektionen in anderen Universitätskan-
tonen bestellten dagegen ihre Lehrstühle weniger systematisch mit Ausländern, zudem wuchs allmählich einheimischer Nachwuchs heran. Doch hatten noch im Jahre
1915 unter allen ordentlichen und außerordentlichen Professoren an Schweizer
Hochschulen 27 Prozent keinen Schweizer Pass.[53]

Der in Deutschland steckbrieflich gesuchte Dichter Georg Büchner wurde an
der Universität Zürich angestellt, oder der Mediziner Johannes Lucas Schönlein
und der Naturphilosoph Lorenz Oken. Die brauchten sich nicht erst in der Schweiz
integriert zu haben. Jodocus Temme erhielt in Zürich eine ordentliche Professur für
Staatswissenschaften – immerhin ein politisch delikates Fachgebiet –, obwohl er sich
erst wenige Monate in der Schweiz aufhielt. Auch die Lehrerbildung wurde in einigen Kantonen, so im Thurgau, den Umstürzlern überlassen.

Der Professor;
Nebelspalter Nr. 9, 1887

Vielleicht handelte Zürich deswegen besonders radikal, weil der damalige Bürgermeister Hirzel in Jena studiert und dort geistige Impulse erhalten hatte, die ihm auch für die Schweiz fruchtbar schienen. Jedenfalls bauten die Hochschulbehörden auf das revolutionäre Element, das jenen freien Geist garantierte, der echte Wissenschaft durchwehen muss. Das später gegründete Eidgenössische Polytechnikum setzte diese Berufungspolitik fort.

Fast alle Exilierten hielten es nicht für unter ihrer akademischen Würde, in ihrer Heimat auf die Straße zu gehen oder gar direkt an den Barrikadenkämpfen teilzunehmen.

Pompejus Alexander Boley hatte als aktiver Burschenschafter eine sechsmonatige Festungshaft verbüßen müssen und wurde ans Polytechnikum zum Professor für technische Chemie berufen. Weitere Exhäftlinge standen am Katheder: Hermann Behn-Eschenburg lehrte englische Literatur, der in Neapel verfolgte Francesco de Santis italienische. In den sechziger Jahren kamen der in Abwesenheit zu fünfzehn Jahren Zuchthaus verurteilte Johannes Scherr zur Dozentenwürde als Professor für

Von der Ausweisung betroffener
Redaktor;
Nebelspalter Nr. 33, 1906

allgemeine Geschichte und der einstige Freischärler Gottfried Kinkel als Professor für Archäologie und Kunstgeschichte.

Sichtbare Spuren hinterließ Gottfried Semper. Der Erbauer des berühmten Hoftheaters in Dresden hatte wegen seiner Beteiligung am Maiaufstand fliehen müssen; er diente in einer Schützenkompagnie, die eine der wichtigen Schanzen in der Innenstadt verteidigte. Fünf Tage lang konnten die Aufständischen das offenbar klug errichtete Bauwerk schützen. Dann mussten sie weichen. Auf Umwegen gelangte Semper in die Schweiz, wo ihm eine Professur angetragen wurde. In den Jahren seines Schweizer Aufenthaltes prägte er mit seinen Werken eine ganze Epoche; er legte einen der ersten Entwürfe für den neuen Zürcher Hauptbahnhof vor, plante das Stadthaus in Winterthur und konnte den Neubau der Hochschule realisieren, die ihm gastfreundlich Aufnahme bot: der heutigen ETH.

Allerdings, in der Epoche der frühbürgerlichen Volkserhebungen seit den dreißiger Jahren gab es immer wieder Momente, wo sich die Schweiz verschloss. Namentlich dann, wenn die Drohgebärden der ausländischen Mächte zu gefährlich schienen.

Ein erstes «Presse- und Fremdenkonklusum», das Zensurmaßnahmen festlegte und die Ausweisung der politischen Flüchtlinge verfügte, wurde 1823 auf Druck des österreichischen Staatskanzlers Metternich angeordnet. Die Bildung griechenfreundlicher Vereine, die republikanisches Gedankengut säten, hatte den Anstoß gegeben. Ein zweites Fremdenkonklusum trat 1836 in Kraft, nachdem deutsche Handwerksburschen in der Berner Bierwirtschaft Steinhölzli überbordet hatten, als sie die schwarz-rot-goldene Flagge der deutschen Einheit schwangen.

In der 1849er-Krise – die den Zustrom von Flüchtlingen aus Deutschland brachte – bestimmte der Bundesrat in einem umstrittenen Entscheid, dass revolutionäre Aktivisten sofort ausgewiesen werden sollten. Damit war nicht die Rückschaffung in ihr Herkunftsland gemeint, sondern die Abschiebung in ein entferntes Drittland. Mit Frankreich handelte man Vereinbarungen über die freie Passage aus, die den Ausgewiesenen ermöglichen sollte, per Schiff über den Kanal nach Großbritannien oder gar nach Übersee zu entkommen. Diese Lösung wurde von den deutschen Staaten toleriert, denen es nur recht war, wenn die Aufrührer verreisten. Die USA aber verdanken ihnen eine ganze Anzahl hervorragender Persönlichkeiten.

Zugleich beschloss die schweizerische Landesregierung, etappenweise Armeeangehörige zur Eindämmung des Flüchtlingsstroms an der Nordgrenze einzusetzen:

«1. Es soll die Aufstellung eines eidgenössischen Obersten in der Eigenschaft eines Brigadekommandanten in Basel stattfinden zum Zwecke der Überwachung dieses Platzes und der nördlichen Schweizer Grenze, vornehmlich mit Hinsicht auf allfälligen Andrang von bewaffneten und unbewaffneten Flüchtlingen und andere mögliche Eventualitäten.

2. Im Falle der Noth oder Dringlichkeit ist derselbe angewiesen, zur Sicherstellung der nördlichen Grenze vorläufig ein Aufgebot zu erlassen unter gleichzeitiger Anzeige an das schweizerische Militärdepartement …»[54]

5000 Mann rückten ein, wenig später waren es 8000. Die Aufgabe der Truppe wurde klar festgelegt: «Sämmtliche Flüchtlinge sind zu entwaffnen und, weitere Maßregeln vorbehalten, auf acht Stunden von der Grenze zu interniren …»[55]

Immerhin hatten sie nicht die Aufgabe, die Grenze zu verriegeln: «Gleich beim ersten Erscheinen der Flüchtlinge haben wir» – so schrieb der Bundesrat – «durch ein Kreisschreiben den h. Ständen angezeigt, dass wir die Aufnahme derselben ihnen nicht verbieten können, weil ihrer Lage Gefahr drohte und weil es grausam gewesen wäre, unter diesen Umständen den Eintritt zu verweigern …»[56]

Der Einsatz von Militär gegen Flüchtlinge ist also keine Errungenschaft des 20. Jahrhunderts. Doch richtete er sich 1849 gegen die Anwesenheit bewaffneter Revolutionäre. Zu einem Truppeneinsatz gegen einen Kanton kam es im Tessin, wo italienische Flüchtlinge sich weitgehend frei umtun konnten und dabei den Schutz der Kantonsbehörden genossen. Das Tessin wurde von eidgenössischem Militär fast wie fremdes Territorium besetzt.

Die Verhärtung des bundesrätlichen Kurses erfolgte entgegen der Stimmung in Teilen der Bevölkerung, wie die Landesregierung selbst wahrnahm. Andererseits konnte sich der Bundesrat auch auf fremdenfeindliche Meinungen berufen; manchem waren «die eigentumslosen, beschäftigungslosen, deklamierenden Menschen» nicht geheuer, «denen, da sie zuweilen sogar zum Kommunismus sich bekannten, das Ärgste zuzutrauen war …», wie die Schriftstellerin Ricarda Huch später formuliert hat.[57]

Verstimmungen über die Anwesenheit solcher scheinbarer Nichtsnutze mochten vor allem dort auftreten, wo infolge Unterbeschäftigung und Not den Einheimischen empfohlen wurde, ihr eigenes Los durch Auswanderung zu verbessern. Wo die Krise zudem katholische Regionen bestrich, die soeben durch die Radikalen im Sonderbundskrieg geschlagen worden waren, konnte die Stimmung gefährlich werden. Der Bundesrat lavierte also auch im Interesse der neu geschaffenen staatlichen Einheit; das Boot war zwar nicht voll, aber es drohte auseinander zu brechen.

Dank der Verfassung, die sich der eben aus der Taufe gehobene Bundesstaat 1848 gegeben hatte, besaß der Bundesrat als Zentralbehörde nun rechtlich die Kompetenz, Fremde, welche die innere oder äußere Sicherheit der Eidgenossenschaft gefährdeten, aus dem schweizerischen Gebiet wegzuweisen (Artikel 57).

Ein Asylgesetz aber oder ein einigermaßen systematisches kantonales Asylrecht hat es in der Schweiz im 19. Jahrhundert nicht gegeben. Die Gewährung von Asyl oder eben die Anordnung der Ausweisung blieben politische Entscheide. Sie wurden gefällt nach politischer Lust und Laune, verklärt durch die Idee des Humanismus und manchmal tatsächlich von ihr beeinflusst.

Schweizergeschichten: Julius Fröbel – Revolutionärer Professor aus Thüringen

Dieser Professor war weder grau noch staubig, auch wenn Stein und Sedimente durchaus seine Sache waren. Eher war er vulkanisch. 1834 wurde der im thüringischen Griesheim Geborene als Dozent für Mineralogie an die neu gegründete Universität Zürich berufen, wo er durch seine «Grundzüge eines Systems der Kristallologie» den guten Ruf der Erdkunde an dieser Hochschule mit begründete. Julius Fröbel war ein so genannter Junghegelianer und einer der frühen Sozialisten.

Professor Fröbel war nicht der Meinung, er habe in der Schweiz zu schweigen, und er scheute sich keineswegs, den von der Alpenkrone begrenzten Horizont aufbrechen zu helfen. «Der Schweiz und insbesondere der Stadt Zürich – um hier von Genf nicht zu reden – fehlte es nicht an gebildeten und unterrichteten Männern», schreibt er in seiner Autobiografie. Wie in mehr oder minder allen Kulturgebieten herrschte aber ein «dilettantisch beschränkter und sich selbst genügender Geist». Die «radikalen Reformatoren» – gemeint sind die führenden Stadtpolitiker – wollten deshalb in den neuen Lehranstalten «einen neuen Geist, der eine neue Generation ins Leben rufen sollte, und dazu brauchten sie Fremde».

Fröbel ließ sich nach vier Jahren in Hirslanden bei Zürich einbürgern, dem Heimatort seiner Ehefrau. Und er zog, wie viele Migranten es bis heute tun, die Sippe nach: «Das Schicksal war mir insofern nicht ungünstig, als es mir gelang, auch meinen beiden Brüdern in Zürich Anstellungen zu verschaffen», so erzählt er. Einer wurde Lehrer für englische Sprache, ein anderer Universitätsgärtner. Letzterer nahm auch gleich Mutter und Schwester mit in die Schweiz. Stolz resümiert Fröbel: «So war es mir gelungen, in einer neuen Heimat unsere Familie wieder zu vereinigen und durch diese Vereinigung unsere gemeinsame ökonomische Lage zu verbessern.»

Es war eine unruhige Zeit. Die Vorläufer des Zürcher Freisinns, die erwähnten radikalen Reformatoren, beriefen auf den Zürcher Lehrstuhl für Theologie einen Mann, der seiner weltlichen Bibelauslegung wegen den Zorn vieler kirchentreuer Christen auf sich zog. Lehrte dieser doch, dass Christus nur eine edle menschliche Erscheinung gewesen sei, die den Menschen eine neue Sittenlehre verkündet hatte. Diese Berufung war eine «Frivolität», meinte selbst Fröbel. Empörtes gläubiges Volk vom Land demonstrierte in der Stadt gegen den neumodischen Theologen, und schließlich gab ihr Anführer, ein Pfarrer, den Befehl: «In Gottes Namen schießet!» Tödlich getroffen blieb ein Zürcher Regierungsrat am Boden. Das Geschehen von 1839 ist als Straussenhandel – nach dem umstrittenen Theologieprofessor David Friedrich Strauss – in die Geschichte eingegangen: Es führte zum Sturz der Regierung, die durch eine konservative ersetzt wurde. Das Ereignis hat Fröbel geprägt.

Er fühlte sich ebenfalls vom sozialen Gehalt des Christentums inspiriert, dies schon seiner familiären Herkunft wegen. Fröbels Vater war ein Theologe, seine frömmlerische Mutter gehörte der Bewegung der Herrnhuter an. Von ihnen beeinflusst, trat

Fröbel für ethische Grundsätze innerhalb des Kapitalismus ein, der damals noch sehr flexibilisiert war. Was er anstrebte, war in Wirklichkeit eine Art Staatssozialismus. Das aber war den neu an die Macht gekommenen konservativen Staatsinhabern ein Graus. Fröbel wurde zum verdächtigen Subjekt.

Zumal er seine Lehren weit in die Welt hinausposaunte. Er gründete eine Buchhandlung und einen Verlag, das «Literarische Comptoir in Zürich und Winterthur». Darin verlegte er Schriften, die als ketzerisch galten. So druckte er Wilhelm Weitlings «Evangelium des armen Sünders» und verschiedene Artikel von Friedrich Engels, einem der beiden Überväter des Marxismus.

1842 gab Fröbel seine Lehrtätigkeit auf, um sich ganz seiner politischen Mission zu widmen. Er betätigte sich vollamtlich als Redaktor des «Schweizerischen Republikaners», eines liberalen Blattes. Doch sein Blick schweifte immer wieder nach Deutschland, wo die Verhältnisse noch harziger zu sein schienen.

In der Schweiz wurde er überwacht, in Deutschland zensuriert. Ein Exemplar der Druckschrift «Das neu entdeckte Christentum» – aus der Feder des Autors Bruno Bauer – geriet in die Hände des Staatsanwaltes in Zürich, der alsogleich die ganze Auflage, die noch im Lager wartete, beschlagen ließ und Anklage wegen Religionsstörung erhob. Vor Obergericht wurde Verleger Fröbel schuldig gesprochen und mit zwei Monaten Gefängnis bestraft, zugleich wurde die Vernichtung der ganzen Auflage verfügt. Das Toleranzkonto war definitiv überzogen, als – allerdings in Fröbels Abwesenheit – auch noch der notorische Anarchist Bakunin im «Republikaner» zu Wort kam. Zu guter Letzt war das ganze Verlagsprogramm Fröbels im Absatzgebiet Deutschland verboten und seine Stellung in der Schweiz «unhaltbar» geworden, wie er schreibt.

Unter diesen Umständen verließ Fröbel 1846 trotz schweizerischem Bürgerrecht freiwillig das Land. Er zog nach Dresden, wo er neue politische Nischen fand. Seine Karriere verlief weiterhin bewegt. Fröbel, der sich selbst als «Adoptivbürger» der Schweiz bezeichnet, ließ sich wieder eindeutschen, wurde Parlamentarier als Mitglied der Frankfurter Nationalversammlung, nahm an einem Aufstand in Wien teil, wurde dort zum Tode verurteilt, begnadigt und wanderte wie viele andere deutsche Revolutionäre nach Nordamerika aus, wo es ihn nur einige Jahre hielt. Er bekam als Krönung seiner Laufbahn einen deutschen Diplomatenposten im treuen Dienst des bürgerlich-demokratischen Staates und kehrte später in die Schweiz zurück.

Im Rückblick auf Fröbels Schweizer Jahre fällt die friedliche Symbiose von ausländischen Revolutionären und einheimischen fortschrittlichen Politikern auf. Diese brauchten Leute wie Fröbel, die reden und schreiben und das formulieren konnten, was manche radikal gesinnte, aber aufgrund ihrer bäuerlichen Herkunft etwas sprachlose Schweizer wohl mehr stimmungsmäßig erfassten. «Es war charakteristisch für die damaligen Zustände der Schweiz, dass die öffentliche Meinung durch die Presse zum Teil von fremden Neubürgern geleitet wurde», meint Fröbel in seiner Autobiografie.[58]

Einer dieser politischen Flüchtlinge aus Deutschland wurde in den Jahren 1833/

1834 gar Redaktor bei der angesehenen «Neuen Zürcher Zeitung»: Georg Fein. Dieser lancierte Tiraden gegen Papst und Reaktion, gegen den französischen König und die schweizerische Neutralität, bis er für die NZZ untragbar wurde. Er musste zurükktreten und wurde schließlich als Volksverhetzer aus Zürich ausgewiesen, weil er in einem Lokal – gemäß Denunziation der Wirtstochter – nicht nur von Politik, sondern auch von «höheren Löhnen» gesprochen hatte. Da erhielt er seinen Lohn. Er flüchtete ins nicht allzu ferne Liestal – immer noch auf Schweizer Territorium –, das ihn gerne beherbergte.

Der Vulkan namens Fröbel erlosch 1893 in Zürich.

IV. Frühkapitalismus – Die Handwerker

Wie Schlösser ragten die neu erstellten Brauereien mit ihren roten Backsteinmauern und den ziselierten Türmchen in der Landschaft. Symbole einer neuen Zeit, die in der zweiten Hälfte des Jahrhunderts anbrach. Bier war ein Grundnahrungsmittel, gleichsam flüssiges Brot. Man nehme: einen Liter Bier und schlage zwei, drei rohe Eier hinein, fertig ist das Arbeiterfrühstück. Da das Getränk aus Malz und Gerste aber wegen des einsetzenden Gärprozesses nicht über längere Strecken transportiert werden konnte und schnell sauer wurde, entwickelten sich unzählige regionale Brauereien, die mit dem Wachstum der Bevölkerung auch einen steigenden Absatz verzeichneten.

Die meisten Schweizer Brauer hatten ihre Fachkenntnisse in Bayern erworben, erzählt ein Branchenkenner.[59] Oft holten sie sich Know-how zusammen mit den Facharbeitern aus Deutschland.

Deutsche Handwerker waren in den aufstrebenden Wirtschaftszweigen gesucht. Sie verfügten über technologisches Wissen, das die einheimische Landbevölkerung nicht besaß, sie arbeiteten in der Regel günstiger als eigene Fachkräfte, und zudem waren sie draußen vor dem Fabriktor zu finden, wo sie auf ihr Engagement warteten.

Ihre Zahl ist nicht sicher festzustellen; gemäss Schätzungen sollen Anfang der vierziger Jahre des 19. Jahrhunderts schon 25 000 Personen aus dem Ausland in der Schweiz gearbeitet haben.[60]

Weil nach 1840 in Deutschland eine Krise des Handwerks eintrat, ging mancher Geselle auf die Walz. Dass er dabei revolutionäre Ideen entwickelte, war provoziert durch den Niedergang eines stolzen Standes.

Nach den Ausweisungen durch die Schweizer Landesregierung nahm ihre Zahl etwas ab, doch die vorwärts drängende Industrie mochte sich nicht lange der politischen Ansichten ihrer Arbeiter wegen selbst beschränken. Eine unglaubliche Menge von «Schwaben», wie bald alle Deutschen bezeichnet wurden, sei unterwegs, die «mit einem Stocke in der Hand und Schriften im Sack, das Land auf- und abreisen und den Zehrpfennig einziehen»; so klagte die Fremdenpolizei des Kantons Zürich 1854. «Es gibt Gegenden, wo alle Tage 10 bis 15 solcher Strolche anklopfen und die Leute belästigen.»[61] Doch ohne diese fremden Gesellen wäre die schweizerische Wirtschaft nicht geworden, was sie ist.

Wie andere Wachstumsbranchen setzte auch die neue Metall- und Maschinenindustrie notgedrungen auf ausländische Arbeitskräfte, in der Deutschschweiz wie in der Westschweiz. Anfang der siebziger Jahre arbeiteten beispielsweise in der Musikdosenfabrik Billon in Genf nebst 36 Genfern und 25 Schweizern aus der übrigen Eidgenossenschaft 12 Franzosen, 16 Savoyarden und fünf Ausländer anderer

Schlosser im Streik;
Nebelspalter Nr. 21, 1886

Herkunft. Bei der Escher Wyss in Zürich waren von 1309 Leuten 112 Deutsche, 19 Franzosen und neun Österreicher.[62] Bei der Maschinen- und Schiffbaufirma der Gebrüder Sulzer in Winterthur gehörten zwei Jahre nach ihrer Gründung zwölf Preußen zur Belegschaft von 18 Mann.[63]

Mehr und mehr brauchten die Unternehmer Ungelernte. Die Bauarbeiter der Grenzstadt Genf waren um dieselbe Zeit fast sämtliche französischer oder italienischer Herkunft. In der anderen schweizerischen Grenzstadt, Basel, überschwemmten die Elsässer den Arbeitsmarkt; sie sind in der Figur des Wagges verewigt – mit strohblonden Haaren, roter Schnapsnase und himmelblauen Augen. Ihre Konjunktur lief erst in den dreißiger Jahren des 20. Jahrhunderts mit der allgemeinen Arbeitslosigkeit aus. Das Cabaret Cornichon hat sie mit präziser Komik beschrieben:

E Küah im Stall, zwei Sey, e Gais
Un hinterem Hüs Gegacker
E Kind isch in der Schüel un ein's
Schaffd mit der Frau im Acker
(…)
Am Finfe styge mir üs'm Bett.
Mi Fraui wil z'Märt geh fahre.
Ich haui's in d'Schwyz per Byciclette
Und sie geht mit em Kaare.
(…)
Min Vatter hat als Franzmann anno siebzig uf d'Praysse gspeyt.
Und ich ha d'Pickelhüwe im Waltkrieg z'Verdun trayt.
Z'erscht hamm'r miesse d'schwarz-wyss-rote Fahne schwinge,
Und dr'no hat bleu-blanc-rouge la tricolore geblieht.

So han ich mange Jehrle bim Stamm und Cumpanie
In Basel g'schafft als Mürer. Die Zyt isch hy verby.
Der Fraui, im schwyzerische Autarkiebestrawe,
Wird's Gmies mit «Auslandware» plakatiert am Zoll.
Un mine permission de traveille isch vergawe,
Denn iwerall her'sch d'namlige Parole:

Gehn, schasse die Waggis zum Jardin n'üs.
Sie namme is numme d'Franggle.
Mir han doch Arbetslose gnüe.
Sie sitze uf alle Banggle.[64]

Die Fremden nähmen ihnen die Arbeit weg; diese Klage ertönte immer vernehmlicher, je mehr Industrie und Handel im 19. Jahrhundert aufblühten. Tatsächlich wuchs die Zahl der als «Ausländer» registrierten Männer und Frauen im längeren Überblick kontinuierlich an: 1870 zählte man 5,2 Prozent oder 136 761 «Ausländer» auf eine Bevölkerung von 2 655 001.[65] In einzelnen Branchen dominierten sie stark; leider sind dafür erst Zahlen nach der Jahrhundertwende verfügbar. Die eidgenössische Volkszählung von 1910 errechnete folgende Branchenstatistik:

Im Eisenbahnbau	899 ausländische Arbeitskräfte auf total 1000
Theater und Musik	770
Maurerei	582
Stein- und Marmorbrüche	547
Hochbauunternehmen	519
Coiffeure und Coiffeusen	482[66]

Man kann sich vorstellen, dass auf den Rheinbrücken etwas Seltsames geschah. Wandernde junge Handwerksburschen, ihren Sack über den Schultern, begegneten auf dem Weg in die Schweiz ärmlichen Schweizer Familien, auf einem Karren sitzend, der von einem einzigen Pferd gezogen war, den Häfen Norddeutschlands zustrebend. Man stellt sich die Blicke der auswandernden Familien vor, die zurückschauten zu jenen, die ihnen offenbar zu Hause die Arbeit stahlen. Eine tragische Situation und eine absurde zugleich. In der Schweiz herrschte Arbeitskräftemangel, aber die Leute wanderten aus.

Tatsächlich kreuzten sich statistisch zwei in der Größenordnung vergleichbare Wanderungsströme. Aus der Schweiz wanderten zwischen 1840 und 1900 nach präzisen Schätzungen mehr als 330 000 Menschen aus[67], praktisch im selben Zeitraum stieg die Zahl der Ausländer in der Schweiz um 335 000, und zwar von 50 000 auf 385 000[68]. Tatsächlich war die Einwanderung größer, sind doch weder jene Ausländer, die in ihre Heimat zurückkehrten, noch jene, die sich in der Schweiz einbürgern ließen, erfasst.

Die Wirtschaft rekrutierte ausländische Arbeitskräfte, während Einheimische in Massen das Land auf der Suche nach Einkommen verlassen mussten! Gab es keine Kanäle, die Arbeitsnachfrage und Arbeitskräftebedarf direkt miteinander verbanden? Hätten die Auswandernden nicht einfach in die neuen Wirtschaftszweige wechseln können, wo offensichtlich Arbeitsplätze geschaffen wurden?

Landwirtschaftliche Krisen waren wiederholt Gründe für die Existenzprobleme der Bauernfamilien. In den vierziger Jahren wütete eine «Kartoffelpest», während in den achtziger Jahren trotz guter Ernten die Verkaufspreise einbrachen. Gleichzeitig erlebte die schweizerische Industrie einen ungeahnten Aufschwung, regional unterschiedlich zwar und mit wiederholten Stockungen. Auch die Auswanderung zeigt in den Statistiken große regionale Unterschiede. Im Kanton Bern etwa verließen besonders viele Familien ihre Höfe, um das Land zu verlassen. Genau dort aber verzögerten die patrizischen Herrschaften die Industrialisierung. Deshalb bestanden von vornherein Schwierigkeiten, Arbeit in der engeren Heimat zu finden. Die einschlägige Untersuchung von Heiner Ritzmann zur schweizerischen Auswanderung stellt fest: «Aus all dem geht unzweideutig hervor, dass nicht die Industrialisierung, sondern deren Ausbleiben die Hauptschuld an den großen Auswanderungswellen der 1840er und 1850er Jahre trug.»[69]

Bleibt die Frage, warum viele es vorzogen, nach Übersee auszuwandern, statt in die Industriemetropolen St. Gallen, Glarus oder Zürich zu ziehen. Dazu noch einmal Ritzmann: «Stärker noch schlug das Thermometer des Amerikafiebers indessen bei den Kleinbauern aus, die den Wegzug in eine Stadt schon gar nicht erst in Betracht zogen, weil sie es als gesellschaftliche Herabsetzung empfanden, sich in einer Fabrik oder einem Dienstleistungsbetrieb als Lohnarbeiter ‹verdingen› zu müssen. Soweit sich diese soziale Schicht ihre wenigen unternehmerischen Freiheiten bewahren wollte, war sie dazu gezwungen, ihr Hab und Gut zu verkaufen und in den mittleren Westen oder nach Kalifornien, Argentinien, Brasilien oder Chile zu ziehen.»[70]

Verständlicher werden die Vorgänge den Spätergeborenen vielleicht, wenn man ein Gedankenspiel anstellt: Infolge einer Krise des Wirtschaftsplatzes Europa gerieten die Schweizer Banken in Schwierigkeiten, wogegen die Nahrungsmittel produzierende Landwirtschaft einen ungeahnten Aufschwung erlebt. Würde ein Bänkler, der es gewohnt ist, am Bildschirm mit Kursschwankungen zu handeln, freiwillig in den Bauernstand wechseln, um im Acker aus den Schwankungen der Jahreszeiten Gewinn zu ziehen? Feldmäuse jagen statt Computermäuse bedienen? Oder würde er sich nicht eher in den Jet setzen, um in den neuen internationalen Bankzentren von Peking oder Nowosibirsk sein Glück zu versuchen, und möglichst bald die ganze Familie nachziehen?

Ein Gewerkschafter argumentierte jedenfalls ein paar Jahrzehnte später so, als die St. Galler Heimsticker infolge einer massiven Textilkrise ihre Aufträge verloren. Man könne nicht arbeitslos gewordene St. Galler Stickerfamilien und deren Angehörige in der Landwirtschaft einsetzen. «Der Grund dafür ist ganz offenkundig. Diese Leute sind nicht gewohnt der Arbeit im Ackerbaugebiet, und wir können sie beim besten Willen nicht beschäftigen.» Man habe eine Anstellung auch schon versucht, «aber die Leute konnten nicht gebraucht werden».[71]

Dass nicht einfach der Wirtschaftsaufschwung die Menschen anzieht, zeigt sich gerade an der schweizerischen Auswanderung. Tatsächlich «wanderten die Menschen damals mehrheitlich aus ‹hoch entwickelten› Nationen in Richtung der ‹Peripherien› ab», stellt ein Ethnologe fest; «Schweizer Familien etwa ins zaristische Russland, in die argentinische Pampa, in die südbrasilianische Provinz Santa Catarina oder in den mittleren Westen der USA».[72] Die Menschen mit ihren Kenntnissen und Neigungen entscheiden mit, wo sie ihr Glück versuchen wollen – wobei die USA in den 1850er Jahren von einem Wirtschaftsboom erfasst wurde, der die Sogkräfte massiv verstärkte.

Aus- und Einwanderung hatten eine eigentümliche kulturelle Wirkung: Der

Begriff Heimat geriet in Verwirrung. Träumt das zitierte Lied der Heimatlosen vom festen Ort, wo man die Umherziehenden endlich dulden möge, so verkündet ein Lied der Auswanderer, dass die Heimat überall in der Welt sein könne, wo man sich wohl fühle. Schweizer Behörden riefen den Auswanderern aber gelegentlich auch zu, sie möchten im Ausland Schweizer bleiben und ihre Heimat nicht vergessen (was sie von Einwandernden in der Schweiz allerdings wünschten). Angesichts solcher Verunsicherung ist nicht erstaunlich, wenn Kräfte auftraten, die das Heimatgefühl bewusst zu stärken versuchten. Aus einer lebensnah empfundenen Zugehörigkeit wurde ein gezielt verbreiteter ideologischer Wert: Schweizer sein.

Die Kehrseite der Medaille war die Ausgrenzung des «Fremden». 1858 fand in Zürich der Prozess über die Klage eines deutschen Emigranten gegen einen Schweizer statt. Der hatte ihn als «hergelaufenen fremden Fötzel» tituliert; die Klage wurde abgewiesen.[73]

Heimatgefühl wurde befeuert, Abneigung gegen die Fremden geschürt. Schon 1846 lancierte ein aristokratischer Berner einen «Schweizerischen Volksthümlichen Vaterlandsverein», der sich in seinen Statuten «die Hemmung und gänzliche Auflösung der Fremden – namentlich der deutschen Einwanderung und ihres unverschämten Colonisationsunternehmens» vornahm.[74] Es ist die erste bekannte fremdenfeindliche Bewegung in der Schweiz.

In seinen Resolutionen erklärte der Verein «dass wir die uns durch Einbürgerung aufgedrungenen Deutschen in unseren Herzen nie als Mitbürger, noch weniger als Schweizer, am wenigsten als Berner anerkennen werden, wie sie auch nie werden biedere Schweizerherzen bekommen; wir betrachten sie also ganz als Deutsche». Es seien «Feinde des Vaterlandes».[75]

Als sich der Schweizerische Volksthümliche Vaterlandsverein 1850 an einem Berner Wahlkampf beteiligte, kleidete er seine Propaganda in folgende Verse:
«Hat einer verübt einen Schwabenstreich, mit der Tit. Polizei sich entzweit, Eine Kasse verkleinert, ein Fürstel beschimpft, ein verpfuschtes Komplötchen gedrechselt, Gleich denkt er: I was! s'ist Wurst, ich geh' in die Schweiz, dort bin ich geboren; Denn der Schwaizer ist dumm, und hat Geld wie Heu, und Butter – mich wird er versorgen.»[76]

Man ist nicht mehr weit vom Ungeziefer entfernt. Und wenn der verbreitetste Hausschädling «Schwabenkäfer» oder «Preußenkäfer» genannt wurde, musste er wohl für die Immigranten büßen.

Schweizergeschichten:
Andreas Dietsch – Handwerker und Utopist aus dem Elsass

Der Bürstenbinder Andreas Dietsch in Aarau hielt nicht viel vom neuen Bundesstaat, der auf dem Boden der Eidgenossenschaft vorbereitet wurde. Würde doch auch die künftige Verfassung das Wichtigste nicht verwirklichen: soziale Gerechtigkeit. Der kleine Handwerker fühlte sich aufgerufen, selber einen historischen Anfang zu setzen.

Wovon Dietsch träumte, das schrieb er als regelmässiger Mitarbeiter in die radikale Aarauer Wochenschrift «Das Posthörnchen», welche in den vierziger Jahren des letzten Jahrhunderts Stimmung machte gegen die Träger alter Zöpfe.

Aus der Feder des engagierten Handwerkers floss eine fünfteilige Artikelserie mit dem Titel «Das tausendjährige Reich». Darin trifft ein Wanderer auf eine ideale Gemeinschaft, so liest man am 26. Juli 1842. Er sieht zwölf Männer, «die alle gleich bekleidet waren; sie trugen Hosen und kurze Röcke von ungebleichter Leinwand, niedere Strohhüte mit breiten Krempen und waren mit Hauen versehen …» Mädchen bedienen den Besucher mit Kaffee, sie ähneln Hirtinnen. Die Leute sind überaus freundlich und heiter, und ein Greis erklärt: «Siehe Fremdling, wir leben hier nicht wie in der übrigen Welt. Hier ist sich jeder gleich, keiner gilt mehr als der andere, jeder muss seinen Willen dem Ganzen unterordnen, damit das Allgemeine mit dem Wohl und der Freiheit im Einklang bleibt.»

Es ist das Reich der Vernunft und der Pflicht: «Unnützen Tand haben wir keinen, darum können wir unseren Fleiß mehr auf das Nützliche verwenden.» Dieses Reich ist spartanisch geprägt: Knaben und Mädchen über vierzehn Jahre leben bis zum ehefähigen Alter in getrennten Häusern, wo vier und vier beisammen schlafen.

Der Kommunegeist, so der Greis, werde bald die ganze Gesellschaft erfassen, bis die Arbeiter den Reichen in Scharen davonliefen. Überzeugt vom Gesehenen, anerbietet sich auch Autor Dietsch, der Gemeinschaft beizutreten. Leider erweist sich die Vision am Schluss der Artikelserie als bloßer Traum.

Dietschs «Tausendjähriges Reich» ist eine der raren frühsozialistischen Utopien, welche die Schweiz hervorbrachte. Dietsch besass Kenntnis von anderen Entwürfen dieser Art und stand in Kontakt mit dem deutschen Schneidergesellen Wilhelm Weitling, der ebenfalls die Gleichheit ausrief und wegen kommunistischer Umtriebe schließlich aus der Schweiz ausgewiesen wurde.

Anton Andreas Dietsch war ein eingewanderter Elsässer, der am 13. Oktober 1807 in Mülhausen in armen Verhältnissen geboren worden war. Nur mit Not hatte er lesen und schreiben gelernt; so musste er das wenig angesehene Handwerk des Bürstenmachers erlernen. Als Handwerksbursche zog er in die Welt und blieb in Aarau stecken, wo er sich mit der Tochter seines Meisters verheiratete und ein eigenes Bürstenwarengeschäft eröffnete. Um das Bürgerrecht bemühte er sich allerdings nie, war doch Heimat dort, wo das Herz warm wurde. So wie es ein Auswandererlied evozierte:

Was ist die Heimat? Ist's die Scholle
Drauf deines Vaters Haus gebaut?
Ist's jener Ort, wo du die Sonne,
Das Licht der Welt zuerst geschaut.

O nein, o nein, das ist sie nimmer!
nicht ist's die Heimat, heißgeliebt.
Du wirst nur da die Heimat finden
Wo's gleichgesinnte Herzen gibt.

Die Heimat ist, wo man dich gerne
Erscheinen, ungern wandern sieht,
Sie ist's ob auch in weiter Ferne
Die Mutter sang dein Wiegenlied.

Vielleicht hatte der Bürstenbinder geglaubt, die Schweiz sei das gesuchte Land der Gerechtigkeit, das den Wert der Arbeit hoch schätze, und hatte dann erfahren müssen, dass auch hier oft viel Dampf um Prinzipien erzeugt, aber in Wirklichkeit doch nur mit Wasser gekocht wird. So mochte er die Gerechtigkeit in Amerika vermutet haben. Utopia ist immer anderswo.

Amerika! Wenn der Aarauer Frühsozialist von einer Idee überzeugt war, setzte er sie in die Tat um. Er gründete einen Auswanderungsverein mit dem Namen «Neu Helvetia». Teuerung, Nahrungsmittelknappheit, Arbeitslosigkeit bewegten manche dazu, die Hoffnung in die Ferne zu richten. Auch der Mittelstand litt. «Unschwer ist vorauszusehen», schrieb der selbstständige Bürstenbinder, «dass über kurz oder lang der Mittel- und Gewerbestand ab Erden verschwinden und nur Reiche und Arme, Fabrikanten und Taglöhner dieselbe bewohnen werden.»

Zwischen 1841 und 1845 verliessen 3758 Menschen als registrierte Auswanderer die Schweiz. In der Zentralschweiz war ein Auswandererzug in Vorbereitung, der zur Gründung von Neu-Glarus in Wisconsin führen sollte. Der Schokoladeunternehmer Philippe Suchard schuf in Lewis County im Staat New York eine Kolonie namens «Alpina». Doch während die meisten auswanderten, weil sie ein privates Glück suchten und oft genug auch, weil die Behörden sie als Kriminelle und Fürsorgefälle abschoben, gehörte Dietsch zu jenen, die drüben wirklich die schöne, neue Welt schaffen wollten. Utopien waren nicht fürs Jenseits.

Dietsch erstellte ein Grundgesetz für die Auswanderungsgesellschaft, sammelte Geld, plante Reise und Überfahrt und verliess mit 19 Männern, 6 Frauen und 18 Kindern am 2. Juni 1844 Aarau.

Das traurige Ende ist schnell erzählt; Dietsch hinterließ ein Tagebuch. Nach einer wochenlangen Reise langte die Gesellschaft im Staat Missouri an, wo sie Land kaufte.

Einige der Kräftigsten waren schon unterwegs zurückgeblieben, weil sie attraktive Anstellungen gefunden hatten. Bei Dietsch blieben kinderreiche Familien. Der Bau der ersten Hütten ging nur schleppend vorwärts. Bald entstand Zwist unter den übrig Gebliebenen. Not und Krankheit brachen über die Kommune herein. Einer der letzten Berichte des Andreas Dietsch in seine Heimat klagt: «Es befanden sich bei unserer Gesellschaft Leute, die gerne bei wenig Arbeit ein gut Leben führen, andere hofften, gebackene Fischlein zu fangen, ohne ins Wasser zu müssen.» Nach wenigen Monaten war Neu Helvetia am Ende. Die Leute liefen auseinander. Von Dietsch fehlt nach Anfang 1845 jede Nachricht. Ob er an einer Krankheit starb oder gar im Streit umgebracht wurde, bleibt offen.

Neu Helvetia wurde zur Viehweide. Nur drei Gräber von Erwachsenen und eine rostige Schere wurden später dort gefunden.

Andreas Dietsch aber bleibt eine der farbigen Gestalten der helvetischen Frühzeit. Ein Mann, der die «Willensnation» Schweiz nicht wollte, weil er voraussah, dass sie seinesgleichen nichts nützen würde. Ein Bürstenbinder, der den Boden reinfegte, auf dem die bessere Gesellschaft entstehen sollte. Ein Handwerker, der nicht nur vom Reich des Glücks träumte, sondern es gleich selber zu zimmern versuchte.[77]

V. Wirtschaftsaufschwung – Die Firmengründer

Viele Dörfler und Kleinstädter sahen auf den eigenen Kirchturm als den Mittelpunkt der Welt. Noch bestimmten die Jahreszeiten den Takt des Lebens, nicht die Schläge der Maschinen. In den katholischen Regionen lehnten manche die protestantische Betriebsamkeit ab, die den kapitalistischen Aufschwung vorantrieb; in den protestantischen Gebieten wiederum herrschten oft Zünfte über die Organisation der Arbeit und behinderten Neuerungen. Zudem dominierte mancherorts ein Patriziat, das die Industrialisierung behinderte – was initiative Unternehmer aus dem Ausland herausforderte, die ungebunden waren und sich erlauben konnten, das Undenkbare auszuprobieren, das Ungewohnte zu riskieren, Nischen zu suchen, Machtzentren zu umgehen. Wenn die politische Revolution zu Hause gescheitert war, ließ sich vielleicht die Wirtschaftsrevolution im Ausland verwirklichen. Außerdem: Leben wollten auch sie.

Die Rede ist von kühnen, schrägen, gelegentlich bizarren Einzelfiguren, die die Grundlagen der schweizerischen Industriegesellschaft legten. Nicht dass es unter den Schweizern keine derartigen Gestalten gegeben hätte – man denke an Firmengründer wie Caspar Escher, Spross einer alten Stadtzürcher Familie, Johann Conrad Fischer, einen energischen Schaffhauser. Aber eine mythologisierende Schulgeschichtsschreibung hat allzu lange übersehen, wie wichtig der Anteil der Zuwanderer war. Und die von ihnen gegründeten Firmen hatten alles Interesse, sich schon nach wenigen Jahren als Alteingesessene zu präsentieren.

Eine dieser Figuren war Friedrich Wilhelm Sutter, geboren in Karlsruhe. Ein weiterer «Achtundvierziger», der in Süddeutschland für die demokratische Freiheit gekämpft hatte und dann vor den Regierungstruppen fliehen musste. Wenn er ein Unternehmen aufbaute, tat er es im Bewusstsein, damit dem Absolutismus ein Ende zu setzen und der selbstbewussten Aufklärung zum Durchbruch zu verhelfen. Im ostschweizerischen Münchwilen begann er mit der Produktion von Essig. Dann experimentierte er mit Fetten. Schließlich hatte er sein Rezept gefunden: 70 Teile Melasse, 9,5 Teile Beinschwarz, sechs Teile Pfeifenerde, 45,5 Teile Essig. Es war ein streng gehütetes Geheimnis. Mahlte man das Gemisch in Steinmühlen, entstand eine Paste. Die strich er mit einem löffelartigen Instrument in dünne Spanschachteln, die er in der Strafanstalt Zürich sowie im Asyl Wil von Insassen anfertigen ließ: die beste Schuhwichse.[78]

Da genaue Buchführung und präzise Korrespondenz wichtig waren, entwickelte er seine eigene musterhafte Firmenschrift. Die von ihm erlassenen zehn Schreibgebote sind ein Manifest der unternehmerischen Vernunft; er verlangte: «Der Kaufmann soll seine Zeit nicht mit Schnörkeln vergeuden, sondern darauf sehen, dass er sich eine einfache, angenehm ins Auge fallende, hauptsächlich aber eine klare, leicht leserliche Schrift aneignet.»[79]

Auf diese oder ähnliche Weise haben viele in der Chemiebranche angefangen. Da die Schweiz bis 1887 kein Patentgesetz besaß und noch bis 1907 die Chemie aus dem Patentschutz ausgeklammert blieb, war das Land für solche Giftstoffmischer attraktiv. Frankreich etwa vertrieb mittels eines harten Patentgesetzes, das die Produkte und nicht die Herstellungsverfahren schützte, eine ganze Anzahl seiner Spitzenleute, denen damit die Chance genommen war, neue Produktionsmethoden auszuprobieren. So leistete es Entwicklungshilfe für die Schweizer Chemie, deren Schwerpunkt sich an der französischen Grenze in Basel entwickelte.

Einige dieser Firmengründer waren als Touristen schon zuvor zeitweise in der Schweiz gewesen und sahen die Chancen, die sich hier boten. Dahin kehrten sie mit festen Plänen zurück. Friedrich Engels sprach von der einzigen Invasion in die Schweiz, die «wenigstens einige Früchte» getragen habe: «Das war die Invasion der englischen Reisenden, der Londoner Lords und Squires (Gutsherren, d. A.) und der zahllosen Lichterzieher, Seifensieder, Gewürzkrämer und Knochenhändler, die ihnen folgten.»[80]

Firmen, die zu internationaler Bedeutung aufstiegen, verdanken diesen Ausländern ihre Existenz. In Basel stellte ein aus Lyon stammender Techniker, der zuvor mit Pflanzenbrühe gearbeitet hatte, 1859 den chemischen Farbstoff Fuchsin her. Aus seinem Betrieb entstand die Weltfirma Ciba. Der Färbergeselle Georg Philip Heberlein aus dem nassauischen Städtchen Braubach am Rhein ließ sich auf seiner Wanderschaft im Toggenburg nieder und stieg in Wattwil zum Meister auf. Auch aus seiner Garnfärberei entwickelte sich eine Weltfirma. Der Maurer Franz Ulrich Bally kam aus dem Vorarlberg, arbeitete zuerst in einer Seidenbandfirma und machte sich dann am Wohnort seiner Ehefrau in dieser Branche selbstständig; die Schuhfirma Bally mit Stammsitz in Schönenwerd entstand daraus. Der Halbengländer Charles Brown und der Bamberger Walter Boveri wagten den Schritt zur Gründung einer Maschinenfabrik, der BBC. Wilhelm Rudolf Schoeller, aus einer Industriellenfamilie im rheinischen Düren stammend, begann in Schaffhausen mit einer Kammgarnspinnerei für Webgarne, aus der mehrere Betriebe hervorgingen, darunter die Kammgarnspinnerei Schaffhausen. Derselbe Unternehmer diente 1881 als deutscher Konsul in Zürich.

In welchem Maß einzelne Branchen durch ausländische Initiative entwickelt wurden, ist offenbar nie untersucht worden. Letztlich wäre es auch uninteressant, auf welche Nationalität ein Baby in die Geburtsregister eingetragen wurde – wenn nicht die staatliche Zugehörigkeit immer wieder Anlass politischer Streitereien geworden wäre. Aus Nationenfragen wurden Kriegsgründe konstruiert.

Es scheint, als ob die Nahrungsmittelindustrie ihr Dasein in besonders hohem Maß den Gründern aus dem Ausland verdankt: Nestlé, Maggi, Hero, Wander,

Knorr sind Markennamen von Schweizer Nahrungsmitteln: Schokolade, Universalgewürz, Konservengemüse, Ovomaltine, nahrhafte Beutelsuppe. Die lustige Figur des Knorrli, der als Kartonhampelmann seine Glieder bewegen konnte, wurde zum nationalen Spielzeug. Er zierte manchen Küchenschrank, ein Küchengehilfe in der roten Farbe der Schweizer Fahne.

Selbst Markenprodukte, die eng mit dem Namen Schweiz verbunden werden, sind ausländischer Herkunft und würden eine schweizerische Echtsheitsprüfung nicht bestehen.

Was ist das Nahrungsmittel, das ein schweizerisches Zertifikat verdient? Das Birchermüesli, die berühmte Schokolade oder gar das Fondue? Sind sie Original-Schweizer Produkte? Allen ist auf den ersten Blick der Breicharakter gemeinsam, das scheint unbestritten schweizerisch zu sein. Beim Fondue fehlt allerdings ein Erfinder, Gründer, Patentinhaber oder Vater. Es ist ein Produkt ohne Herkunft und fällt deshalb als unschweizerisch aus dem Rennen, wie etliche weitere Speisen mit Brei- oder Rührcharakter: Servelat, Bratwurst und Rösti. Bei den anderen ist die Herkunft unverdächtig: Maximilian Oskar Bircher war das zweite Kind einer siebenköpfigen Notarsfamilie in der kleinen Stadt Aarau, Arzt, Abstinent und Apostel der Gesundheit. Der Mann mit dem Birchermüesli. Die Schokolade hat mehrere industrielle Väter, darunter solche aus alten Schweizer Familien. Die Familie Lindt ist ein Berner Geschlecht, das sich hauptsächlich im Apotheker- und Medizinerberuf betätigte, also untadelige Abstammung. 1879 soll Rodolphe Lindt die feinschmelzende Fondant-Chocolade erfunden haben, jene Lindt-Schokolade, die bald Weltruf errang.[81] Doch deswegen ist die Schokolade noch kein ursprüngliches Schweizer Produkt, sondern Manna vom Himmel: Denn der Rohstoff zur Schokoladefabrikation ist die Kakaobohne. Angebaut wird der Baum in Südamerika, auf den Westindischen Inseln und in Westafrika. Sein botanischer Name, so eine «Aufklärungsschrift» der Schokoladenindustrie, sei «Theobroma-Cacao», auf Deutsch «Götterspeise».[82] Damit fällt auch die Schokolade aus der Konkurrenz.

Bleibt das Birchermüesli. Es spricht tatsächlich etwas dafür: die Zusammensetzung aus verschiedensten Ingredienzien. Seltsam nur: Was in der Nationalküche als gesund gepriesen wird, die Vermischung verschiedener Elemente bis zur Unkenntlichkeit, das wird in der Gesellschaft weniger gern goutiert. Es lebe das «Birchermüesli».

Zurück zu den ausländischen Unternehmern. Ihnen ist zugut zu halten, dass sie die Bedürfnisse von Markt und Kundschaft erfassten; vielleicht stammt daher die Konzentration auf den Nahrungsmittelsektor, der so lebenswichtig war. Anders hätten sie es nicht geschafft. Für die damaligen Unternehmer war die wichtigste Marketingüberlegung die Befriedigung elementarer Bedürfnisse: Die Menschen wollten Kleider, Nahrung, Wohnung und allenfalls noch etwas fürs Gemüt – und so produzierten sie konkrete Güter: Schuhe, Suppen, Elektrizität und später Varietés.

Nicht dass die Gründer ihren Profit vergaßen. Aber was sie unternahmen, taten viele im Glauben an den Segen ihres Tuns. Sie waren Revolutionäre, Philanthropen, Weltverbesserer, Mystiker und Spinner, Überzeugungstäter jedenfalls. Menschen, die heutzutage nicht an die Schalthebel der Wirtschaft gelassen würden. Es war auch eine Epoche der Romantik.

Sicher handelten sie oft nicht moralisch, wenn sie ihren Missionen nachlebten – da war ein Spielcasinogründer im Walliser Ort Saxon, der als einstiger italienischer Revolutionär den hemmungslosen Kapitalismus aus vollster Absicht und tiefstem Herzen beförderte. Doch ihre allfälligen Verstöße gegen Tradition und Moral waren gekennzeichnet von deren ausdrücklicher Missachtung, also angreifbar. Sie handelten im Namen eines Wertes, den sie für höher hielten: der Vision. Über eine solche lässt sich wenigstens streiten.

Karl Marx selbst war eine dieser farbigen Figuren der kapitalistischen Frühzeit. Er schilderte, wie in den Produktionsprozessen die Arbeiter zu Ausgebeuteten würden, da ihre Bezahlung grad so die Lebenskosten deckte, während das Erzeugte eben mehr Wert enthielte, und wie die Unternehmer sich dank dieser unbezahlten Arbeit bereicherten. Doch aus heutiger Perspektive scheint, dass der große Schreiber Marx seine Kapitalisten literarisch zu konsequent stilisiert hat, derart zur Deutlichkeit verzogen, dass Manager heute selber glauben, sie seien nichts als die Vollstrecker der Akkumulationsgesetze. Auf eine unheimliche Weise sind die modernen Unternehmer und Manager die letzten Adepten der Marx'schen Kritik, das nachträglich ins Leben getretene Zerrbild. Dagegen wirkt die Vielfalt der Gründerfiguren wie dem Barocktheater entsprungen. Dessen Figuren kennen auch nur Himmel und Erde, keine Landesgrenzen.

Statt Saftwurzeln leiten im 21. Jahrhundert Hors-sol-Manager die Betriebe. Die damaligen Kapitalisten würden sie kaum als Buchhalter einstellen. Gewünscht als Wirtschaftsführer der Zukunft sind ein paar Überzeugungstäter. Nationalität unwichtig.

Schweizergeschichten: Julius Maggi – Suppenproduzent lombardischer Herkunft

Ein Wohlstandskind war er, dieser vierzehnjähriger Zögling an einem privaten Institut in Yverdon. Ins Institut kam er, weil er seinen Erziehern mehr als einmal davongelaufen war und er es auch sonst in der Schule nicht aushielt. In einem Brief nach Hause – das Schriftstück ist erhalten geblieben – beklagte sich Julius Michael Johannes Maggi wortreich über die Nahrung aus der Institutsküche: die Suppe sei ein undefinierbares Gemisch, das Gemüse bestehe aus unleidlichen gelben Rüben, am schlechtesten sei der Spinat, der «allemal gar nicht grün» sei. Die Fische würden halb entschuppt, mit Augen, Galle und Eingeweiden in die Pfanne geworfen.

Ein unruhiger Mann, unzufrieden, zwischen zwei Kulturen schwankend. In den Augen rassisch Denkender war er ein Bastard. Die Mutter stammte aus dem angesehenen Bürgergeschlecht der Esslinger. Der Vater war in jungen Jahren als politischer Flüchtling aus der Lombardei in die Schweiz gelangt. Aus dem Knaben wird nichts Rechtes. Ein Biograf sagts edler: In Maggi «vereinigten sich italienische Erfindungskunst und italienisches Temperament mit schweizerischer Tatkraft und Tüchtigkeit, südlicher Wagemut und Optimismus mit nördlicher Gründlichkeit».[83]

Man liebt, was man hasst. Maggi blieb bei den Nahrungsmitteln. Als der junge Mann in der Schweiz in die Armee einrücken musste, wurde er Küchenchef bei der Kavallerie. Notgedrungen beschäftigten sich seine Gedanken mit Massennahrungsmitteln und Einkauf zum Billigstpreis. Die Branche war ihm bekannt, betrieben doch seine Eltern in Frauenfeld eine Mühle. Da hatte er gelernt, zwischen Spreu und Weizen zu unterscheiden, und er selbst besaß Grütze im Kopf, wie man so sagte.

Zudem bildete er sich im Ausland weiter. Eine kaufmännische Lehre hatte er vorzeitig abgebrochen. Deshalb schickte man ihn in ein Schweizer Filialunternehmen nach Budapest. Dort stieg der erst Einundzwanzigjährige in der «Ofen-Pester Dampfmühle AG» praktisch sofort zum stellvertretenden Direktor auf. Als sein Vater im schweizerischen Kemptthal die so genannte Hammermühle kaufte, kehrte er zurück, um sein Geschick zu beweisen und die Hebel der Maschinen in die Hand zu nehmen.

Seine Sternstunde war die Begegnung mit dem ersten Fabrikinspektor der Schweiz, dem Glarner Fridolin Schuler, der aufs heftigste die verfehlte Ernährung der Arbeiterfamilien beklagte. Kartoffeln, Kaffee, Kirsch, das waren damals die Grundbestandteile des proletarischen Menüs. Oder Bier mit Brot. Krankheiten und Kindersterblichkeit waren die Folge, so Schuler. Wer wem den Floh ins Ohr setzte, Hülsenfrüchte vermehrt zur Volksnahrung beizuziehen, ist unklar. Erbsen, Bohnen und Linsen sind eiweißhaltig und werden reichlich angebaut, da müsste sich doch etwas Gesünderes brauen lassen. Könnte man sie gemahlen zur Zubereitung von Suppe verwenden? Schuler hatte diese Idee jedenfalls in Vorträgen in der Gemeinnützigen Gesellschaft vorgetragen. Maggi begann zu pröbeln. Er konstruierte selbst die Röstpfanne, mit der er 1883 die so genannten Leguminosemehle zubereitete – «legumen» steht lateinisch für Hülsenfrucht. Seine Frau wurde seine Testköchin, seine Tochter Vorkosterin. Er wollte das Kind gar Leguminosa taufen, was aber am Protest der besonneneren Umwelt scheiterte. Jedenfalls überlebte das Mädchen und bewies durch seine Vitalität die Kraft der neu geschaffenen Suppen.

Alles, fast alles kreierte der Unternehmer selbst. Bis hin zu dem, was heute Corporate Design genannt wird. Er erkürte Gelb und Rot zu Firmenfarben. Er ersann die Warenmarke «Kreuzstern» für seine Produkte. Er erwählte «Durch das Kreuz zum Stern» als Motto, denn dieser Kapitalist fühlte sich höheren Werten verpflichtet, den Sternen selbst und dem Allmächtigen dahinter, der sie lenkt. Entgegen den Theorien eines Karl Marx und eines Friedrich Engels beschränkte er sich nicht darauf, das Kapital unablässig einen «Mehrwert hecken» zu lassen – wie «Das Kapital» es beschreibt –, es ging ihm ums Wohl der Mitmenschen. Die Suppe war ihm Berufung. Jesus hatte nur Brot ausgeteilt. Die Beutelsuppe hatte er noch nicht gekannt.

Eigentlich ist es ein Wunder, dass Maggis Chefwerber die wundersame Vermehrung der Nahrungsmittel an der Hochzeit zu Kanaan – im Neuen Testament nachzulesen – nicht für seine Werbesprüche verwendete. Ansonsten hatte er wenig Skrupel, war einer der ersten Dichter seines Faches und übrigens ebenfalls ausländischer Herkunft: Frank Wedekind, Dramatiker und Verseschmied: «Das wissen selbst die Kinderlein/mit Maggi wird die Suppe fein.» Oder: «Vater, mein Vater/Ich werde nicht Soldat/dieweil man bei der Infantrie/nicht Maggi-Suppen hat.» Wedekind konnte bei der Betrachtung von Suppen philosophisch werden: «Es liegt in der Natur des Menschen, dass er Dinge, die ihm am unentbehrlichsten sind, am meisten verachtet. So ergeht es dem Schwein, dem Hund, dem Straßenkehrer und in nicht geringem Maße auch der Suppe. ‹Die Suppe ist eingebrockt› heißt ungefähr ebenso viel wie ‹Der Karren ist in den Dreck geschoben›. Und doch ist die Suppe etwas durchaus Gutes und kann, eingebrockt, noch besser werden. Eine Suppe aber, die nicht eingebrockt zu werden braucht und doch die besten Speisen an Wohlgeschmack und Nährgehalt übertrifft, liefert binnen 15 Minuten Maggis vortreffliche Suppennahrung.»

Das ist Weltliteratur, die wirklich sättigt. Und zugleich Schweizer Literaturgeschichte. Verfasst vom Leiter des Reklame- und Pressebüros der Suppenwürzefabrik Kemptthal in den Jahren 1886 bis 1887.

Maggis Hammermühle wurde zum Großbetrieb. Die Verkaufsstatistik aus dem ersten Quartal 1890 weist im Kanton Zürich 45 000 abgesetzte Suppenrollen aus – wie die Produkte ihrer Verpackung wegen genannt wurden –, in Bern 10 000, im Wallis aber erst 165, ein Hinweis auf einen neuen Markt.

Der erfinderische Maggi interessierte sich allerdings nicht nur für einheimische Kost. Seine Interessen gingen auch ins Exotische. So siedelte er in einem Privatwäldchen Affen an. Leider haben sich diese aus unerforschten Gründen nicht bis auf den heutigen Tag fortgepflanzt. Womöglich gingen die Tiere im einheimischen Klima ein. Hat man den Affen denn keine Maggi-Beutelsuppe eingelöffelt?[84]

VI. Gegenbewegung – Sozialisten, Kommunisten, Anarchisten

Die Strukturen der Immigrationsgeschichte überlappen sich wie Schindeln auf dem Gerüst der Zeit. Zurück zu den Handwerkern.

Verhaftet wurde der Schneider Wilhelm Weitling, weil er verkündete, «dass die kühnsten Forderungen der freisinnigen Ideen ganz im Einklang mit dem Geiste Jesu» stünden. Die kühnsten Forderungen des freisinnigen Denkens, das waren Weitlings Träume von einer gerechten Gesellschaft ohne soziale Ungleichheit. Dass die gottähnlich sein sollten, leuchtete selbst den fortschrittlichen Zürcher Behörden nicht ein. Weitling wurde wegen Gotteslästerung verhaftet und ausgewiesen.

Das Ereignis aus dem Jahre 1843 zeigt, dass unter den Immigrierten eine neue Strömung aufgetreten war, die sich vom bisherigen Gedankengut der demokratischen Revolutionäre zu separieren begann: Sozialismus und Kommunismus. In den Emigrantenkreisen wurde darüber heftig diskutiert, und man begann sich zu organisieren.

Weitling war der uneheliche Sohn eines französischen Offiziers und einer Köchin. Er missionierte nicht nur in den Emigrantenzirkeln, sondern auch in Welschschweizer Arbeitervereinen, am Genfersee, im Neuenburger Jura vor allem. Wenn der Sozialismus mehr und mehr in der Schweizer Arbeiterbewegung Fuss fasste, ist dies zu einem wesentlichen Teil der Agitation von Eingewanderten wie Weitling zu verdanken. Doch wenn die Bürgerlichen den Arbeitern den Vorwurf machten, sie seien von ausländischem Gedankengut infiltriert, braucht man sich nur an die Frühgeschichte der kapitalistischen Entwicklung zu erinnern, die ebenso sehr Import durch Fremde war.

Es soll hier nicht die ganze Entwicklungsgeschichte der internationalen Arbeiterbewegung auf Schweizer Boden nachgezeichnet werden: die mühseligen Debatten und die heroischen Resolutionen, die unzähligen Spaltungen und Neugründungen, die die Sache wellenartig vorwärtstrieben vom religiösen Utopismus zu immer radikaleren Ideologien, und organisatorisch vom «Bund der Geächteten» zum «Bund der Gerechten» und zum «Bund der Kommunisten». Eine Bewegung wuchs heran, die sich schließlich in verschiedene Strömungen aufteilte: Kommunisten, Anarchisten und Sozialdemokraten. Neue Leader traten auf, ein neuer «proletarischer Führungstyp» löste die «burschenschaftlichen Mumien» ab.[85] In der Schweiz spielte sich etwa die Auseinandersetzung zwischen der Internationale des wissenschaftlichen Sozialismus von Karl Marx und Friedrich Engels und der antiautoritären Internationale Michail Bakunins ab; beide Organisationen waren hier gegründet worden. Es gab eine russische Sektion der Marx'schen Internatio-

Kathedersozialisten;
Nebelspalter Nr. 6, 1895

nale, und amerikanische Delegierte nahmen an Kongressen von Bakunins Internationale teil. Friedrich Engels trat persönlich als Delegierter an Versammlungen von Arbeitervereinen in Lausanne und Bern auf, Marx wirkte in Genf, Bakunin im Jura und im Tessin und deren Gesandte und Agitatoren überall. Andere haben die Vorgänge genauestens dargestellt.[86] Der Verfasser einer umfangreichen Geschichte zur schweizerischen Arbeiterbewegung widmet ein ganzes Kapitel dem Thema «Die Schweiz als Schauplatz internationaler Macht- und Prinzipienkämpfe».[87]

Noch bunter wurde die Palette mit den Pariser Kommunarden, die nach der blutigen Niederlage zu Paris 1871 oft dank Hilfe von Schweizer Genossen in die Schweiz flohen. Dürfte ihre Gesamtzahl auch kaum 300 erreicht haben, weckten sie doch Emotionen. Manchem galten sie schlicht als Räuber und Mörder, für die Sympathisanten waren sie Heroen. Am Genfersee residierte der herausragende Maler Gustave Courbet, der als Mitglied des Stadtrats der Pariser Commune die Vendôme-Säule gefällt hatte, das Symbol napoleonischer Macht: Kunstzerstörung gegen das Kaisertum. Ihm verdankt die Schweiz eine eigenwillige Büste der Helvetia in Gestalt einer ziemlich üppigen Jakobinerin mit offenem Haar. Sie steht heute noch in Martigny. Das war nun nicht nach schweizerischem Gusto. Empörte Bürger zogen die Helvetia mit den geflochtenen Zöpfen vor.[88]

Nicht nur bürgerliche Kreise in der Schweiz waren gegen die fremden Unruhestifter; auch die Anhänger einer besseren Welt entwickelten Ausländerfeindlichkeit. Die Trennungslinie verlief nie scharf zwischen den sozialen Klassen: So wenig wie die Wirtschaftsführer patriotisch gesinnt waren und die Arbeiter vom Ausland gesteuert. Auch die Arbeiterbewegung hegte oft zwiespältige Gefühle gegenüber den Immigrierten, von denen sie politisch profitierte. Indes bestanden regionale Unterschiede, der Westschweizer Landesteil zeigte sich für das vom Ausland Kommende wesentlich offener als der deutschsprachige. Vor allem die Uhrenarbeiter des Juras wurden glühende Anhänger des Anarchismus bakunistischer Prägung, weil dessen Lehre ihrer Arbeits- und Lebensweise entsprach. Sie arbeiteten oft als Selbstständige in Ateliers und sahen im Anarchismus ihre Autonomie bestätigt.

Eine gemäßigte und betont nationale Gruppierung organisierte sich im deutschschweizerischen «Grütliverein». Der Name war Programm. Das «Grütli» ist jene Wiese, auf der angeblich die Eidgenossenschaft gegründet und beschwört worden war. Schon 1841 diskutierte man an einer Versammlung dieses Vereins «das Missverhältnis der Auswanderung aus Deutschland nach der Schweiz und aus der Schweiz nach Deutschland bezüglich der Handwerker».[89] Der Grütli-Verein lehnte ab, dass Ausländer bei vaterländischen Angelegenheiten mitreden sollten.

Zehn Jahre später die gleiche Debatte bei den Grütlianern, die Frage lautete diesmal: «Für und gegen die Deutschen in der Schweiz?» Ein Vortragender kritisierte allerdings fremdenfeindlich Gesinnte in den eigenen Reihen: «Diese strebten danach, die deutschen Arbeiter so viel als möglich zu verdrängen und Schweizer Meister, bei welchen sie Einfluss hatten, dahin zu bestimmen, nur Schweizer Arbeiter anzustellen oder doch ihnen den Vorzug zu geben.» Er konstatierte: «Es besteht eine förmliche Rivalität der Arbeit zwischen Deutschen und Schweizern.»[90]

Die Konflikte waren nicht nur ideologischer Art. Ausländische Arbeiter, die vielleicht tatsächlich weniger integriert waren oder schlicht persönliche ökonomische Interessen verfolgten, ließen sich bei verschiedenen Anlässen als Streikbrecher missbrauchen. Beim Zürcher Generalstreik von 1912 kam es zum Eklat. Der aus Preußen stammende Otto Kaiser erschoss den Schweizer Otto Wydler, als dieser ihm den Zutritt zur Arbeitsstelle verweigern wollte. Ausländer waren nicht nur sozialistische Träumer, sondern auch betriebstreue Arbeitnehmer.

Trotz alledem gäbe es eine der großen schweizerischen Parteien kaum ohne das Wirken von Ausländern: die SP. Ihre Anfänge, die auf das Jahr 1870 zurückgehen, verdankt sie zu einem guten Teil den deutschen Handwerkern. Der erste Redaktor der Zeitung «Tagwacht», Herman Greulich, war ein Buchbinder aus Breslau, der 1865 in die Schweiz gekommen war. Auch zur Zeit der Sozialistengesetze unter Bismarck weilten viele deutsche Sozialdemokraten in der Schweiz, die erneut maßgeblichen Einfluss auf die hiesige Arbeiterbewegung ausübten. Die deutsche Sozialdemokratie blieb für die Schweizer lange das große Vorbild.

Doch im eigenen Land wollte man allein sein. Die 1888 gegründete SP Schweiz richtete sich in ihrem ersten Parteiprogramm ausdrücklich an «Schweizer Bürger».[91] Diese Beschränkung wurde erst 1907 fallen gelassen. Dagegen räumte der Allgemeine Schweizerische Gewerkschaftsbund, der sich später als wenig resistent gegen fremdenfeindliche Regungen zeigen sollte, auch «Ausländern» die Mitgliedschaft ein.

Der Grütliverein, der schließlich in die SP eintrat, hielt an seiner radikal nationalen Linie fest. Er wünschte im Hinblick auf die Parteireorganisation von 1911 weiterhin, dass in Angelegenheiten, die die schweizerische Partei betrafen, nur Schweizer stimmberechtigt sein sollten. Ihm gegenüber stand die traditionsreiche Vereinigung «Eintracht», in der Schweizer und Ausländer seit je zusammen debattierten. Sie wollte Ausländern die Gleichberechtigung sichern. Gefunden wurde ein helvetischer Kompromiss: «Ausländer» behielten die vollen Rechte in der Partei, der Unterorganisation des Grütlivereins aber wurde erlaubt, sie nur als Passivmitglieder aufzunehmen. Auch diese Beschränkung fiel 1914. Wenigstens formaljuristisch waren die ausländischen Arbeiter in der schweizerischen Arbeiterbewegung damit seit dem Ersten Weltkrieg gleich berechtigt.

1913 starb der starke Mann der europäischen Sozialdemokratie, August Bebel, an einem Herzleiden in einem schweizerischen Sanatorium. Der Sozialist, der in einer Villa am Zürichsee residiert hatte, wurde gemäß testamentarischer Verfügung in Zürich begraben.

Die Abdankungsfeierlichkeiten zeigten noch einmal, welche Wertschätzung Bebel und die deutsche Sozialdemokratie in der schweizerischen Arbeiterbewegung genossen; als einem Wandergesellen war ihm einst die Aufenthaltsbewilligung in der Schweiz verweigert worden. «Er gehörte der gesamten Internationale an, ward vor allem auch uns Schweizern geschenkt», meinte das «Volksrecht» mit gebührender Tragik.[92]

50 000 Menschen erwiesen dem Verstorbenen in zweieinhalb Tagen an der Bahre die letzte Ehre. Der Zugang zum Friedhof war limitiert, um Schäden an den umliegenden Gräbern zu verhindern. 1200 Eintrittskarten kamen zum Verkauf. Man zahlte, um einem verstorbenen ausländischen Sozialisten die Reverenz zu erweisen.

«Einen größern Leichenzug dürfte unsere Stadt noch nicht gesehen haben», rapportierte die NZZ und schilderte, dass das Publikum «zu Tausenden in glühender Sonnen Hitze anderthalb Stunden lang aushielt, bis der letzte Verein mit seinem Banner vorübergezogen war.» An die dreihundert Fahnen wurden im Umzug gezählt und fünfhundert Kranzträger.[93]

Bebels Grab im Zürcher Friedhof Sihlfeld wird heute noch in Ehren gehalten.

VII. Zarendespotie – Die russischen Studentinnen

«Die Professoren machten keinen Unterschied zwischen männlichen und weiblichen Studierenden, manche betrachteten diese Anfänge des Frauenstudiums als interessantes Experiment, ihr Benehmen uns gegenüber war durchaus taktvoll und höflich», berichtet eine der ersten Frauen an einer schweizerischen Universität, Virgina Schlikoff, die in den siebziger Jahren des 19. Jahrhunderts nach Zürich kam, Phil. I studierte und daneben auch anatomische Vorlesungen belegte. Sie fährt fort: «Das Gleiche kann von den Studenten nicht immer gesagt werden, es waren viele Gegner des Frauenstudiums unter ihnen und ihr Verhalten weder freundlich noch kollegial, und als die Zahl der russischen Studentinnen immer mehr zunahm, fanden stürmisch verlaufende Studentenversammlungen statt, in welchen gegen das Frauenstudium protestiert und sogar Ausweisung der Ausländerinnen verlangt wurde. Allein die Regierung erwies sich als freisinniger und fortschrittlicher als die Jugend; sie wies das Begehren ab.»[94]

Als erste Hochschule der Schweiz ließ die Universität Zürich Frauen zum Studium zu, sie spielte damit eine Pionierrolle in Europa; nur einige französische Fakultäten waren ihr voraus. Schon im Herbst 1864 hatte sich die Regierung des Kantons Zürich mit dem Gesuch einer Maria Alexandrowna Kniaschina zu befassen, welche Zutritt zu den naturwissenschaftlichen Vorlesungen begehrte; die Behörden sahen keine Hindernisse. 1867 doktorierte die erste Frau, Nadeja Suslova, und zwar in Medizin. Anfang der siebziger Jahre nahmen die Gesuche von Frauen zu, allesamt Ausländerinnen. Im Wintersemester 1871/72 belegte erstmals eine Studentin einen Kurs am Polytechnikum: Nadina Smetzky aus Moskau interessierte sich für die mechanisch-technische Richtung. Während zwanzig Jahren studierten am Polytechnikum nur Russinnen und Deutsche; die erste Schweizerin absolvierte 1895 das Examen der Fachlehrer in Naturwissenschaften.

Es war einfach, sich zu immatrikulieren; es brauchte nicht unbedingt ein Maturitätszeugnis, der Nachweis über Vorstudien und ein Sittenzeugnis genügten. Man legte ein Zeugnis vor, das einem Maturitätszeugnis verwandt war[95]; «es soll vorgekommen sein, dass ein mit cyrillischen Buchstaben geschriebenes Impfzeugnis oder ein Zeugnis über vollzogene Beschneidung vom Universitätssekretär als Maturitätszeugnis akzeptiert wurde», meint ein Publizist mit antisemitischer Tendenz in seiner Autobiografie.[96]

Viele der Studentinnen aus dem Zarenreich waren politisch aktiv gewesen, etliche von ihnen waren jüdisch. Nach verunglückten Studentenunruhen wurden sie von den zaristischen Behörden schikaniert; die Universität Petersburg musste Anfang der sechziger Jahre geschlossen werden, bei ihrer Wiedereröffnung 1863 wurde den Frauen der Zutritt verboten. So sahen viele unter dem Despotismus, der

Russische Studentinnen;
Nebelspalter Nr. 47, 1907

noch kaum die Sklaverei überwunden hatte, keine Zukunft für sich. Zudem mochte Westeuropa in Mode sein. Da war die Aufklärung geboren worden, da war die Gleichberechtigung der Menschen verkündet worden. Liberté. Egalité. Die Fraternité musste nur noch zu einer Verschwisterung erweitert werden.

«Den Russinnen kommt somit eine entscheidende, wenn nicht gar die entscheidende Rolle als Wegbereiterinnen des Frauenstudiums in der Schweiz zu», wird später über sie geschrieben werden.[97] Ihre bevorzugteste Studienrichtung war die Medizin, die eine unabhängige Berufsausübung und zudem eine soziale Tätigkeit versprach.

Die Studentin – und spätere Revolutionärin – Vera Figner berichtet: «Wenn ich auch damals erst 19 Jahre alt war, so war ich doch fest entschlossen, jedes Vergnügen, jede Zerstreuung zu meiden, um nur keine Minute der kostbaren Zeit zu verlieren. Ich vergrub mich in die Vorlesungen, Lehrbücher und praktischen Arbeiten mit einer Hingabe, die im Laufe von mehr als drei Jahren in nichts nachließ.»[98]

Durch ihre Schwester kam sie in Kontakt mit Kommilitoninnen, die Vorträge veranstalteten und Diskussionszirkel organisierten. Auch das wurde als Bildungsnahrung aufgenommen; die Arbeitstage verlängerten sich entsprechend.

In Fluntern am Zürichberg bildete sich bald eine kleine russische Kolonie, eine lebhafte Szene mit einer eigenen Speisehalle, die als Versammlungslokal diente, einer selbst verwalteten Bibliothek und einer Unterstützungskasse für die weniger Bemittelten. Das Studentenviertel glich einer exotischen Insel. «Junge Mädchen, die dem Nihilismus voll religiösem Fanatismus anhingen, fielen auch im Straßenbild auf durch kurz geschnittene Haare, mit gewaltigen blauen Brillen, durch schmucklose, einem Regenschirmfutteral ähnliche Kleidchen, dazu durch runde Matrosenhüte aus schwarz glänzendem Wachstuch, mit Zigaretten, schweigsamen, düsteren, abweisend hoheitsvollen Mienen.»[99] Die Universitätshistoriker, die diese etwas bösartige Darstellung geben, finden es «begreiflich, wenn dies ganze Treiben ebenso viel Empörung wie bürgerliches Grausen erregte».[100]

Die Idylle währte nicht lange. Der zaristischen Regierung war diese kleine Welt, die schon durch ihre Existenz eine Alternative zum Leben in Russland darstellte, ein Dorn im Auge. Gerüchte vom unsittlichen Lebenswandel der Emanzen gingen um. Studieren täten sie? Anatomie? Pah, man wusste, was für Anatomie das war. In Juni 1873 wurde denn im russischen Staatsanzeiger ein Erlass publiziert – und in westeuropäischen Zeitungen abgedruckt –, der allen an der Universität Zürich und dem Eidgenössischen Polytechnikum eingeschriebenen Russinnen verbot, ihre Studien dort weiterzuführen. Die Regierung drohte mit Repressalien und verkündete, dass Frauen, die ihr Studium in Zürich nicht abbrächen, bei offiziellen Behörden in Russland keine Anstellung finden würden und dass ihre Studien nicht anerkannt würden. Der Ukas der Petersburger Regierung kritisierte, die Studentinnen seien politischer Verführung anheim gefallen, und er behauptete, einige dieser russischen Mädchen seien so niedrig gefallen, dass sie speziell «denjenigen Teil der Geburtshilfe studieren, welcher in allen Ländern vom Kriminalgesetz und von der Verachtung aller ehrlichen Leute verfolgt wird». Gemeint war Abtreibung.[101]

Die Zürcher Universitätsbehörden stellten sich zwar in einer Eingabe an die Kantonsregierung gegen diese Unterstellungen. Doch die zaristische Drohung wirkte. 1873 löste sich die Kolonie weitgehend auf; die Russinnen kehrten zurück, von 109 Frauen blieben noch 12 in Zürich.[102]

Das slawische Element blieb trotzdem an den Schweizer Universitäten sichtbar, hatte sich doch eine Fluchtwelle gebildet, nachdem wieder ein polnischer Aufstand gescheitert war. 1863 war eines dieser vielen Unglücksjahre für die polnische Nation. Wieder ein Aufstand gegen den Zarismus. Erneut wuchs in der Schweiz eine Solidaritätsbewegung; die Leitung des Zentralkomitees der Unterstützungsvereine übernahm kein Geringerer als der Schriftsteller Gottfried Keller, der bei dieser Gelegenheit sein obligates Freiheitslied lieferte:

Es liegt ein weißer Adler
In seinem roten Blut,
Sein Fittich ist zerbrochen,
Gebrochen ist sein Mut;
Sein Röcheln wird schon matter
und kürzer jeden Tag;
die Völker stehn und weinen
Um seinen Sarkophag![103]

Man lieferte Kleider, Schuhe, Munition und Waffen nach Polen und nahm die Oppositionellen mit offenen Armen auf. Der Grund des Engagements lag diesmal nicht nur im republikanischen Ideal, sondern auch in einer nationalstaatlichen Parallele. Polen drohte die Auflösung jeder staatlichen Selbstbestimmung im Kaiserreich Russland. Den Verlust der Selbstständigkeit im Umkreis der Großmächte fürchteten aber auch viele Menschen im Staatsgebilde Schweiz selbst. Tatsächlich wurde die Russifizierung Polens nach der Niederschlagung des Aufstandes verstärkt vorangetrieben.

Die meisten polnischen Hochschulen wurden von der russischen Regierung geschlossen. Viele Akademiker strömten deshalb in die Schweiz. Mit ihrem betont katholischen Element wandten sie sich vor allem nach Freiburg, wo sich eine ganze Anzahl polnischer Professoren etablierte, unter ihnen der Chemiker Ignacy Moscicki, der später zum Präsidenten der Republik gewählt wurde. Seine Entwicklungen in der Verfahrenstechnik lagen der Gründung der Chemiefabrik Chippis im Wallis zugrunde.

Die russischen Studentinnen kehrten erneut in die Schweiz zurück. Eine nächste Generation wurde aus dem Zarenreich vertrieben, als die Regierung 1882 den Numerus clausus für jüdische Studierende verhängte. Da Frauen ohnehin größere Hindernisse zu überwinden hatten, um einen Studienplatz zu erlangen, waren sie von der Studienplatzbeschränkung besonders betroffen. In den wenigen Frauenkursen in Russland waren nur drei Prozent der Plätze für jüdische Studentinnen reserviert. Dabei waren Frauen in der jüdischen Gesellschaft aufgrund der Aufgabenteilung der Geschlechter bildungshungriger als die Männer, meint ein Autor.[104]

Die Emigration fächerte sich diesmal auf: Genf wurde bald die «Internationale Universität» genannt, nicht zuletzt wegen dieser Studierenden aus dem Zarenreich. Nur die traditionsbefrachtete Universität Basel – die älteste der Schweiz – blieb den Fremden aus dem Osten gegenüber kühl.

Die militante Russin;
Nebelspalter Nr. 27, 1907

Es war die eigentliche «Russenzeit» der Hochschulen, die Zeit «der endlosen Diskussionen um unversiegliche Samowars in russischen Studentenbuden …»[105] Ein Studentenpaar aus dieser Szene hat Weltgeschichte gemacht: Rosa Luxemburg, die in Untergrundzirkeln in Polen aktiv war, und der in Wilna geborene Leo Jogiches. Er war dreiundzwanzig, sie neunzehn, als sie sich kennen lernten. Sie gaben sich in Zürich offiziell dem Studium, inoffiziell der Politik und insgeheim der Liebe hin. Rosa Luxemburg besaß ein glühendes Herz, war grenzenlos in ihrer Begierde zu wissen, zu handeln, zu lieben. Als «Tochter von Darwin und Marx»[106] wollte sie die Welt in ihrer Totalität erfassen; der Sozialismus stellte für sie die umfassendste aller Wissenschaften dar. Sie schrieb sich an der Philosophischen Fakultät ein, belegte gleichzeitig Vorlesungen in Mathematik, Botanik und Zoologie, und mit Leo Jogiches wirkte sie mit am Aufbau einer polnischen Sozialdemokratie. Rosa Luxemburg verbrannte fast dabei … Denn Leo Jogiches wollte, dass ihre Liebe geheim bleibe. Allmählich löste er sich von ihr. Rosa Luxemburg aber suchte ein größeres Betätigungsfeld, als es die Schweiz war. 1898 traf sie in Berlin ein. «Freiheit ist immer nur die Freiheit des anders Denkenden», dieses Wort von Rosa Luxemburg würde es verdienen, über den Eingang der Hochschulen, Regierungsgebäude und der Parteizentralen aller politischen Richtungen eingemeißelt zu werden.

In diesem Geist griff Rosa Luxemburg für Genossinnen und Genossen aller Nationalitäten zum Griffel, mochten ihr auch sozialistische Parteigrößen aus diplomatischen Gründen davon abraten. So wandte sie sich 1896 gegen die Pogrome am armenischen Volk; vor allem an der Genfer Universität bestanden verschiedene aktive Armeniergemeinschaften, die sie mit Informationen über die Situation in Armenien versorgt haben mochten.[107]

Zeigten sich die meisten Universitäten den Studierenden aus dem Osten gegenüber auch offen, so schufen diese auch Probleme. Die Raumknappheit war noch das geringste von allen. Die politische Haltung der Frauen und Männer erschien als Provokation. Man begann, eine «Russenfrage» herbeizureden.

Statt ruhig in den Bänken zu sitzen, veranstalteten die Fremden im Freien ungehörigen Lärm. Tatsächlich. Am Zürichberg erscholl eine Detonation. Ein in Russland geborener Polytechniker namens Dembo und sein polnischer Kommilitone Dembski brachten einen Knallkörper zur Explosion. Bomben waren das radikale Mittel revolutionärer Zirkel im Kampf gegen die Kronen, ein Mittel der Hilflosigkeit. Dembo hatte an der Militärwissenschaftlichen Abteilung des Polytechnikums Kurse belegt, um daraus für den revolutionären Kampf Nutzen zu ziehen; diese bot Schweizer Milizoffizieren seit 1877 Weiterbildung in Festungsbau, Ballistik und Waffenlehre an.

Dembo und Dembski, zwei rabenschwarze Pechvögel. Es hätte ein Versuch sein sollen. In späteren Verhören ließ sich rekonstruieren, was vorgefallen war: Der Bombenbastler Dembo wollte zeigen, dass seine Bombe explodiere, wenn man sie heftig auf ein Ziel schmeiße, nicht aber, wenn man sie fallen lasse. Sie reagierte umgekehrt. Der Sprengkörper detonierte nicht, als er ihn gegen einen Stein warf, wohl aber, als er ihn aus einem Meter Höhe vor die Füße fallen ließ. Die beiden wurden an Beinen, Bauch und Brust verletzt.[108]

Dembo verlor beim Unglück das Leben.

Damit explodierte eine politische Krise. Nun fand auch der Vorsteher des Eidgenössischen Justiz- und Polizeidepartementes, das Land sei von verbrecherischen Elementen freizuhalten. Wieder verteidigte ein Hochschulrektor die Russen.

Bis zum Ersten Weltkrieg blieben Slawen an den Hochschulen vorherrschend. Im Jahr 1908 waren von den 4097 ausländischen Studierenden 2468 Russinnen und Russen – worunter die Angehörigen aller Regionen des Zarenreiches verstanden wurden –, hinzu kamen 423 Bulgaren und 478 Deutsche.[109]

Mit dem Ausbruch des Ersten Weltkrieges verschwanden die «Orientalen» aus den Hörsälen, sie zogen in Revolution und Krieg.

Schweizergeschichten: Anna Tumarkin – Philosophieprofessorin aus Russland

«Anna Tumarkin ist das kostbarste Geschenk, welches das weite Russland der engen Schweiz vermacht hat», meint ein Professor der Universität Bern im Rückblick auf ihr Leben.

1893 kam die 17-jährige Russin, die in Dubrowna im Gouvernement Mohilew geboren war, in die Schweiz und schrieb sich an der Universität Bern ein, wo sie nach drei Jahren «summa cum laude» dissertierte. Nach weiteren Studiensemestern in Berlin – beim Philosophen Wilhelm Dilthey – reichte sie ihre Habilitationsschrift ein, wiederum in Bern. Die Erziehungsdirektion erteilte dem «Fräulein Dr. Anna Tumarkin» problemlos die Lehrerlaubnis, obwohl sie als Philosophin nicht Griechisch gelernt hatte, obwohl sie Frau war und Jüdin zudem. Sie war die erste Philosophieprofessorin Europas, und nach Anna Kempin-Spyri die zweite Privatdozentin der Schweiz.

In Bern blieb sie für den Rest ihres Lebens und ließ sich auch einbürgern. «Die hier herrschende Freiheit und Weitherzigkeit haben mir erlaubt, eine zweite Heimat zu finden, die Heimat meiner geistigen Ausbildung und Betätigung.»

Sie dankte der Schweiz mit einem Buch, das wahrlich ein Gastgeschenk war: mit einer Geschichte der schweizerischen Philosophie.

Alles, was uns aus heutiger Sicht an schweizerischem Denken beschränkt und selbstgerecht erscheint, vermochte sie mit offenbar unbegrenzter Seelenweite zu verstehen und als Leistung anzuerkennen.

Doch gibt es denn eine schweizerische Philosophie?

Tumarkin sagt Ja, entgegen dem geläufigen Bild und trotz des Fehlens großer Theoretiker. Zwar ist es auch für sie eine Tatsache, «dass die schweizerische Geistesgeschichte solche in sich geschlossene philosophische Systeme, wie sie die anderen Völker der Menschheit hinterlassen haben, nicht aufzuweisen hat …»

Gedacht wurde dennoch. Tumarkin nähert sich dem schweizerischen Denken von Alltagserfahrungen her: Wenn man mit Schweizern redet oder sie untereinander reden hört, gewinnt man den Eindruck «einer diesem schweizerischen Denken eigentümlichen Sachlichkeit». Die Suche nach Sachlichkeit bei der Betrachtung der Wirklichkeit «macht den philosophischen Charakter ihres Denkens aus».

Tumarkin registriert eine Ablehnung der «Systemsucht» – welche in anderen Ländern geliebt wird –, gepaart mit der Suche nach einer «unmittelbaren Erkenntnis». Dazu gehört eine «innere Erfahrung des eigenen Erlebens». Damit attestiert sie «den Schweizern» – sie spricht immer wieder in diesem kollektiven Ganzen – nun schon fast eine mystische Form der Erkenntnis: die Wahrnehmung mit dem Herzen.

Da sind denn auch Wissen und Glauben keine absoluten Gegensätze. «Der Schweizer» sucht beide zu vereinbaren und so der Philosophie einen «wahrhaft menschlichen Gehalt» zu geben. Damit verhilft die Philosophie letztlich zu Trost und Zufriedenheit mit dem eigenen Dasein. Und wenn einer dann einmal eine Bildungsreise in die Fremde tut, kommt ihm der wahre Wert allen Reisens zum Bewusstsein, das darin besteht – wie es ein Reisender schrieb –, «dass man nachher ruhig und zufrieden zu Hause leben» kann.

In Zwingli, dem Denker der Reformation, findet Tumarkin einen tiefen «Ernst der religiösen Besinnung auf das, was von jeher zum Lebensgehalt der Eidgenossenschaft gehört hat». Reformation bedeutete für ihn, zum Wesen dieser Eidgenossenschaft zurückzukehren, die eben nicht einfach ein zufälliger staatlicher Zusammenschluss von Individuen war, sondern ein beschworener Bund in Gottes Namen.

Wenn dann die Schweizer Humanisten sich mit dem Idealstaat Platos beschäftigten, so nicht, um darin das Modell für einen rationalen politischen Zusammenschluss zu finden, sondern um zu erkennen, was die alten Eidgenossen ihrerseits untereinander verband: der Glaube nämlich, «dass es die höhere Bestimmung ist, friedlich und freundschaftlich in Gemeinschaft miteinander zu leben». Der Idealstaat nach Schweizer Art war Gott geweiht. Aus diesem Wissen schöpfte man ein «moralisches Vergnügen».

Recht und Gesetze sind gemäß der Naturrechtslehre, die sich in der Schweiz ausbildete, nicht einfach vertragliche Vereinbarungen, die das optimale Zusammenleben gewährleisten sollen. Sondern sie werden als im Innersten gerecht empfunden, da sie «der höheren Bestimmung des Menschen» entsprechen, «in Frieden und Freundschaft miteinander zu leben». So ermöglicht das Gesetzeswesen für die helvetischen Philosophen nicht nur, die Freiheit in vernünftiger Weise zu gebrauchen, sondern es gewährleistet zugleich «das Recht auf ein wahrhaftes und dauerhaftes Glück». In Gott ist der Schweizer gerecht und glücklich, sind in seinem Staat Tugend und Glück miteinander verbunden.

Kein Wunder, dass die Schweiz eine Vorstellung von Erziehung hervorgebracht hat, die vor allem Herzensbildung ist. Der wahre Schweizer Pädagoge war Pestalozzi, nicht Rousseau, meint Tumarkin. Ein aufschlussreicher Gegensatz. Rousseau nämlich habe sich gegen den Glauben an die natürliche Gerechtigkeit gewandt. Sein «Contrat social» war gerade darum nötig, um «alle in den menschlichen Beziehungen herrschende Ungerechtigkeit aufzuheben» und «durch Konvention eine soziale Ordnung einzuführen». Da bildete der Staat bloß eine «Interessengemeinschaft», keine «durch Nächstenliebe verbundene ‹natürliche Gemeinschaft›». Der Mensch war frei und musste sich vertraglich als soziales Wesen binden. Pestalozzi nennt das «Freiheitsschwärmerei».

Im offenen Widerspruch dazu entwickelt er seine Auffassung der Lebenswerte, die den Menschen zu Höherem bestimmen und über das instinktgeprägte Tierwesen erheben. Die freie Schweiz zur Zeit Pestalozzis will nicht in Rousseaus individualistischem Sinn frei sein. In Pestalozzis Volkserziehung geht es deshalb auch nicht um die «Bildung des Menschen», sondern um die «Bildung zum Menschen». Tumarkin unterstreicht abschließend: «Diese ihre Richtung auf die ‹Menschenbildung› ist es, welche der schweizerischen Erziehungslehre ihren besonderen, schweizerischen Charakter verleiht.»

Ein gottergebenes, glückliches Volk, diese Schweizer! Einer zufriedenen Bauerngemeinschaft gleichend, wie sie Pestalozzi in seiner landwirtschaftlichen Erziehungsgemeinschaft im Kleinen zu verwirklichen suchte … Ein ketzerischer Gedanke im Anschluss an die Lektüre dieses Buches drängt sich auf: Gleicht nicht die Schweiz in ihrem Verhalten gegenüber Fremden tatsächlich einer landwirtschaftlichen Erziehungsgemeinschaft, in welcher Fremde sich zuerst wie Mägde und Knechte ins glückliche Ganze einleben müssen?

Vielleicht ist es ja wirklich nicht den Vordenkern anzulasten, wenn das, was Tumarkin schweizerische Philosophie nennt, im Alltag der späteren Jahrhunderte gelegentlich zu einer Mentalität verkam, die selbstgerecht war, den gesunden Menschenverstand zum Maßstab aller Dinge machte und das Gott gewollte Dasein zur Abwehr des Fremden missbrauchte.

Vielleicht aber hatte Tumarkin als russische Jüdin auch einfach eine besondere Affinität zu einer Philosophie, die fundamental auf Gott ausgerichtet war und in allem seine Nähe spürte. Ist nicht häufig zu beobachten, dass Mystiker und Mystikerinnen verschiedener Religionen in ähnlichen Denkfiguren kreisen?

So gesehen scheint im Werk von Tumarkin die tiefe Verwandtschaft zwischen schweizerisch-christlicher Herzensmystik und russisch-jüdischer Seele auf.[110]

VIII. Eisenbahnen – Bauarbeiter aus dem Süden

Wenn es stimmt, dass Tunnels die Welt des Unterbewussten symbolisieren, haben sich die Italiener tief ins helvetische Unterbewusste gebohrt. Sie haben zu einem guten Teil das Schweizerischste geschaffen, was dieses Land zu bieten hat, die Löcher in den Bergen. Japaner reisen extra nach Europa, um bei der Bergfahrt im Innern der Jungfrau in Tiefschlaf zu verfallen.

Die Italiener kommen! Eine Geschichte wiederholt sich: Ein neuer Erwerbszweig ruft neue Arbeitskräfte aus neuen Regionen. Und in neuer Grössenordnung.

1848 dampfte erstmals in der Schweiz eine Lokomotive durch die Wiesen. Es war die Spanischbrötlibahn, die Baden mit Zürich verband. Die Schienenstränge breiteten sich bald wie Tentakel übers Land aus. Ihnen stellten sich die Alpen als hohe Hindernisse in den Weg. 1872 wurden die Bauarbeiten am Gotthard begonnen, zehn Jahre später fuhren die ersten Züge eingleisig durch die Röhre. 1898 folgte der Bau des Simplontunnels, der acht Jahre dauerte. Im gleichen Jahr kam es zum ersten Spatenstich für die Jungfraubahn, die in Etappen in Betrieb genommen wurde und nach vierzehn Jahren den Gipfel erreichte. 1907 wurde der Lötschbergtunnel in Angriff genommen, die Bauzeit betrug fünfeinhalb Jahre.

Die oft miserablen Arbeits- und Lebensbedingungen der italienischen Arbeiter, die an all diesen Werken beteiligt waren, sind vom Schriftsteller Felix Moeschlin geschildert worden, in einem der bewegendsten Zeugnisse über diese Epoche: «Und nun sehen Sie die Arbeiter im Tageslicht. Bleich sind sie, gelb sind sie, mit einem Stich ins Grüne, Schwindsüchtigen gleichen sie oder Leuten, die am Magenkrebs leiden.» [111] Der Tessiner Bildhauer Vincenzo Vela hat ihnen mit seinem Relief «Die Opfer der Arbeit» ein Denkmal gesetzt, es gilt als soziales Meisterwerk[112]. Eine Kopie steht auf dem Bahnhof von Airolo.

Als die Schweiz die nationalen Eisenbahnprojekte in die Tat umzusetzen begann, fehlte es ihr an Arbeitskräften. Die deutschen Arbeiter waren in den Industriebetrieben engagiert, die weiter expandierten. Um die Erdmassen zu bewegen, die für das neue Verkehrsmittel nötig waren, mussten neue Lösungen gesucht werden. Hoffnungsvoll richteten sich die Blicke nach Süden. Hatte man bisher vor allem Arbeitskräfte aus Deutschland und Frankreich geholt, wandte man sich nun Italien zu.

Der Kanton Tessin übernahm die Rolle eines Eingangstors und wurde gleichzeitig als italienischsprachige Minderheit aufgewertet; der Anteil der italienischen Sprachgruppe in der Schweiz verdoppelte sich in wenigen Jahrzehnten. Durch das Tessin waren schon früher immer wieder Maurer und Handlanger über den Gotthard gelangt, die im Zug der italienischen Einigung ihr Auskommen und ihren Frieden im Norden suchten.

Nun waren es Heere von Arbeitskräften. So genannte «Ingaggiatori», Anwerbebüros, wurden in Italien eingerichtet, die Arbeitskräfte vermittelten und dabei oft happige Gewinne einstrichen. Rekrutiert wurde vorerst im nahe gelegenen Norden; die berühmten Sizilianer kamen später.

1868 schlossen die Schweiz und Italien ein bilaterales Abkommen. Darin versprach die Eidgenossenschaft: «Die Italiener werden in jedem Kanton der schweizerischen Eidgenossenschaft hinsichtlich ihrer Personen und ihres Eigentums auf dem nämlichen Fuße und auf die gleiche Weise aufgenommen und behandelt, wie die Angehörigen der anderen Kantone jetzt oder in Zukunft gehalten werden.»[113] Zwar stand Reisenden jedweder Herkunft der Zutritt in die Schweiz ohnehin offen; sie konnten nur ausgewiesen werden, wenn sie armengenössig wurden oder anderswie Anstoß erregten; dieses bilaterale Abkommen garantierte ihnen aber eine zusätzliche Sicherheit. Für die Schweizer Unternehmer öffneten sich damit die Schleusen des neuen Arbeitsmarktes. Das Abkommen präzisierte: «In Folge dessen können die Bürger eines jeden der beiden Staaten sowie ihre Familien, sofern sie den Gesetzen des Landes nachkommen, in jedem Teile des Staatsgebietes frei eintreten, reisen, sich aufhalten und niederlassen, ohne dass sie wegen Pässen, Aufenthaltsbewilligungen und Ermächtigung zur Ausübung ihres Gewerbes irgend einer Abgabe, Last oder Bedingung unterworfen wären, denen die Landesangehörigen selbst nicht unterworfen sind.»[114]

14 000 Menschen mit italienischer Staatsbürgerschaft lebten um 1860 in der Schweiz, ihre Zahl stieg bis zur Jahrhundertwende in sich beschleunigendem Tempo auf 117 000. Der Wechsel der Arbeitskräfte während des Jahres, ihre Rückkehr, die Ankunft neuer Kontingente wie auch die Saisonarbeiter sind dabei nicht gezählt. Schätzungsweise 80 000 Wanderarbeiter strömten vor der Jahrhundertwende jährlich aus Italien in die Schweiz.[115] Wobei sie nicht nur im Eisenbahnbau tätig waren, sondern auch bei der Erstellung von Straßen, Kanälen und Häusern, später kamen die großen Staudämme. Sie waren überall, wo gegraben, gekarrt, gemauert werden musste.

Entsprechend dem Stand der Bauarbeiten verteilten sie sich ganz unterschiedlich aufs ganze Land. Während des Tunnelbaus am Gotthard stieg der Anteil der Italiener im Kanton Uri von 0,7 Prozent der Wohnbevölkerung im Jahr 1870 auf 26,7 im Jahre 1879 und sank nach Beendigung der Arbeiten wieder auf 3,2 Prozent im Jahre 1888.[116]

Die Zuwanderung aus Italien verschob die Gewichte massiv: Waren im Jahr 1860 knapp 48 000 Männer und Frauen aus Deutschland gezählt worden und nur knapp 14 000 aus Italien, waren es 1900 knapp 158 000 aus Deutschland und schon 117 000 aus Italien. Zehn Jahre später sollten sich die beiden Nationalitäten zahlenmäßig ausgeglichen haben.[117] Die Anwesenheit so vieler Menschen fremder Zunge war einer der Gründe, warum man namentlich in der Deutschschweiz von einer so genannten «Ausländerfrage» zu reden begann. In der Westschweiz machte es die Ähnlichkeit von Sprache und Verhalten den Italienern leichter, sich einzuleben. Da fielen sie weniger auf.

Waren sie gekommen, weil das Lohnniveau in der Schweiz deutlich höher lag als jenes in Italien – die Schweiz galt schon damals als reiches Land –, und gaben sie sich auch mit Löhnen zufrieden, die nach hiesigen Maßstäben niedrig waren, mochten sie sich doch nicht mit Brosamen abspeisen lassen. Wenn zudem die Arbeit besonders hart war und ein Aufseher besonders ungerecht, eskalierte die Stimmung mehr als einmal.

Kaum ein Tunnelbau ging ohne Konflikte vor sich. In Kaltbrunn am Ricken, beim Bau des drittlängsten Eisenbahntunnels der Schweiz, beklagte sich die Belegschaft im Juli 1904 über fehlende Aborte, schlechte Luft und über die unerbittlichen Aufseher, die wegen nichts Strafen austeilten. Und über den Elfstundentag, den kein Tier aushalten könne. Und über den Lohn. Sie forderten konkret: Achtstündige Arbeitszeit für die Tunnelarbeiter, und das bei gleichem Lohn. Um ihren Forderungen Nachdruck zu verleihen, legten sie die Arbeit nieder. Die Kollegen auf der anderen Tunnelseite in Wattwil schlossen sich ihnen an. Selbst die Bevölkerung stand auf der Seite der Streikenden. Das «St. Galler Tagblatt» publizierte ein Gedicht, das von herablassender Sympathie zeugte:

Wemmer saffe im tunello
Nume ganzi elfe Stund;
Iste streng sum goh caputo,
Italiani nume sund.[118]

Die Unternehmung reagierte ruppig: Schließung der Arbeitsstätten, Entlassung der Belegschaft, Schreiben an das Polizei- und Militärdepartement. Die vierte Kompanie des Infanteriebataillons 77 wurde nach Kaltbrunn verlegt, die dritte Kompanie des Infanteriebataillons 80 nach Wattwil. Die Arbeiter nahmen ihre Arbeit wieder auf. Immerhin errangen sie einen Teilerfolg: Der achtstündige Arbeitstag wurde bewilligt für jene, die im Dreischichtbetrieb arbeiteten, für die Übrigen der Zehn-Stunden-Tag.

Am Gotthard war es tragischer abgelaufen: Vier tote Arbeiter lagen nach dem unbeholfenen Einsatz der Landjäger am Boden.

Die Bahnen wurden trotz solcher Arbeitskämpfe fertig gestellt. Überall, wo sie ihren Betrieb aufnahmen, verwandelten sie sich sogleich in Transportvehikel für weitere Einwanderer. Entlang den Schienenwegen entstanden zuerst die flüchtigen Barackendörfer.

«In den Stuben stehen zehn Betten. Sinds nicht zehn, so sind es acht, gerade so viel, wie man hineinzwängen kann.» Engagiert schilderte Felix Moeschlin die Siedlung in Göschenen. «Ein Dutzend und mehr Personen drängen sich in einem Zimmer, Erwachsene und Kinder durcheinander. Es wird gekocht, gegessen und geschlafen. Um den Ofen hängen nasse Kleider zum Trocknen. Hühner spazieren über den Fußboden. Ein Abtritt fehlt, oder wenn er da ist, ergießt er seinen Inhalt auf die Straße. Der Urin wird auf den Kehrichthaufen vor der Türe ausgeleert. Diarrhöe, Dysentrie und typhoide Fieber gehen um.»[119]

Allmählich verwandelten sich Straßenzüge in den Dörfern des Mittellandes und ganze Stadtviertel in Italiersiedlungen. Den Arbeitsmigranten folgten Bildungsvereine und Missionare. 1898 wurde in Zürich Außersihl der erste Stützpunkt der Missione cattolica geschaffen, die den Landsleuten geistige und materielle Betreuung anbot: Unterricht und Armenfürsorge.[120]

Die Zugewanderten waren jung, beweglich; und besaßen sie auch kaum Geld, so hatten hatten sie doch ein Ziel im Kopf: denen zu Hause das Leben zu erleichtern. Und waren sie auch in großer Zahl Analphabeten, so lernten sie eben durch Erfahrung und Austausch. Da sprossen bald eigene Restaurants, Läden, Konsumgenossenschaften. Manche wagten den Sprung in die Selbstständigkeit, zogen einen Marktstand auf, eröffneten eine Schenke. Das Geschäft begann wiederum beim Elementaren: Man importierte die Nahrungsmittel, die den Emigranten von zu Hause her lieb und schmackhaft waren: Salami, Südfrüchte, Kastanien, Wein, Käse, Mais, Teigwaren, Reis. Seit sie im Land lebten, wuchs das, was Ethnologen später als «Ethno-Business» bezeichnen sollten.

Die Italiener liebten Speisezettel mit Gerichten, deren klingende Namen die Hiesigen an Gelage von Barockfürsten erinnern mussten: Bollito misto, Insalata Caprese, Penne all'arrabiata; Ossi bucchi, Stufato, Costine, Fegato, Lasagne al forno, Piccata Milanese, Scaloppine Valdostana, Risotto con funghi, Coniglio arrosto, Marmite campagnarde; Gorgonzola, Formaggini o Mozzarella; un espresso doppio e una grappa.

Sie zeugten Kinder. Zugleich mit den Bauarbeitern zogen viele Frauen als Arbeiterinnen her, die vorwiegend in der Textilindustrie benötigt wurden. Junge Leute fanden sich zu Paaren, Mischehen wurden geschlossen. Mehr und mehr war das Wachstum der ausländischen Wohnbevölkerung auch der steigenden Geburtenrate zu verdanken. Kurz, sie wurden ansässig.

Der Zwiespalt, ob sie schon zur Schweiz gehörten oder immer noch zu Italien, offenbarte sich für manche italienische Eltern beim Entscheid, ob sie ihr Kind in die übliche Schweizer Schule schicken sollten oder in eine der Emigrantenschulen, die dort entstanden, wo Landsleute in Ballungen lebten, und die dereinst die staatliche Anerkennung der Schweiz wie Italiens erlangen sollten. Italienische Elementarschulen erfüllten eine zwiespältige Funktion: sie verlangsamten die Auflösung der «Colonie italiane», und sie verlängerten die Bindung ans Herkunftsland. Sie behinderten Integration, verhinderten aber Isolation.

Italiener im Streit;
Nebelspalter Nr. 36, 1896

Da die Italiener manchmal dunklere Haare hatten und oft auch weniger fein gekleidet waren, entwarf der Volksmund ein Bild von ihnen als abgerissene Gesellen:
«Tschinggen» wurden sie genannt. Das Wort stammt vom Spiel «Mora», das sie auf
der Straße spielten. Sie spreizten die Finger ihrer Hand und schrien «Cinque», wenn
sie gewonnen hatten. Sie spielten um Geld, rauchten Brissago, sie aßen angeblich
Hunde, brieten Vögel, und ihre Messer schienen locker zu sitzen. So nahm sie
wahr, wer die Mühe scheute, sie kennen zu lernen.

Spannungen lagen in der Luft. In Bern ereignete sich 1893 ein Krawall, bei dem
sich arbeitslose Schweizer Bauarbeiter mit Italienern prügelten. In Genf forderte eine kantonale Gesellschaft schweizerischer Erdarbeiter, Handlanger, Mineure und
Steinträger in den Saisonbetrieben «das Recht auf Existenz im eigenen Land»: «Wir
beabsichtigen nicht, gegen unsere fremden Kameraden vorzugehen. Im Gegenteil,
wir betrachten sie als Schicksalsgenossen, aber wir wollen nicht, dass wir durch sie
als unfähig hingestellt werden», schrieb die Vereinigung in einer Resolution. «Wir
wollen nicht, dass, während sie zu Hunderten hierher kommen, wir müßig daste-
hen und der Dinge harren können, die da kommen werden. Wir fordern endlich,
dass man uns neben unseren Pflichten einige Rechte einräume, und hauptsächlich
das Recht auf Existenz im eigenen Land.»[121]

In Zürich Außersihl kam es 1896 zu den wohl heftigsten Auseinandersetzungen zwischen Schweizern und Ausländern in der ganzen Geschichte der Immigration. Vorfälle, die nicht Arbeitskonflikte zum Ausgangspunkt hatten, sondern Widersprüche zwischen Volksgruppen. In Einzelfällen nahmen die Ausschreitungen pogromähnlichen Charakter an.

Die Anschläge auf die Italiener erreichten ihr Ziel nicht. Durch ihr Scheitern bewirkten sie im Gegenteil, dass die Anwesenheit von Italienern als Teil der festen Wohnbevölkerung anerkannt werden musste. Es war allerdings eine Bevölkerung, die noch keineswegs gleiche Rechte besaß.

Schweizer rasteten aus und mussten dabei ihre Nachbarn, die sie selbst geholt hatten, zur Kenntnis nehmen.

Schweizergeschichten: Giovanni Brescianini – Maurer aus Brescia

Wie ein Lauffeuer verbreitete sich das Gerücht, dass ein Italiener mit dem Namen Giovanni Brescianini in Zürich Außersihl den unschuldigen Arbeiter Remetter angepöbelt und erstochen hatte. Das Opfer, so die NZZ, sei «ein sonst wohl gelittener Mann» gewesen. Glatt erstochen, eine Rippe durchschnitten, das Küchenmesser war in die Lunge gedrungen. In der Nacht vom Samstag, 25. Juli, auf Sonntag, 26. Juli 1896, morgens um zwei Uhr.

Außersihl war mit seinen knapp 30 000 Einwohnern die größte städtische Anballung der Schweiz.

Brescianini hatte mit seiner Familie den Namenstag eines Freundes gefeiert. Rotwein floss, es ging laut zu und her. Wahrscheinlich suchte man Nachschub. Jedenfalls begaben sich die Italiener ins Freie, einige betrunken, dort bombardierten zwei mit Bierfässern die verschlossenen Türen eines Restaurants. Plötzlich ging in den Beizen das Gerücht um, es finde eine Schlägerei statt zwischen Italienern und Schweizern.

Da marschieren einige Beizenkumpel los und greifen die Italiener an, unter ihnen eben der Remetter. Bresciani zieht ein 30 cm langes Küchenmesser, das er beim Abmarsch von zu Hause eingepackt hat. Remetter schlägt mit einem Stock auf ihn ein. Dann der verhängnisvolle Messerstich. Auf dem Pflaster bleibt der Elsässer Remetter liegen.

Die NZZ gab sich boulevardesk: «Der schwer verwundete Remetter wurde nach Hause getragen, und dort spielte sich eine Herz zerreißende Sterbeszene ab. Er hinterlässt eine der Verzweiflung nahe junge Frau, ein zwölf Tage altes Kindlein und ein solches von etwas über einem Jahr.»

Ein Unschuldiger. «Der bald nachher Verstorbene soll sich am Streit gar nicht beteiligt haben, sondern nur als ein nach Hilfe suchender Bote seiner Freunde den Italienern in die Hände gelaufen sein», wusste der «Tages-Anzeiger».

Zum fünften Mal innert weniger Monate hat ein derartiger Tötungsfall in Außersihl stattgefunden. Es ist klar, dass die beteiligten Italiener behaupten, Remetter habe sie angegriffen. Wer lässt sich durch solche Behauptungen beirren? «Dass viele italienische Spelunken in Außersihl die reinsten Verbrecherhöhlen sind, ist bekannt.» Auch der NZZ. Der Aufruhr ist unausweichlich.

Wenige Stunden nach dem Tötungsfall rottet sich eine Menge zusammen und beginnt, die Restaurants zu stürmen, in denen die Italiener verkehren.

«Ein bewegter Tag», unter diesem lakonischen Titel berichtete der «Tages-Anzeiger» über die Ereignissse. Hunderte von empörten Frauen und Männern hätten die Straße unsicher gemacht, manche Junge mit Hagenschwänzen und Drahtseilstumpen in der Hand. Im Restaurant San Fedele an der Kurzgasse wurden die Fenster mit Steinen eingeworfen und die eisernen Rolladen lädiert, so dass sie nicht mehr zu gebrauchen waren. Das Restaurant von Ana Abbondio an der Ecke Quellenstraße –Josefstraße wurde mit Bierfässchen beworfen, so dass kein Fenster mehr ganz blieb. Das Restaurant des Wirts Zanini an der Zwinglistraße 11 wurde beschädigt, obwohl der Inhaber ein Tessiner war: Pech. Eine Italienerbaracke beim Eisenbahnviadukt total zertrümmert. Selbst der Wachtposten an der Langstraße wurde angegriffen, weil die Polizei Leute verhaftet hatte. Die Presse berichtete von vierzehn schwer Verletzten, eine unbekannte Anzahl leicht Verletzter half sich selbst.

So empfanden es manche: Die Italiener nehmen den Schweizern die Wohnungen weg, sie drücken die Löhne, sie bezahlen keine Steuern, führen sich dafür aber unflätig auf. Nun die Tötung an jenem unbeteiligten Arbeiter. Es muss einmal ein Zeichen gesetzt werden. Eine Quartierversammlung im Restaurant Sonne wird einberufen per Inserat im «Tages-Anzeiger», unterzeichnet von «Vielen Bürgern des Kreises III» (wie das unlängst eingemeindete Außersihl amtlich heißt). Der Aufruf wendet sich namentlich an kräftige «Turner» und schweizerisch gesinnte «Grütlianer». Ein Komitee wird gewählt aus sieben angesehenen Persönlichkeiten, darunter drei Wirte. Die wissen am besten, wie es ums Quartier bestellt ist.

Der große Saal in der «Sonne» ist übervoll. Man sei seiner Haut nicht mehr sicher auf der Straße angesichts der Italiener, von denen viele den «Coltello» – das Messer – trügen, schimpft ein Redner. Ein anderer singt das Hohelied vom «Schweizerblut». Ein Begehren solle an den Stadtrat gerichtet werden, dass abends nach neun Uhr Italiener sich nicht mehr auf der Straße aufhalten dürften. Es soll ihnen verboten werden, Waffen zu tragen. Insbesondere soll keinem Italiener mehr ein Wirtschaftspatent erteilt werden. Letzteres ist den einheimischen Gewerbetreibenden schon lange ein Anliegen. Eine Resolution wird verabschiedet, welche «in erster Linie eine strenge Kontrolle der hier wohnenden Italiener und eine Untersuchung der Wohnungen in sanitarischer Beziehung» verlangt. Sie droht: «Sollte dies nicht genügen, so wird energisch zur Gründung einer Bürgerwehr geschritten.»

Mittlerweile haben sich in der Lang-, Brauer- und Feldstraße die Auftritte vom Vortag wiederholt. Der unschuldige elsässische Arbeiter muss gerächt werden. Viele Angehörige italienischer Herkunft werden von Tumultuanten in ihren Wohnräumen aufgesucht und angegriffen, wobei jene Revolver hervorholen und aus den oberen Stockwerken auf die Menge schießen.

Zwei Polizisten, welche sich dem Treiben entgegenstellen, werden durch Messerstiche verletzt. Es kommt zu Plünderungen: Hier schneidet sich einer vom Schinken ab, den er auf dem demolierten Buffet findet, und dort öffnet ein anderer eine Flasche Wein, die sofort die Runde macht, derweil ein Dritter das unversehrt gebliebene Küchengeschirr abtischt. Dem Wirt Bonzani werden eine Klarinette und Zigarren entwendet.

Die Feuerwehr setzt Hydranten in Gang, eine willkommene Erfrischung am heißen Sommerabend. Die Stadt bietet einige Kompanien der Rekrutenschule auf, sie reichen nicht aus, um Ruhe zu schaffen. Die Menge, die mittlerweile auf mehrere tausend Menschen beziffert wird, zieht vor die Kaserne und verlangt die Freigabe der Verhafteten. Da wird diskutiert und gebrüllt, gepfiffen und gejohlt. Knallfrösche krachen. In unregelmäßigen Abständen machen die Soldaten mit gezücktem Bajonett einen Ausfall, um die Leute in Schach zu halten. Kinderwagen stürzen um. Viele flüchten, indem sie in die Sihl springen. Es ist ein Gaudi. «Das Militär sollte Bänke herbeiholen, damit das Publikum sitzen könnte», meint ein Spaßvogel. Es ist auch ein patriotischer Anlass: Die Vaterlandshymne wird angestimmt.

Die Italiener sind nicht mehr zu sehen, sie lassen sich von den Arbeitgebern auszahlen und flüchten. Hunderte retten sich in die umliegenden Kiesgruben und Wälder auf dem Käferberg und am Uetliberg, wo sie sich wie Zigeuner einrichten, Lagerfeuer anzünden, Wachen aufstellen und im Freien übernachten. Andere begeben sich vors italienische Konsulat und fordern Fahrscheine Richtung Sole. Viele Baufirmen haben die Italiener entlassen, um nicht selbst Ziel von Angriffen zu werden, Logisgeber ihre Mieter auf die Straße gestellt. Eine Gruppe von obdachlosen Männern, Frauen und Kindern zieht mit ihren Habseligkeiten gegen den Hauptbahnhof. Ein Sonderzug mit 400 Italienern und Italienerinnen verlässt Zürich. Recht so, man hat sie schon lange loswerden wollen.

Reichlich spät bietet der Kanton zwei weitere Bataillone mit Mannschaften vom Zürichsee auf – 500 Infanteristen und 70 Kavalleristen –, um die Lage zu beruhigen. Langsam rücken sie vor, sperren Straße für Straße ab. Die «Arbeiterpartei des Kreises III» hängt Plakate auf, in welchen sie die Arbeiter aufruft, sich nicht an den Krawallen zu beteiligen: «Wir richten die dringende Bitte an Euch, den gegenwärtigen Exzessen, dieser ‹Italienerhetze›, fernzubleiben. Bietet nicht Hand dazu, dass all die Ungerechtigkeiten, welche da mit unterlaufen, schließlich der Arbeiterschaft in die Schuhe geschoben werden können.»

So ging der «Italienerkrawall» zu Ende, wie er in der NZZ damals fälschlich genannt wurde; es war ein Schweizerkrawall.

Der Italiener Giovanni Brescianini, der den Elsässer Remetter getötet hatte, wurde vor Gericht gestellt. Doch bis die Verhandlungen stattfanden, war die Hysterie zumindest in den Medien der Nüchternheit gewichen. Anfang Oktober erschien der Presse alles in anderem Licht. Der Italiener sei «ein fleißiger Maurer» und provoziert worden, so die NZZ. Er sei ein «beinahe zart gebauter dreißigjähriger Mann, von nicht unsympathischem Äußeren». Untauglich für die Rolle des Schlächters. Die NZZ hielt nun auch seine «junge, lebhafte Frau» der Erwähnung wert.

Nun war alles ganz anders gewesen: «Die in den ersten Tagen, während der Aufregung des Außersihler Italienerkrawalles fürchterlich aufgebauschte und mit einem schweren Schmuck sensationeller und romantischer Zutaten versehene Geschichte von der brutalen Hinschlachtung eines ehrenfesten, friedfertigen Familienvaters durch einen mordlustigen jähzornigen Italiener ist in der Weise klargelegt worden, dass man heute richtiger von einem Fall Remetter als von einem Falle Brescianini spricht.» So kommentierte die NZZ. Dass der Italiener vor dem Gang auf die Straße ein 30 cm langes Küchenmesser eingepackt hatte, galt jetzt nicht mehr als Zeichen von Gewaltbereitschaft, es war ortsüblich.

Der einstige Täter wurde wegen Notwehrüberschreitung mit drei Monaten Gefängnis nur symbolisch bestraft.

Der getötete Außersihler Arbeiter Aloys Remetter hatte sich ebenfalls gewandelt. Das Opfer wurde postum als Täter entlarvt. Dass er aus dem Elsass stammte, ließ ihn nicht mehr als unbeteiligt erscheinen. Nun hatte er die Rolle des Monsters zu übernehmen. Er habe als Erster zugeschlagen und dem Italiener einen Kopfschwartenriss zugefügt. Überhaupt sei er ein «ungeschlachter und rauflustiger Mensch mit unregelmäßigem Erwerb» gewesen. Ein Raufbold, der mit einer Mordwaffe umherzog. Dem Gericht lag ein mehr als zolldicker Schwarzdornbengel vor, mit einer schweren Eisenspitze am unteren Ende und auf allen Zweignarben besetzt mit schweren Messingkopfnägeln, wie sie die Tapezierer an Sofas verwenden. Remetter habe mit dem Stock auf Brescianini eingeschlagen und seine Kopfschwarte zerrissen. «Wer einen solchen Mordbengel führt, muss es sich gefallen lassen, dass man ihn in die Klasse der zünftigen Raufbolde und Schläger einreiht», besann sich die NZZ zwei Monate nach den Unruhen.

Man hatte den eigentlichen Schuldigen gefunden: Es war weder ein braver Schweizer noch ein fleißiger Italiener. Ein arbeitsloser Scherenschleifer aus dem Elsass wars. Ein Zigeuner womöglich. Das stellt nun wirklich alle zufrieden.[122]

IX. Imperialismus – Die deutschen Kolonien

Der Aufstieg Deutschlands unter Preußens Führung zur tonangebenden Macht in Europa veränderte die Stellung der Deutschen in der Schweiz. Viele von ihnen mutierten von Fürstengegnern zu glühenden Anhängern der preußischen Krone … und ernteten das Missfallen der republikanischen Schweizer.

Schon seit einiger Zeit verschlechterte sich die Stimmung zwischen Schweizern und Deutschen. Die Professoren an den Hochschulen, die anfänglich als Stützen der Demokratie angesehen wurden, galten immer mehr als Vertreter der deutschen Weltmacht im Ausland. Auch sie selbst gingen auf Distanz zu demokratischen Regimes, die in den Kantonen an die Macht gekommen waren.

Ein Detail kennzeichnet die Stimmung: Die Studentenverbindung «Germania», die Mitte der sechziger Jahre in Zürich gegründet wurde, nahm sich gemäß ihren Statuten ausdrücklich vor, «die Kluft zwischen Polytechnikern und Studenten und zwischen Deutschen und Schweizern auszufüllen». Darum bestimmte sie in Paragraph 3: «Das Duell wird unbedingt verworfen» – denn das konnte leicht zum Mittel im Krieg der Nationen ausarten –; ohne dass sie allerdings den Akademikern die Lust am Degen vergällen wollte, statuierte sie doch in Paragraf 7: «Die Übung der Waffen ist obligatorisch.» [123]

Die Verschlechterung der Beziehungen zwischen Schweizern und Deutschen ging mit weltpolitischen Ereignissen einher. Die entscheidende Wende ereignete sich 1871. Die deutschen Staaten besiegten Frankreich im Krieg. Die französische Bourbaki-Armee suchte in der Schweiz Zuflucht. Fast 90 000 Soldaten durften nach der Einwilligung des Bundesrates die Grenze übertreten. Voll Mitleid sahen viele Schweizer die abgezehrten Gestalten. Eine ganze Armeeeinheit wurde in der Schweiz während eineinhalb Monaten interniert. Das schönste von drei noch bestehenden Panoramagemälden in der Schweiz, das hundert Meter lange Bourbaki-Panorama in Luzern, erinnert an den Grenzübertritt der rot-blau gekleideten Soldaten im verschneiten Juratal von Les Verrières.

Eben war König Wilhelm I. von Preußen zum Kaiser der Deutschen proklamiert worden. Das große deutsche Reich, von dem einige seit langem geträumt hatten, war Wirklichkeit, die Zersplitterung in einzelne Staaten beendet worden.

In dieser Situation begingen führende Vertreter der deutschen Kolonien einen verhängnisvollen politischen Fehler. Sie organisierten eine Feier im Zürcher Tonhallesaal, offiziell eine «Reichsgründungsfeier», tatsächlich aber eine Art Siegesfeier. So sahen es zumindest die Gegner.

Gottfried Semper war der erste, der seine Unterschrift unter den Aufruf setzte: «Die neuste entscheidende Wendung im deutsch-französischen Krieg hat bei den Unterzeichneten den Gedanken angeregt, die staatliche Neugestaltung Deutschlands durch einen Abend-Kommers zu feiern.»[124] Zu den Initianten gehörten neben weiteren Professoren auch der bekannte Großkaufmann Otto Wesendonck.

Etliche der Initianten besaßen das Schweizer Bürgerrecht. Sie waren «Neuschweizer» – wie Eingebürgerte damals genannt wurden –, die mit den Entwicklungen daheim im Reich sympathisierten. Ausdrücklich hielt die Einladung fest: «Der deutschen Sache freundlich gesinnte Schweizer sind als Gäste herzlich willkommen.»[125]

Unglücklicherweise befanden sich in der Stadt Zürich 12 000 internierte Bourbaki-Soldaten, deren Repatriierung zwar beschlossene Sache, aber noch nicht durchgeführt war. Schon einmal war die Feier verschoben worden, aus Angst vor der Reaktion dieser Franzosen.

Am 9. März 1871 wurde sie durchgeführt. Die Franzosen waren immer noch da.

Etwa 900 Eintrittskarten kamen zur Ausgabe; der Saal war prächtig hergerichtet, wie die NZZ berichtete. «In der Mitte an der Wand, welche das Podium (die Musiktribüne) vom Parterre scheidet, war ein Gemälde, die ‹Germania, am Rhein Wache haltend›, in Lebensgröße aufgestellt, links davon eine Draperie in Schwarz-Weiß-Rot und rechts davon eine solche in Schwarz-Rot-Gold angebracht» – die deutschen Farben –, «desgleichen die Säulenreihen im Parterre mit grünen Tannenreisern eingekleidet.»[126]

Vergeblich betonte der erste Redner, Professor Johannes Wislicenus, man habe die Feier «nicht zu einer Demonstration gegen das unglückliche, im Kriege niedergeschlagene Nachbarvolk» machen wollen, sondern sie sei organisiert worden, «um im Kreise Gleichgesinnter der Freude darüber Ausdruck zu geben, dass der geschlossene Friede das deutsche Volk politisch im neuen Reiche geeinigt finde».[127]

Der zweite Redner hielt nicht zurück mit patriotischen Huldigungen, wie die Zusammenfassung seiner Rede in der nächsten Ausgabe der NZZ zeigte: «Das deutsche Heer mit seiner Mannszucht, Hingebung, Todesverachtung, mit seinen genialen Entwürfen, seiner Taktik im Kreise der Führer, es allein habe das deutsche Vaterland von den Schrecknissen einer feindlichen Invasion bewahrt, es allein habe die Deutschen befreit von dem Jahrhunderte andauernden Jammer der Vaterlandslosigkeit. Auf den Walstätten von Frankreich sei das Deutsche Reich gegründet worden.»[128] Zum Schluss forderte der Redner die Anwesenden auf, «mit Glas und Mund dem sieggekrönten, ruhmbedeckten deutschen Nationalheere ein dreifaches Hurrah zu bringen».[129]

Das waren Misstöne in der Halle der Harmonie.

Die Franzosen empfanden die Veranstaltung als Provokation und mit ihnen die linksgerichteten Arbeiter, die aus den Fabriken heraus mobilisiert worden waren. Es kam zum Krawall. «Die Franzosen waren es», so schilderte die NZZ weiter, «welche angriffen und mit den Füßen die Felder aus den Türen herausschlugen, die vom Wirte und einigen anderen Schweizern eilig verriegelte Türe sprengten und mit gezückten Säbeln vorzudringen suchten. Erst jetzt begannen die Deutschen die Abwehr, mit Musikpulten und rasch abgedrückten Stuhlbeinen attackierten sie ihrerseits, und bald flohen unter ihren wuchtigen Schlägen die friedebrüchigen Franzosen, Säbel und Mützen hinter sich herlassend – bedauerlicherweise aber auch einige Schwerverwundete.»[130]

Für die NZZ, deren Sympathien auf Seiten Deutschlands lagen, war also von vorneherein klar, wer den Streit vom Zaun gerissen hatte, der als «Tonhallekrawall» in die Geschichte einging. «Wirthe, welche auf die Konkurrenz der Tonhalle schlimm zu sprechen sind, Arbeiter, die es gelüstete, die gesellschaftzerstörenden Lehren der Sozialdemokraten in die Wirklichkeit zu übersetzen, bornierte Franzosenfreunde und Deutschenhasser, endlich Schaaren asylbrüchiger Franzosen bildeten den Pöbelhaufen, der so Schlimmes gestiftet.»[131] Tatsächlich hatte ein Flugblatt, das vor allem in den Kreisen des «Grütlivereins» zirkulierte, zu einer Gegendemonstration aufgerufen.

Die Franzosen wurden wenig später repatriiert.

Der Historiker Klaus Urner, der sich mit der deutschen Immigration befasst hat, fällt ein differenzierteres Urteil über die Ereignisse. «Vorausgegangen war ein enormer Anstieg der Spannungen im Verhältnis zu Deutschland.» Er erwähnt «die Besorgnis vor Annexionsgelüsten, die Ablehnung der deutschen Ansprüche auf Elsass und Lothringen in der Schweizer Presse und die daraufhin empörten Reaktionen in Deutschland».[132]

Die Sympathien der Mehrheit der Bevölkerung wandten sich nach diesem Ereignis stärker als zuvor von den Deutschen ab. Einen eigentlichen «Deutschenhass» konstatierte der Winterthurer Stadtpräsident Johann Jakob Sulzer als Referent der parlamentarischen Untersuchungskommission im Kantonsrat.[133]

37000 Deutsche lebten um 1910 in Basel-Stadt, sie machten 29,3 Prozent der Bevölkerung aus,[134] 43000 waren es (zwei Jahre später) in der Stadt Zürich, was 21,5 Prozent entsprach.[135] So glaubten manche um die Jahrhundertwende eine «Verdeutschung» zu erkennen, die sie als politisches Hauptproblem bezeichneten.[136]

Der Regierungsrat rang sich nur zu einer saftlosen Verurteilung der Demonstranten durch, was jene noch mehr empörte, deren Herz deutsch schlug. Otto Wesendonck, das Mitglied des Initiativkomitees, verließ diese Schweiz, die so undankbar war gegenüber den Deutschen, verkaufte Villa und Grundstück und zog nach Dresden.

Die deutschen Kolonien – in denen sich Deutsche und eingebürgerte Schweizer mit deutscher Herkunft trafen – wurden mehr und mehr als Brückenköpfe einer kolonialistischen Macht gefürchtet. Besonders stark waren diese in Davos, aber auch in Basel und Zürich, und in ihnen waren unzählige Vereinigungen und Fürsorgenetze aktiv.

Der deutsche Einfluss war auch in der Wirtschaft spürbar. «Die selbstständigen

Deutsche Touristen;
Nebelspalter Nr. 33, 1915

Gewerbetreibenden und Kaufleute haben zusammen mit den deutschen Kapital-
beteiligungen einen weit reichenden Einfluss auf die schweizerische Wirtschaft genommen», urteilt Klaus Urner.[137] 10 692 deutsche Betriebsinhaber wurden 1905 in
der Schweiz gezählt.[138] Nebst vielen kleinen gab es einige ganz große, da war etwa
der Großkapitalist Otto Röchling, die führende Figur in der Basler Deutschenszene.
Der Angehörige einer westdeutschen Industriellenfamilie aus der Eisen- und
Stahlbranche gründete in Basel die Röchling & Cie GmbH, die in Zusammenarbeit
mit deutschen Partnern Kohle und Eisen, später auch Erdöl importierte.

Es bestand ein grundsätzlicher Unterschied in der Präsenz der deutschen und der
italienischen Kolonien auf Schweizer Boden. Erstere gefährdeten wohl tatsächlich
das prekäre Gleichgewicht, auf dem die schweizerische Eidgenossenschaft beruhte,
indem sie der deutschsprachigen Mehrheit ein zusätzliches Übergewicht gaben, zumal hinter den Deutschen eine expandierende Großmacht stand. Vor allem in der
Westschweiz beobachtete man mit wachsendem Misstrauen die «Germanisation»
der Deutschschweiz. Da galten die Italiener geradezu als Verbündete. Allenfalls als
vaterlandslose Gesellen.

Doch im Zeitalter des Imperialismus war keine Volksgruppe gegen nationalen Wahn gefeit. Im Tessin bildeten sich Gruppen von Schweizern und Niedergelassenen, die aus der Spracheinheit mit dem Nachbarland eine politische Einheit zu formen suchten. 1912 erschien die erste Nummer einer Zeitschrift «Adula», deren Leitidee lautete: «Eine Nation Schweiz gibt es nicht, die schweizerische Sprache, die schweizerische Rasse gibt es nicht ...» – denn das wahre Vaterland der italienischen Schweiz sei Italien.[139] So wurde aus der «italianità» – der Kulturverwandtschaft – die «irredenta» – das unerlöste Land.

Die mächtigsten Gefühle, unerlöst zu sein, aber weckte Deutschland. Bedeutende Teile des Deutschschweizer Großbürgertums verherrlichten das Deutsche Reich als Hort der abendländischen Kultur. In Deutschland bezeichneten völkische Propagandisten die Schweiz als «deutsche Schweizer Eidgenossenschaft» und betrachteten sie als «deutschen Volksboden»[140]. Jährlich wurde in den deutschen Kolonien der Geburtstag des Kaisers gefeiert.

Die Deutschland-Begeisterung erreichte ihren Höhepunkt, als Kaiser Wilhelm II. im Jahr 1912 die Schweiz besuchte. In Basel fuhr der Hofzug ein. Der sozialdemokratische Regierungspräsident entzog sich der Verpflichtung, ihm die Hand zu drücken oder gar einen Knicks zu absolvieren, durch Ortsabwesenheit. In Zürich aber trübte nichts mehr die Stimmung. Geschützdonner, Ehrenkompanie, Festbankett im «Baur au Lac», Seenachtsfest. Der Kaiser ließ sich von Oberstkorpskommandant Ulrich Wille – dessen Vater ein wohlhabender Deutscher und aktives Mitglied der deutschen Kolonie war – im Toggenburg Manöverspiele zeigen.

Über diesen Unfug empörte sich der deutsche Sozialdemokrat Karl Liebknecht in einem Artikel in der Basler «Nationalzeitung»: Wie einen «Messias aus Berlin» hätten die Schweizer den deutschen Kaiser begrüßt.[141]

Schweizergeschichten:
Franziska zu Reventlow – Gräfin und Dichterin aus Schleswig-Holstein

Sie war Rentnerin, Dichterin, Gräfin. Ob sie sich für die Schweiz verdient gemacht hat, ist fraglich, aber sie hat ihr auch nicht geschadet. Aber wie viele Schweizer oder Schweizerinnen sinds denn, die sich um ihr Land verdient gemacht haben? Sie lebte einfach hier, in einem Fischernest, das sich allmählich zur deutschen Hauptstadt südlich der Alpen entwickelte: Ascona. Dort verkehrte sie mit Anarchisten und hatte gute Freunde in der Künstlerszene auf dem Monte Verità.

Streng genommen war sie in die Schweiz gekommen, um eine Scheinehe zu schließen. Der bekannte Anarchist Erich Mühsam will ihr vorgeschlagen haben, nach Ascona zu gehen, um dort einen Baron, der auf Frauensuche war, zu heiraten. Jedenfalls tat sie dies. Baron von Rechenberg-Linten war das schwarze Schaf in der Familie und als Süffel in der ganzen Region bekannt. Nun wollte er seiner Familie im Baltikum eine standesgemäße Gattin präsentieren. Eine solche war nämlich die Bedingung, damit sein beträchtliches Erbe freigegeben wurde, das er dringend brauchte. Als Entschädigung vereinbarte er mit der Reventlow notariell, dieses Erbe mit ihr zu teilen.

Laut Reventlows Berichten sah ihr Ehemann aus wie ein «Seeräuber», sei aber «ganz Kavalier und ein guter Kerl». Ein Hüne von Figur war er, und taub, man konnte nur brüllend mit ihm kommunizieren.

Wie eng die Liaison zwischen beiden tatsächlich war, bleibt offen. Reventlow brauchte Geld. Ihr Lebenswagen war aus den vorgespurten Geleisen geraten.

Geboren wurde sie 1871 als Tochter eines preußischen adligen Landrates und seiner Ehefrau, der geborenen Gräfin zu Rantzau, auf Schloss Husum in Schleswig-Holstein. Als junge Frau stieß sie zu einem Zirkel, in dem moderne radikale Theaterliteratur gelesen wurde. Die Maxime von der Freiheit des Handelns, die der norwegische Dramatiker Henrik Ibsen verkündete, beeindruckte sie tief. Das Werk des Philosophen Friedrich Nietzsche, «Also sprach Zarathustra» wirkte auf sie wie ein «Erdbeben».

Sie floh von zu Hause nach München, wo sie ein Malstudium aufnahm, zugleich begann sie zu schreiben. Aufsehen erregte sie wegen ihrer Liebesgeschichten, die aus heutiger Sicht nicht ganz so aufregend sind, wie kolportiert wurde. Reventlow hatte nur die Unverschämtheit, sich in verschiedene Männer zu verlieben und ihre Liebe öffentlich zu gestehen. Und – Skandal! – sie wird von einem Geliebten schwanger, während andernorts ein Verlobter auf sie wartet. Sie löst den Konflikt, indem sie als Schwangere zum Verlobten zurückkehrt und diesen ehelicht. Aber sie erleidet eine Fehlgeburt. Das Gerücht geht um, sie habe abgetrieben, und es wird eine Untersuchung eingeleitet «wegen Verbrechen wider das keimende Leben». Da nichts beweisbar ist, wird die Untersuchung eingestellt. Zu guter Letzt kommt es zur Scheidung von ihrem Ehemann, der sich mit ihrem Vorleben nicht abfinden kann.

Auf Umwegen kehrte sie nach München zurück, wo sie ein Bohemeleben führte, das nicht etwa lustig, sondern hart und schwierig war. Sie nahm am Experiment einer Wohngemeinschaft teil, das schließlich scheiterte, und verkehrte in philosophisch-literarisch-religiösen Kreisen, die immer wieder auseinander brachen. Zu diesen zählte der Dichter Stefan George. Immer wieder erkrankte die Reventlow, immer wieder mangelte es an Geld; von den Übersetzungsaufträgen, die sie erhielt, konnte sie kaum leben. Dann bekümmerten sie das Ringen mit der Kunst und die spärliche Anerkennung. Schließlich kam doch ein Kind zur Welt. Dessen Vater hielt sie geheim, sie mochte mit ihm auch nicht zusammenleben, weil er ihre Einstellung zu Leben und Liebe nicht verstand. Im autobiografisch gefärbten Roman «Ellen Olestjerne» hat sie ihr Verhalten und ihre Gefühle erklärt. Sie wünsche sich von einem Mann, «er verstände, dass ich auch anderen gehören kann». Sie fragt: «Warum muss man gerade verheiratet sein – Kommen und Gehen, eine Weile zusammenleben und sich dann wieder trennen, mir läge das viel näher.» Durch die Art, wie sie ihre Beziehungen gestaltete, hatte sie sich von einem Teil der Münchner Boheme isoliert.

Um ihren Knaben zu kleiden und zu ernähren, verkaufte sie sich zeitweilig als Prostituierte in einem Salon, wo sie «Extraeinnahmen» von 100 oder 200 Mark pro Nacht erzielte. Sie bereute es nicht: «Mein einziges Verbrechen ist, dass ich nicht reich bin.» Den Mann, mit dem sie das Kind zeugte, hatte sie in einem Salon kennen gelernt. Immerhin konnte sie gelegentlich Geschichten im «Simplizissimus» und anderswo veröffentlichen. In einem Essay, der übrigens in einer Zürcher Diskussionszeitschrift erschien, vertrat sie die Forderung nach «voller geschlechtlicher Freiheit» der Frau. Sie ermunterte die Geschlechtsgenossinnen in ihren Aufsätzen, die «freie Verfügung» über ihren Körper wahrzunehmen und «Mut zur freien Liebe» zu haben. In einem polemischen Aufsatz gegen die erotikfeindliche Frauenbewegung schrieb sie unter dem Titel «Viragines oder Hetären»: «Warum sollte das moderne Heidentum uns nicht auch ein modernes Hetärentum bringen? Ich meine den Frauen den Mut zur freien Liebe vor aller Welt wiederzugeben.»

Sie erlitt eine weitere Fehlgeburt und gab die Idee auf, nach Übersee auszuwandern. Auch mit einem Milchgeschäft scheiterte sie. Da erschien ihr der Tipp ihres Freundes Erich Mühsam als rettender Strohhalm. Die letzten acht Lebensjahre, von 1910 bis 1918, verbrachte sie in Ascona, wo vor allem «Narren und Propheten» lebten. In diesen letzten Jahren schrieb sie einige Amouresken, Romane und Novellen, oft mit autobiografischem Charakter.

Erich Mühsam spricht ehrerbietig «von dieser außerordentlichen Frau, dem innerlich freiesten und natürlichsten Menschen, dem ich begegnet bin».

Gräfin zu Reventlow hat in der Schweiz dazu beigetragen, die prüden Doppelmoralvorstellungen zu lockern und den Boden vorzubereiten, auf dem sich später freiere Sitten entfalten konnten. Sie war Avantgardistin in einer Zeit, als das Konkubinat noch verboten und eine allein stehende Mutter geächtet war. Freie Liebe lag nahe beim Wahn.[142]

X. Fin de Siècle – Kurgäste und Bergsteiger

Der fürs Image der Schweiz wichtigste Ausländer – vom Tellendichter Friedrich Schiller abgesehen – war eine pure Erfindung, völlig virtuell. Er hat die Sozialbeziehungen nie echt belastet, obwohl er auf einem Wanderweg abgestürzt ist und möglicherweise deswegen Haftansprüche an die Versicherungen hätte geltend machen können: Sherlock Holmes. Von Beruf Detektiv. Er war Tourist.

In einer von Sir Arthur Conan Doyles Geschichten passiert es. Im Jahr 1891 trifft Sherlock Holmes in Meiringen, nahe den Reichenbachfällen, auf den Schurken Moriarty. In einem Ringkampf auf Leben und Tod fallen die beiden Männer rund zweihundert Meter tief auf den Grund des Wasserfalls. An dieser Story stimmt nur eines: die Reichenbachfälle gibt es tatsächlich. Sie waren von Anfang an eine der großen Sehenswürdigkeiten des Tourismuslandes Schweiz. Der Schriftsteller Arthur Conan Doyle hatte selbst in ihr Tosen hineingehört.

Sherlock Holmes' Abbild steht als Statue vor der Englischen Kirche in Meiringen. Er ist das Tourismusmaskottchen der Region geworden. Andere Regionen werben mit echten Besuchern: Sils mit dem Philosophen Nietzsche, die Region Maloja mit dem Maler Giovanni Segantini, das Unterwallis mit dem italienischstämmigen Geldfälscher Farinet.

Auch der Tourismus gehört zur Immigration; das Gewerbe nennt sich selbst «Fremdenverkehr». Oft war er Pionier der dauerhaften Einwanderung, bahnte Pfade für Flüchtlinge und Geschäftsleute und knüpfte Freundschaften und eheliche Verbindungen. Denn ist er auch charakterisiert durch den befristeten Besuch, wohnt diesem doch die Tendenz zum Verweilen inne. Nicht nur kehrten viele Kurgäste regelmäßig wieder, es gab solche, die Monate, ja Jahre in der Schweiz lebten. Eines Tages wandelten sie sich von Touristen zu Ansässigen.

Die drei großen Tourismuszentren, die sich herausbildeten, waren die Genferseeregion, das Berner Oberland und die Zentralschweiz.

Den Reisenden folgten Geschäftsleute, vom Hotelier bis zum Ingenieur. Der Tourismus zog aus dem Herkunftsland eine zweite, stabile Immigration an.

Als die Verkehrsvereine gegründet wurden, erfanden sie «Fremdenlisten», die als Druckschriften verbreitet wurden. Sie gaben die Anwesenheit der prominenten ausländischen Gäste bekannt wie Hafenverwaltungen die Präsenz von Schiffen. Die weniger bekannten Besucherinnen und Besucher wurden zur Erhebung der Kurtaxen mit erfasst. Gemäß der «Liste des Etrangers» Nr. 22 von Interlaken aus dem Jahre 1860 gastierten etwa im Hotel Ober: «The Misses Senhouse, Angleterre. Miss Hawkins, Irlande. Admiral Pakenham, Angleterre. Mme. Pakenham et son fils, Angleterre. Mr. le lieut. von Diest avec sa sœur, Prusse. Herr v. Hengstenberg, königlicher Dom- und Hofprediger, Berlin.»[143]

Touristen in der Schweiz;
Nebelspalter Nr. 17, 1886

Als Erste kamen die Engländer, sich in der Schweiz umzusehen, was wohl mit dem Reichtum und der Reisekultur dieser Leute im Herzen des weltumspannenden Empires zu tun hatte. Von Interlaken redete man zeitweise als einer «englischen Kolonie».[144] Doch zählte das Hotel Schweizerhof am Ort 1867 nebst Engländern gleich viele Deutsche, es folgten Nordamerikaner, Franzosen – und Schweizer.[145]

Drei Güter, die der Schweiz reichlich zur Verfügung standen, ließen sich an Touristen verkaufen: Berge, Wasser und Luft. Sie schufen drei Kategorien von Ferienaufenthalten: Klettertourismus, Bädertourismus, Kurtourismus.

Klettern war im 19. Jahrhundert noch nicht verbreitet. Die Schweizer scheinen die Berge gefürchtet zu haben wie Meeranwohner das Meer, über deren Unkenntnis im Schwimmen sich die Touristen aus den Binnenländern manchmal wundern. Gemäß einem Bericht erregte Aufsehen, wer etwa von Davos aus aufbrach, um den Piz Kesch, den Piz Buin, den Piz d'Aela oder das Tinzenhorn zu bezwingen. «In tiefster Stille musste die Besteigung solcher Berge vorbereitet werden; die Teilnehmer schlichen etwa vereinzelt dem Landwasser entlang talabwärts, um erst weit unterhalb Davos Platz den dort harrenden Wagen zu besteigen, der unter seinem Spritzleder Tornister, Pickel und Seil barg. Aber als sie von ihren Ausflügen stets gesund zurückkehrten, als schließlich sogar das ‹unersteigliche› Plattenhorn er-

87

obert wurde, lernte man auch in Davos über den Bergsport ruhiger urteilen, und die Zahl der Bergsteiger wuchs von Jahr zu Jahr.»[146]

Dann wurde die Eroberung der Berge zum öffentlichen Thema. Jeder Berggipfel, der zuerst durch Kletterer, später durch Bahnen erobert wurde, produzierte Schlagzeilen. Das spektakulärste frühe Schauspiel eines solchen Kampfes um den Berg bot das Matterhorn. Der junge Engländer Edward Whymper und seine Crew bestiegen es 1865 unter den Feldstecherblicken der Zermatter als Erste. Es geriet zum Drama, das in die Knochen fuhr. Von der Gruppe, die losmarschierte, kehrten nur Whymper und zwei Begleiter zurück, vier blieben oben und kamen um. Das Gerücht ging um, seine Begleiter hätten, um das eigene Leben zu retten, das Seil zerschnitten, das sie mit den Verunglückten verband. Die Katastrophe erwies sich als Glücksfall für die Tourismusindustrie. Der Zermatter Hotelier Seiler warb fortan mit dem Slogan «Das Matterhorn, der gewaltigste Unglücksberg Whympers» und erregte damit internationales Aufsehen.

Die erste Zahnradbahn Europas – sie wurde 1871 eröffnet – führte auf die Rigi. Dorthin begab man sich vor allem des Sonnenaufgangs wegen. Frühmorgens gings in aller Unordnung aus den Federn, in Scharen bestaunte man das Naturschauspiel. Auch Ludwig II., der König von Bayern, den es ein Leben lang zum Mystischen zog, bewunderte von der Rigi aus die spektakuläre Szenerie. Rundum gleißten die Seen. Mark Twain hat beschrieben, wie die Touristen den Sonnenaufgang genossen, gleich Indianer in Decken gehüllt – und wie er selber ihn verschlief.[147]

Das Wasser war der schier unerschöpfliche, einzige und zudem schönste Rohstoff der Schweiz, die als «Wasserschloss Europas» bezeichnet wird. Die berühmten Gießbachfälle am Brienzersee wurden in der Nacht bengalisch beleuchtet.

Als fallendes Wasser war es Naturwunder, als fließendes Gewässer Sehenswürdigkeit fürs Auge, in Bäder geleitet bot es gesundheitliche Erfrischung. Dem gaben sich die Hoheiten gerne hin. Das Unterengadin war ein solches Wasserparadies: Königin Carola von Sachsen hat der Carola-Quelle in der Region Vulpera den Namen gegeben, und die niederländische Königin Wilhelmina stieg in ihrer Jugend hier ab. So wurden sie zu edlen Förderinnen des Tourismus.

War das Wasser mineralhaltig, ließ es sich zu Kurzwecken brauchen. Ein Kurgast in Vulpera schilderte 1857, was für ein eigentümliches Publikum dies anzog: «Wohlgenährte alte Herren mit dunkelrothen Weingesichtern und rubinbesetzten Nasen suchen hier, wie der gläubige Hindu in den Fluthen des Ganges, büßend in dem sonst verachteten Tranke die äußeren Merkmale ihrer Sünden abzuwaschen.» Ferner waren da: «Der elegante Fabrikherr mit galligem Teint und Glacéhandschuhen, Freund Staatshämorrhoidarius, neben ihm der stämmige Bündner Bauer, tirolische Klostergeistliche, der regsame lombardische Kaufmann, eine starke Vertretung des schönen Geschlechts in rauschendem Seidenkleid wie in der anspruchslosen Tracht der Unterengadinerinnen.»[148]

Beliebt waren «Stahlbäder»; der martialische Begriff bezog sich offenbar auf die blechernen Badewannen, in denen Kohlesäurebäder genossen wurden. Die fürstlichen Hoheiten sind durch Kriege und Revolutionen entmachtet worden, und «Stahlbäder» wurden nach dem Ersten Weltkrieg nicht mehr annonciert; das Engadinerwasser fließt weiterhin und zieht nach wie vor Touristen an.

Zu den ausgiebigsten Kuraufenthalten verlockte die Luft. Der Luftkurort Davos ist als «Zauberberg» durch die Schilderungen des späteren Nobelpreisträgers Thomas Mann weltberühmt geworden. Die Tourismusorte, die Luftkuren anboten, besaßen ein fast krisensicheres Produkt. Denn wenn im Frieden die Luxustouristen ausblieben, kamen im Krieg andere Erholungsbedürftige, die frische Luft brauchten: Soldaten mit Lungendurchschüssen, Rekonvaleszente aller Art. Hier bildeten sich die stabilsten ausländischen Kolonien mit eigener Infrastruktur. So wirkten eine deutsche und eine österreichische Hilfsgesellschaft für Lungenkranke in Davos, für Franzosen gab es solche in Davos und in Leysin, wo zudem zwei russische Wohltätigkeitsvereine angesiedelt waren. In Davos entstand die jüdische Tuberkulosenheilstätte «Etania» (Stärkung), die erste jüdische Heilstätte Europas.

In der Belle Epoque erfolgte die entscheidende Entwicklung im Fremdenverkehrswesen: der Übergang vom Luxus- zum Massentourismus. Der Tourismus entwickelte sich damit zu einer lebenswichtigen Stütze der Wirtschaft in den Alpen. Im Jahr 1910 wurden in der schweizerischen Hotellerie über 22 Millionen Übernachtungen verbucht; diese Zahl sollte erst in den fünfziger Jahren des zwanzigsten Jahrhunderts wieder erreicht werden.[149] Die Aufenthaltsdauer steigerte sich von 4,3 Tagen im Jahr 1894 auf 5,6 Tage im Jahr 1910. Das Bettenangebot stieg von 58 000 im Jahr 1880 auf 169 000 im Jahr 1912.[150] Zugleich buchten die Gäste neu Winterferien; Wintersportarten galten als der wahre Luxus, der Sommer wurde den Massen überlassen. Damit veränderte sich die Zusammensetzung der Fremden: Die Aristokraten verschwanden nahezu, die Engländer gerieten in die Minderheit. Die neuen Fremden, die immer zahlreicher aus allen europäischen Nationen ins Land strömten, reisten oft statt mit der Luxusklasse in der Bahn – mit einem III.-Klasse-Billett –, nahmen das Gepäck gleich mit ins Abteil – statt es aufzugeben –, und statt mit der Kutsche vorzufahren, kamen sie zu Fuß beim Hotel an – man stelle sich vor: mit dem Koffer in der Hand. Es entwickelte sich der Rucksacktourismus, von dem vor allem private Pensionen profitierten. Stets überwogen die Ausländer, der Anteil schweizerischer Touristen um die Jahrhundertwende wird auf knapp 20 Prozent geschätzt.[151]

Die Tourismusindustrie brachte Arbeit bis in die kleinste Hütte, wo die Leute Aufträge fanden durch Holz- und Elfenbeinschnitzlerei, Spitzenklöppeln, Töpfern, Seidenweberei, Anfertigung von Holzschachteln, Zündholzschachteln und Wäscheklammern. Im Kanton Bern sollen um die Jahrhundertwende mehr als tausend Schnitzler tätig gewesen sein.[152]

Im Bestreben, den Touristen zu bieten, wonach sie sich sehnten, musste zugleich beschädigt werden, was sie suchten: die unberührte Alpenwelt.

Die touristische Erschließung der Alpen für die Massen provozierte einen schweren Konflikt: zwischen jener Schweiz, die real verkauft wurde, und dem Mythos. Der Tourismus rief notwendigerweise eine patriotische Abwehrbewegung mit fremdenfeindlichem Einschlag hervor. Es war die Geburtsstunde der Naturschutzbewegung.

Diese entstand weniger aus Sorge um ökologische Schäden, welche Industrialisierung und Fremdenverkehr anrichteten, sondern vielmehr aus nationalen Gründen. Die eigentliche Quelle der Bewegung war die Verteidigung des Alpenmythos, der für das schweizerische Selbstbewusstsein bestimmend war. So schwärmte etwa Heimatschützer Ernest Bovet, die Hochgebirgsgipfel seien «die glorreichen Spitzen unserer Geschichte, die Leuchttürme unseres nationalen Lebens».[153] Die Nation wurde durch die Alpen ideologisch zusammengehalten, also galt es, diese Alpen in ihrer Reinheit zu bewahren.

Die Pioniere der Naturschutzbewegung waren nicht etwa oppositionelle linke Grüne, sie entstammten vornehmen Schweizer Geschlechtern. Herausragend unter ihnen der Basler Paul Sarasin, der zum ersten Präsidenten der Schweizerischen Naturschutzkommission aufstieg, oder Mitglieder der Familien Vischer aus Basel und von Tscharner aus Bern.

Der Konflikt entzündete sich am Bergbahnbau.

Jeden Gipfel wollten die Ingenieure mit ihren Zahnrad- und Standseilbahnen erstürmen. Im Jahr 1906 wurde ein Gesuch für den Bau einer Bergbahn eingereicht, die die Touristen aufs Matterhorn bringen sollte. Eine Zahnradbahn sollte es im unteren Teil werden, als Standseilbahn sollte sie bis unterhalb des damals so genannten Schweizer Gipfels auf 4475 Meter führen. Das Projekt erregte die Verteidiger der Alpenwelt – und es spaltete sie zugleich. Radikale Patrioten bliesen zum Widerstand: Das Matterhorn sei «ein Monument, das die ganze Welt kennt und bewundert, in dem die Schweizer das Symbol ihrer republikanischen Tugenden und ihres Unabhängigkeitsstolzes sehen», verkündete der Naturschützer Raymond de Girard, und appellierte: «Diesmal steht unsere nationale Würde auf dem Spiel.» [154] Ernest Bovet rief profaner: «Pfoten weg!»[155] Der Gebirgskoloss werde, wenn ausgehöhlt, lächerlich gemacht.

Im Streit pro und kontra Alpen-Massentourismus gab es Gemäßigtere, die der Ansicht waren, dass die Bahn vielen Menschen einen Zugang zur Natur überhaupt erst ermögliche: «Das Matterhorn ist die Kanzel der Bergwelt, und da der Berg selbst kein Herz hat, gehört auf die Kanzel der fühlende und sinnende Mensch», vertrat der Geologe Albert Heim.[156] Im Widerspruch der Anschauungen verzichtete die Schweizerische Naturschutzkommission schließlich auf einen Protest gegen das Projekt. Es blieb Papier, aber nicht wegen ökologischer Bedenken. Der Kriegsausbruch von 1914 und die darauf folgende Krise des Tourismus bewirkten, dass die Baupläne wegen Unrentabilität in der Schublade versenkt wurden.

Ähnliche Gedanken wie die organisierten Heimatschützer beschäftigten den Verfasser des Festspiels bei der Einweihung der ersten Etappe der Jungfraubahn; er ließ den Eiger sagen:

> Um uns're Würd' und Hoheit ist's gethan,
> Sobald einmal per schnöde Schienenbahn
> Dies Menschenvolk in Wagen lärmendvollen
> Wird mühelos zum Jungfraugipfel rollen.[157]

Jungfrau und Mönch überzeugen den Skeptiker, dass die Berge durch die mechanischen Touristenvehikel nicht entweiht werden, so wenig wie die Meere durch Schiffe, und seien es Panzerschiffe.

In allen politischen Wirbeln blieb den Eidgenossen ihr Tell, der authentisch von der realexistierenden Freiheit der Berge berichtete, ab 1912 live in den Freilichtspielen Interlaken.

Schweizergeschichten: Sissi – Touristin und Kaiserin aus Österreich-Ungarn

«Es ist ganz die Farbe vom Meer, ganz wie das Meer», beschrieb die Gräfin von Hohenems schwärmerisch den Genfersee, der sich vor ihr ausbreitete. Die Dame auf Kur war in Wirklichkeit die österreichische Kaiserin Elisabeth, genannt Sissi. Eine Blaublütige. Eine der höchst karätigen Gäste der aufsteigenden Schweizer Tourismusindustrie. Wie ihr Grundstücksnachbar in Osteuropa, König Carol I. von Rumänien, der regelmäßig in Bad Ragaz weilte und dort unerkannt auf Wanderungen ging.

Hoheit hatte sich in einem Hotel in Caux ob Montreux eingemietet, in einem dieser Nobelorte am Lac Léman, zu denen auch Evian, Lausanne oder Genf gehörten, wie protzige Hotelpaläste bezeugten. Noch lebte die adlige Gesellschaft im Glauben, das schöne Leben werde endlos weitergehen. Das Ereignis vom 10. September 1898 sollte diesem Glauben einen Stoß versetzen.

Am verhängnisvollen Tag hatte die Kaiserin einen Ausflug nach Genf unternommen. «Genf ist mein liebster Aufenthalt, weil ich da ganz verloren gehe unter den Kosmopoliten: das gibt eine Illusion von dem wahren Zustande der Wesen», erklärte sie einmal zu ihrem Begleiter, der die teuren Worte sorgsam notierte.

Eben war sie daran, das Schiff zu besteigen, das sie nach Montreux zurückbringen sollte. Das war noch keiner der Luxusdampfer mit den Schaufelrädern und dem Mahagoni-Getäfer in den Speisesälen, mit denen Touristen heute die Belle Epoque nachempfinden können; die wurden erst ein paar Jahre später in den Dienst gestellt. (Diese Raddampfer sind die imposantesten Symbole aus der Epoche dieses Edeltourismus geblieben. Vielleicht, weil sie indischen Elefanten aus den Märchenbüchern gleichen; auf dem Rücken der Mastodonten des Genfersees schaukeln die Salondecks wie Throne von Maharadschas. Was von außen wie ein Urtier wirkt, ist aus der Perspektive der Passagiere eine Insel der Seligen. Im Salon wähnt man sich in einem Ballsaal, und die Landschaft, die vor den Fenstern vorbeizieht, wirkt wie ein bewegtes Wandgemälde, im Auftrag des Verkehrsvereins von eifrigen Dienern mit Hilfe von Kurbeln vorbeigerollt. Das war die Kulissenschweiz, die die Fremden liebten.)

Das Schiff, das Sissi eben besteigen wollte – die «Genève» – war noch von einfacherer Ausführung. Sie erreichte es nicht mehr. Am Quai wurde sie von einem Unbekannten angefallen.

Eine Feile steckt in ihrem Busen. Blut rinnt. Ihre Begleiterin legt das Ohr auf die Brust, vernimmt noch pulsierende Töne.

Wie die Gerichtsmediziner später feststellten, war das Herz selbst nicht getroffen worden, doch sei Blut tropfenweise in den Herzbeutel eingedrungen und habe denselben nach und nach gefüllt, bis der Herzschlag unmöglich wurde, was den Tod herbeigeführt habe. Die Tat schien für die Öffentlichkeit den Untergang einer Epoche anzukünden. Die Kronen wankten. Die Schönen gingen zu Grunde. Schwielige Proletarierhände griffen nach dem Ruder.

Auch der Mörder war ein Ausländer. Seine Personalien wurden von den Untersuchungsbehörden registriert: Luigi Luccheni, Italiener, geboren in Paris als Halbwaise, von Beruf Handlanger. Er hatte in Italien bei der Eisenbahn Parma–La Spezia gearbeitet, dann begab er sich auf die Walz. In der Schweiz fand er unter anderem in Airolo Beschäftigung, wo er wohl bei der Gotthardbahn gearbeitet hat, später in Versoix. Sein dortiger Arbeitgeber, ein Bauunternehmer, bestätigte, Luccheni sei immer ordentlich gewesen, habe am Montag nie «Blauen» gemacht und sich nie mit seinen Nebenarbeitern gezankt. Aber er war zum Mörder geworden – warum?

Luccheni hatte sich mit den Jahren durch Lektüre und Nachdenken zum Anarchisten entwickelt. Er las, das war notorisch, den «Agitatore». Er verkehrte in einschlägigen Cafés. Ob er wirklich allein gehandelt hatte, blieb unklar.

Von der Anklage wurde Luccheni beschuldigt, er habe am 10. September «aus freien Stücken einen Mord begangen an der Person Ihrer Majestät Eulalia Amelie Elisabetha, Kaiserin von Österreich und Königin von Ungarn, indem er sich hiezu eines spitzen, länglichen Instrumentes mit dreikantiger Form bediente, wozu noch kommt, dass dieser Mord begangen wurde mit Vorbedacht und Hinterlist.»

Der Gerichtspräsident fragte ihn: «Was hat Sie bewogen, die Kaiserin zu ermorden?» Lucchenis Antwort: «Das Elend.» Gerichtspräsident: «Haben Sie keine Gewissensbisse gehabt?» Antwort: «Und die Gewissensbisse jener, welche die Arbeiter seit neunzehn Jahrhunderten verfolgten?» Staatsanwalt: «Die Kaiserin hat sich nie mit Politik befasst.» Immer wieder bohrt der Richter: «Warum diese Kaiserin?» Luccheni behauptet, es sei ihm einzig darauf angekommen, «une grosse personne», eine fette Persönlichkeit zu treffen.

Sein Anschlag traf auch das Touristenland Schweiz. Die NZZ berichtete über den Auftritt des Staatsanwaltes: «Großen Eindruck machte der Schluss der formvollendeten Rede, wo der Staatsanwalt darauf hinwies, wie der Schweizer Boden durch die verruchte Tat besudelt wurde, und mit deutlichen Anspielungen protestierte er dagegen, dass die Schweiz zum Versuchsfeld für verwerfliche Theorien gemacht werde.»

Doch fand selbst dieser Staatsanwalt verständnisvolle Worte für den Angeklagten. «Eine ordentliche Erziehung hat Luccheni nie genossen. Er war immer der arme Verstoßene und Verlassene, und es war vorauszusehen, dass er einmal, wenn er in den Kampf mit der Gesellschaft trat, sagen musste: Die Gesellschaft hat ihre Pflichten gegen mich vernachlässigt. In dem empfindlichsten Knabenalter wurde Luccheni aufs Pflaster geworfen, er musste sich seinen Unterhalt mit Betteln erwerben.» Während dem eineinhalb Stunden dauernden Schlusswort rannen Luccheni die Tränen aus den Augen. Als er gefragt wurde, ob er noch etwas zu sagen habe, erklärte er, «er sei vollständig befriedigt und habe nichts beizufügen».

Der anarchistische Fremdarbeiter – der Ausdruck Gastarbeiter wäre euphemistisch – wurde zu lebenslänglichem Zuchthaus verurteilt. Am Schluss der Sitzung erhob er sich, wandte sich zu den Zuschauern und rief unter Bewegung der Hand «Evviva l'anarchia! Morte ai …» Ein paar feste Hände packten ihn und führten ihn hinaus. Der NZZ-Kommentator stellte fest, dass Luccheni dabei schmunzelte und sich die Hände rieb.

Gleichsam soziologisch betrachtet, stießen beim Attentat auf Sissi zwei verschiedene Migrationen aufeinander: die Arbeitsimmigration und der Tourismus, Arbeit und Konsum, Unterschicht und Oberschicht. Feile gegen Herz.[158]

XI. Überfremdung – Zu viele Eingewanderte

«Jeder zweite Bäckermeister oder Schuhmachermeister in unseren größten Städten war ein Deutscher, jeder dritte Coiffeur ein Ausländer. Das ganze Maurergewerbe lag fast ausschließlich in den Händen der Italiener; die Zimmerleute von der Waterkant bauten unsere Häuser und unsere Festhallen.» So berichtet ein Schriftsteller aus seiner Jugendzeit vor dem Ersten Weltkrieg.[159] Etlichen machte das Sorgen. So meinte der Verwalter eines Arbeitsamtes: «Ohne die Italiener könnten wir nicht einmal mehr ein Haus bauen, geschweige denn eine Eisenbahn oder eine Straße oder einen Kanal. Und ohne die norddeutschen Zimmerleute jedenfalls keine Festhütte. Unsere offizielle Festmusik ist in der toten Saison die Regimentsmusik zu Konstanz.»[160]

Manche dieser Ausländer und Ausländerinnen wurden nach genügend Jahren Aufenthalt im Land eingebürgert. Ein Streiflicht: Im Jahr 1910 erhielten in Zürich das Bürgerrecht: «Albert Schuler, Maurer, von Imsterberg, Tirol; J. M. Bosch, Schuhmachermeister, von Jungingen, Preußen; Karl Neuwyhler, Magaziner, von Allmannsdorf, Baden; E. B. Sadinsky, Reisender von Alexandrien, Ägypten; Dr. Karl Kölsch, Schriftsteller, von Karlsruhe, Baden; Karl Oeffler, Tanzlehrer, von Mörzheim, Bayern; Fr. Brocincevic, Mechaniker, von Brinje, Kroatien; Albert Friedmann, Damenschneider, von Kamena, Preußen (…).»[161]

Trotz Einbürgerungsverfahren, die damals weniger bürokratisch waren als zu späteren Zeiten, stieg die Zahl von Menschen mit ausländischem Pass massiv an. Von 1850 bis 1910 wuchs ihr Anteil von drei Prozent auf 14,7 Prozent der Wohnbevölkerung.[162] Eine markante Zunahme, doch wäre es falsch, allein daraus das wachsende Gefühl, die Schweiz sei «überfremdet», zu erklären. Das Gefühl der Überfremdung ist nicht direkt abhängig von der statistischen Bewegung der ausländischen Bevölkerung. Angst wird von innen heraus in Situationen von Krisen produziert und zudem politisch gezüchtet.

Statistisch erreichte die Immigration in der unmittelbaren Vorkriegszeit tatsächlich einen ersten Höhepunkt. Nur Luxemburg wies mit 15,2 Prozent mehr Ausländer aus. Immer noch aber war die ausländische Bevölkerung ungleich verteilt, zahlreicher in den städtischen Gebieten, schwächer auf dem Land und in der Zentralschweiz; die Landwirtschaft beschäftigte noch kaum ganzjährig ausländische Arbeitskräfte. Hingegen stammten Ausländer weitgehend aus ländlichen Gebieten, weshalb sie sich im städtischen Umfeld gelegentlich nur schwer einlebten.

Zwei Städte übertrafen 1910 alle anderen deutlich, Basel mit 37,6 und Genf mit einem Anteil von unglaublichen 40,4 Prozent der Wohnbevölkerung.[163] Basel galt denn einigen schon als deutsche Stadt wie Genf anderen als französische. In den Städten vor allem zeigte sich, dass die Immigration nicht bloß aus Marronibratern und Muratori bestand. Da entwickelte sich die Kulturindustrie, in den Sparten Theater und Musik machte der Ausländeranteil mehr als drei Viertel aus. Hier nahm auch die Zahl selbstständig erwerbender Ausländer in Industrie und Handel massiv zu.

Noch kamen die Ausländer zu 95 Prozent aus den direkt angrenzenden Nachbarländern[164], was Konflikte abschwächte, da man sich im «kleinen Grenzverkehr» hüben und drüben seit langem kennen gelernt und gerieben hatte. Mit Ausnahme von Zürich lagen die acht Städte, in denen mehr als ein Drittel der Bevölkerung einen ausländischen Pass besaß, in der Nähe der Grenze; Lugano etwa zählte 30,8 Prozent Landesfremde. [165]

Weiter im statistischen Zahlenbad: An der Spitze der Statistik standen nun die Frauen und Männer aus Italien mit 36,74 Prozent. Die Deutschen zählten 36,69 Prozent, während die Franzosen 14,61 Prozent ausmachten und die Österreicher 7,07 Prozent.[166] Nicht erfasst waren die saisonalen Arbeitskräfte; sie hätten das Bild bereichert. Als solche kamen im Sommer jährlich etwa tausend Polen ins Land, von Agenturen vermittelt; sie wurden in der Landwirtschaft während der Ernte und beim Zuckerrübenanbau eingesetzt.

Bemerkenswert ist der hohe Frauenanteil unter der ausländischen Wohnbevölkerung, er betrug 1910 nicht weniger als 48,3 Prozent.[167] Die große Zahl «Dienstmädchen» in den Städten trug dazu bei. Viele Frauen arbeiteten in Krankenpflege, Gaststätten, Textilbetrieben und in der Nahrungsmittelindustrie. In Genf und Basel überstieg die Zahl ausländischer Frauen gar jene der Männer.

Die wachsende Zahl italienischer Zuwanderer veränderte nicht nur das Verhältnis der Sprachen, sondern auch dasjenige der Religionen. Selbst im calvinistischen Genf überflügelte die katholische Bevölkerung die protestantische; das konnte ein Anlass für Missstimmung bei den Eingesessenen werden. In Zürich wurde die zweite katholische Kirche eigens für die italienischen Immigrantinnen und Immigranten gebaut.

Mehr als die Hälfte aller Menschen, die nach der Jahrhundertwende als Ausländer erfasst wurden, waren bereits in der Schweiz geboren worden. Doch die Schweiz gab sich außerordentlich zurückhaltend mit der so genannten Naturalisierung ihrer Ausländer. Rund 4 000 Ausländer wurden in den Jahren um 1910 jährlich eingebürgert, weniger als ein Promille der registrierten 550 000 Ausländer.[168]

Widerstand leisteten vor allem die Gemeinden. Der Grund: Für die so genannten «Burgergemeinden», die oft beträchtliche Vermögen in Form von Land und Wald besaßen, hätte die Einbürgerung der ansässigen Ausländer bedeutet, dass der «Nutzen» aus dem Burgervermögen unter mehr Menschen hätte geteilt werden müssen. «(…) und wenn sich allzu viele Leute in den Besitz teilen, dann hört er eben auf, den Wert zu haben, den er sonst hatte», meinte ein Nationalrat.[169]

Zudem fürchtete man die Verpflichtungen, die entstanden, wenn ein Bürger armengenössig wurde. Damals hatte nämlich die Bürgergemeinde – nicht die Wohngemeinde – Altersheimplätze für sie bereitzustellen und zudem die Verpflegung zu gewährleisten. Altersrenten, wie sie die AHV (die Alters- und Hinterbliebenenversicherung) ausrichtet, bestanden noch nicht.

In fast drei Vierteln aller Schweizer Gemeinden wurde in den Jahren 1908 bis 1914 keine einzige Einbürgerung vorgenommen.[170] Hohe Einbürgerungsgebühren und mühsame bürokratische Verfahren schreckten Einwohner mit ausländischem Pass davor ab, es überhaupt zu versuchen. Diese kommunalen Maßnahmen der Fremdenabwehr sind bisher noch kaum wissenschaftlich untersucht worden. Der Widerstand der Gemeinden gegen Einbürgerungen war aber einer der entscheidenden Gründe für das im internationalen Vergleich außerordentlich hohe statistische Wachstum der Ausländerzahlen. Mehr Einbürgerungen hätten den Anteil der als Ausländer registrierten Zuwanderer gesenkt. Und möglicherweise auch im Alltag den Graben zwischen Einheimischen und Fremden verkleinert.

Nun, «die Ausländer» waren da, und sie gerieten in Verruf.

Dass sie vielfach kriminell seien, war schon damals eine gängige Vorstellung. Die Zahl gerichtlicher Verurteilungen von Ausländern lag deutlich höher als die von Schweizern. Die Lockerung der persönlichen Bindungen in der Fremde mochte die Neigung zu Delikten erhöhen. Zudem fanden Auswärtige ihre ökonomische Nische in Branchen, in denen Konflikte mit den Justizbehörden vorprogrammiert waren; so besaß 1905 die Hälfte der Dirnen in der Schweiz ausländische Papiere.[171] Schließlich dürften auch die Richter im Umgang mit Ausländern oft härter umgesprungen sein. Ein honoriger Bürger, der ein Kind missbrauchte, wurde wohl in vielen Fällen weder verurteilt noch angezeigt – auch das ein weitgehend unbekanntes Gebiet der Sozialgeschichte.[172]

«Die Ausländer» wurden zum Politikum. Im Nationalrat beklagte Theodor Curti 1898 «die bedenkliche Erscheinung», dass «zumal in den größeren Grenzstädten die ausländische Bevölkerung die einheimische nachgerade zu überflügeln» drohe. Der Politiker schlug in einem Postulat eine erstaunliche Lösung vor: «Der Bundesrat wird eingeladen, zu untersuchen und darüber Bericht zu erstatten, ob es nicht Mittel und Wege gebe, um die Einbürgerung in der Schweiz wohnender Ausländer zu erleichtern.»[173] Die zweite und dritte Generation Ausländer sollten möglichst problemlos das Schweizer Bürgerrecht erhalten können. Der revolutionäre Vorstoß wurde vom Rat angenommen.

Ein Jahr darauf kam es im selben Rat zu einer großen Einbürgerungsdebatte. Sie behandelte die entscheidende Frage eines Systemwechsels in der Bürgerrechtserteilung. Nichts weniger verbarg sich hinter dem Vorstoß Curti als der – zumindest teilweise – Übergang vom «ius sanguinis» zum «ius soli». (Das heißt, nicht mehr das Blut sollte entscheiden, welcher Nationalität jemand angehörte, sondern der Ort, wo er lebte.) Im französischen Recht sah man ein Vorbild dafür.

So schlug der Bundesrat 1902 – in einer eher bescheidenen Revision des Bundesgesetzes zum Erwerb des Schweizer Bürgerrechtes – vor, den Kantonen wenigstens die Kompetenz zur erleichterten Einbürgerung von Kindern und Jugendlichen zu gewähren, dies unter gewissen Bedingungen: «Die Kantone sind berechtigt, auf dem Wege der Gesetzgebung zu bestimmen, dass die im Kanton geborenen Kinder von im Kanton wohnenden Ausländern von Gesetzes wegen Kantonsbürger werden, ohne dass hierzu die (…) Bewilligung des Bundesrats erforderlich ist: wenn die Eltern zur Zeit der Geburt ihrer Kinder wenigstens zehn Jahre in der Schweiz ihren Wohnsitz gehabt haben.»[174]

Das Parlament nahm zwar einen entsprechenden Gesetzesentwurf mit Änderungen an. Das Vorhaben aber blieb liegen. Denn in der Vernehmlassung befürworteten nur acht der fünfundzwanzig Kantone und Halbkantone eine erleichterte Einbürgerung. Eine Volksabstimmung über einen Verfassungsartikel aber fürchtete man.

1909 unterbreitete Herman Greulich – Führer des «Grütlivereins» und prominenter Nationalrat – dem Parlament eine lange gehegte Lieblingsidee: die Schaffung eines allgemeinen «Schweizer Bürgerrechts». Darunter war das Recht zu verstehen, Bürger der Schweiz zu sein, ohne zugleich einer Gemeinde und einem Kanton anzugehören. Das war einer der alten Programmpunkte der «Grütlianer». Ein von Greulich inspirierter Vorstoß im Nationalrat verlangte: «Der Bundesrat wird eingeladen zu prüfen und Bericht zu erstatten, wie die Einbürgerung der sesshaften und der in der Schweiz geborenen Ausländer zu erleichtern sei. Dabei ist insbesondere zu prüfen die Schaffung eines vom Gemeindebürgerrecht losgelösten Indigenats» – einer einheimischen Bevölkerung – «sowie die Zwangseinbürgerung der in der Schweiz geborenen Ausländer.»[175]

Greulich selbst argumentierte in der Debatte wie folgt: «Mit Deutschen, Franzosen und Italienern können wir noch sprechen, aber mit den Slowenen können wir nichts anfangen, wir können auch mit den Makedoniern und mit den Montenegrinern, die man beim Tunnelbau verwendet, nichts anfangen. Die Sache wird immer böser, und darum haben wir umso mehr notwendig, den sesshaften Kern der Bevölkerung, der bei uns lebt, der mit uns wirtschaftet, so viel wie möglich zu einer gemeinsamen Volkskraft umzuwandeln, indem wir wenigstens einmal zum Mittel der Zwangseinbürgerung der in der Schweiz Geborenen schreiten und indem wir im Weiteren auch alle die, die eine Zeit lang bei uns gewesen sind, unter Bedingungen aufnehmen, die sie erfüllen können.»[176]

Mit dem «Schweizer Bürgerrecht» hoffte Greulich, die Widerstände der Gemeinden gegen Einbürgerungen umgehen zu können

Selbst die «Zwangseinbürgerung» erschien als tauglicher Weg zur Lösung der «Ausländerfrage». Heutzutage würde man ein solches Bürgerrecht für Angehörige der im Land geborenen zweiten Generation als «Geschenk» ansehen. Ziel war es, durch dieses Danaergeschenk die Ausländer zu zwingen, sich zu «assimilieren», ein weiterer wichtiger Begriff aus den damaligen Debatten.[177] Assimilation durch Naturalisation, hieß die Formel, mit der manche die «Ausländerfrage» in den Griff bekommen wollten. Und das durch die Gewalt der Pflicht. Das Schweizer Bürgerrecht als Druckmittel.

Doch auch die Lösung, die in die Gegenrichtung zielte, wurde immer lauter vertreten. Nicht einbürgern, sondern ausweisen.

Wogegen die dritte Meinung dahin ging, man könne wenigstens Grenztore errichten – «Einwanderungsbüros» an den Grenzen, die den Einwandernden «Legitimationskarten» ausstellten und die zugleich als Arbeitsvermittlungsstellen dienen sollten.[178]

Erneut kam man zu keinem Entscheid. Die kantonale Souveränität sei gefährdet, und zudem erzeuge man durch das Schweizer Bürgerrecht nur «Papierschweizer», lauteten die Einwände. Die Diskussionen gingen weiter. Eine Kommission von neun Politikern fand sich zusammen, die die Idee des Schweizer Bürgerrechts weiterverfolgten.

In einem staatsmännischen Artikel zur «Fremdenfrage» griff der Sekretär der Einwohnerarmenpflege Zürichs in der NZZ in die Debatte ein. «Heutzutage über die Fremdenfrage oder, was gleichbedeutend ist, über die Einbürgerungsfrage reden, heißt vom Vaterland reden», so begann er. «Das Einbürgerungsproblem ist zur nationalen Existenzfrage geworden.» Der Autor wies auf die hohe «Verfremdungsziffer» in der Schweiz hin. «Kein Land in Europa hat auch nur annähernd eine so hohe Verfremdung aufzuweisen wie die Schweiz.» Die Entwicklung gehe weiter; es sei absehbar, dass etwa bis 1960 der «Umwandlungs- oder Zersetzungsprozess der Schweiz» beendet sein werde.

Schmid kritisierte: «Unser Einbürgerungssystem ist derart untauglich und wertlos, dass es nicht einmal die natürliche Zunahme, geschweige denn die noch viel gewaltigere Zuwanderung der Ausländer zu paralysieren vermocht hat und vermag.» Wenn aber die Ausländer einmal ein Viertel der Gesamtbevölkerung ausmachten, «so werden sie sich die politischen Rechte schon nehmen, ohne sich einzubürgern». Eine Katastrophe war gewiss, «das Ende der nationalen Schweiz». Nun schlug der Autor, der immerhin zugleich Redaktor beim «Morgenstern» war – dem Organ eines «Nationalen Aktionskomitees gegen die Überfremdung» –, eine Volte, die aus heutigen Verhältnissen für einen Überfremdungsgegner erstaunlich erscheint: «Der von vornherein unsympathische Gedanke der Zwangseinbürgerung gewinnt nun aber doch immer mehr an Boden.» – Es scheint, dass wenigstens der Zwang gegenüber den Fremden den Gedanken versüßen sollte – «da die Ausländer sich nicht einbürgern wollen, so müssen sie gezwungen werden …» Pathetisch rief Schmid: «Die Fremden bleiben eben Fremde – sie wollen unser Bürgerrecht auch geschenkt nicht.»[179]

Als entscheidendes Hindernis für die Realisierung des ius soli erschien das bisherige kommunale Armenwesen. Mit Grund wies Armensekretär Schmid darauf hin: «Die Frage der Schaffung des allgemein als ideal erachteten Schweizer Bürgerrechtes steht und fällt mit dem eidgenössischen Unterstützungswohnsitz, durch den erst sämtliche armenrechtlichen Schwierigkeiten der gesamten Einbürgerungsfrage definitiv beseitigt werden; denn Einbürgerung ohne Ausweitung des Armenrechtes ist für uns undenkbar.»

Schon wegen der Binnenwanderungen der Schweizer war das bisherige Armenwesen ins Wanken geraten, mussten doch mehr und mehr Armengenössige in ihre Heimatgemeinden zurückspediert werden, wo sie oft nicht bekannt waren. Nun waren da noch die Ausländer, die Sozialleistungen oft ungerechtfertigt beanspruchten, wie es hieß: «Die Ansprüche der Italiener an unsere wohltätigen Einrichtungen und Institute tragen etwas Beutezug-ähnliches an sich und erregen vielerorts gerechten Unwillen und begründete Entrüstung», monierte der Urheber eines Vorstoßes, Nationalrat Jakob Lutz, der auf den Zusammenhang von Bürgerrecht und Armenfürsorge verwies.[180] Das Parlament diskutierte deshalb, ob das Sozialwesen so geregelt werden könnte, dass der Bund vermehrt an den Kosten teilhaben würde.

Die Debatte zur «Ausländerfrage» begann zu wuchern, sie wuchs sich zu einer «Staatsfrage» aus», liest man in einer historischen Analyse der großen Schweizer Medienereignisse, erstellt am Soziologischen Institut der Universität Zürich.[181]

1912 reichte die erwähnte «Neunerkommission» beim Bundesrat eine Petition ein. Sie verlangte erneut, dass in der Schweiz geborene Ausländer möglichst schnell ins Bürgerrecht aufzunehmen seien. «Der in der Schweiz geborene und der seit fünfzehn Jahren in der Schweiz niedergelassene handlungsfähige Ausländer hat gegen Einkauf Anspruch auf das Heimatrecht der Gemeinde, in der er seit fünf Jahren niedergelassen ist, wenn er nicht wegen einer auf gemeine Gesinnung hinweisenden Straftat gerichtlich verurteilt, in keiner Weise unterstützt worden und nicht mit Steuern im Rückstand ist.»[182] Es war der entscheidende Vorstoß, der nun endlich dem ius soli zum Durchbruch verhelfen sollte. Die Frage der Zwangseinbürgerung der in der Schweiz geborenen Ausländer schien reif.

Jedoch das Projekt versandete. Nicht nur beharrten die Kantone auf der Verteidigung ihrer Hoheitsrechte. Die gärende Kriegsgefahr ließ andere Probleme in den Vordergrund treten. Zudem war zu erwarten, dass ein internationaler Krieg einen Teil des Überfremdungsproblems auf natürliche Weise lösen würde – durch die Heimkehr der Ausländer dahin, wo sie herkamen.

Die «Überfremdung» aber war zum politischen Begriff geworden, der das ganze zwanzigste Jahrhundert bestimmte. Bei der Übergabe der Petition der «Neunerkommission» konstatierte Bundespräsident Ludwig Forrer in seiner Antwort gleichsam offiziell: «Die Tatsache der Überfremdung der Schweiz steht fest.»[183]

Schweizergeschichten: Jean W. – Friseur aus dem Banat

Nur ein gewöhnlicher Arbeitsimmigrant war er, so ungewöhnlich wie alle Individuen, die stets in ein Stück Weltgeschichte gekleidet sind. Von Beruf Friseur, andere sagten Rasierer, was eine zukunftsträchtige Branche war: sie lebte von Service und Luxus. Die Friseure profitierten vom Neuartigen, vom Flatterhaften, von Mode und Stutzertum. Nun war dieser Ausländer, Ungar, ja Halbasiate, also in die Schweiz gelangt. Ein gängiges Wort sagt, dass der Orient in Wien beginnt.

Obwohl der Einwanderer, der auf einer Fotografie selbst mit buschigem Schnauz und stolzem Gesicht posiert, nur wenige Jahre in der Schweiz lebte, hinterließ er ein museumswürdiges Relikt: eine Emailtafel mit dem Hinweis auf sein Friseurgeschäft. Die Reklametafel hing in einer der ersten Straßenbahnen der Schweiz: sie führte von Montreux nach Territet, dem Genferseegestade entlang, an dem die Adligen, Hochstapler und ihr Gefolge gern logierten. Tram und Tafel gelangten später als Erinnerungsstücke ins Verkehrshaus Luzern. Ein fortschrittsorientierter Kleinunternehmer war er, sonst hätte er sich nicht diesen emaillierten Werbeauftritt im neuen Massenverkehrsmittel geleistet.

Für einmal sei weniger darüber berichtet, was einer in der Schweiz tat, sondern wohin sich seine Wurzeln verästelten. Sein Heimatschein verzeichnet als Herkunftsort Kikinda, ein Städtchen im damaligen Ungarn – heute in Serbien –, an der Grenze zur rumänischen Grenze. Die Region wird Banat genannt. 1903 kam er von dort in die Schweiz. Andere Einwohner aus seiner Heimat wanderten nach Übersee aus.

Die Wahl der Destination Schweiz war klug. Wahrscheinlich wusste der ungarische Friseur aus unzähligen Kundengesprächen, dass die Schönen und Reichen aus Budapest und Wien in der Schweiz Ferien machten, und er folgte ihren Haaren. Seine Verwandten in der ungarischen Heimat waren Weber, Schnapsbrenner und Musiker und gewohnt, sich Kundenwünschen anzupassen.

Im Schweizer Heimatschein wurde der Ungar mit Vornamen Jean genannt, es ist nicht sicher, ob das nur seine Anpassung an die welschen Verhältnisse spiegelte. Vielleicht wurde er zu Hause Janos gerufen, vielleicht aber wirklich Jean. Denn direkt bei Kikinda finden sich drei Weiler, welche die «welschen Dörfer» genannt werden und in denen noch im 19. Jahrhundert französisch gesprochen wurde.

Die Verhältnisse komplizieren sich; wahrscheinlicher ist, dass man ihn Johann hieß. Denn die drei welschen Dörfer gehörten trotz ihrer französischen Zunge zu den Siedlungen der so genannten Donauschwaben.

Maria Theresia holte sie ins Land, die große Kaiserin von Österreich-Ungarn, die nebst untertänigen Rasierern stolze Taler hinterließ. Der Grenzraum im Osten ihres Reiches war in Kriegen zwischen Christen und Muslimen, zwischen Österreichern und Türken ausgeblutet worden. Nun brauchte sie Menschen, die diesen Raum wieder bevölkerten und gegen die Gefahr aus dem Osten wieder befestigten. Gute Christen sollten es sein, und gute Deutsche, denn die waren gleichsam die Zwillingsgeschwister der Österreicher.

Da sie im Westen Verwandte und Bekannte besaß – ihr Gatte war Nachkomme der Herzöge von Lothringen –, fragte sie dort an, ob man ihr die gewünschten Populationen liefern könnte. Es gab Auswanderungswillige genug, denn Lothringen war im nationalen und religiösen Hin und Her verarmt. Manche einfachen Leute konnten sich ein besseres Los vorstellen. Ob sie gute Christen waren, ließ sich durch die Obrigkeiten nicht nachprüfen. Dass sie keine Deutschen waren, ließ sich ändern.

So kamen sie in Wellen via Ulm die Donau hinunter, in einfachen Kähnen, die «Ulmer Schachteln» genannt wurden, und erhielten Landstücke im Grenzgebiet zugeteilt, die sie anbauen durften. Unter ihnen befanden sich ein Johann Claudius und eine Katharina Vautrin, die 1770 in einem der drei Dörfer siedelten. Hinterglasgemälde dieses Paars sind überliefert.

Die Verdeutschung wurde von den Beamten bald vorangetrieben, was sich an der Geschichte der Familiennamen ablesen lässt: Aus dem französischen Geschlecht Bon beispielsweise wurde Bohn; aus Perrin wurde Perreng und aus Vautrin wurde über die aktenmäßig verbürgten Zwischenformen Vodring, Vodren, Vodrain, Votrin, Votreng schließlich Wotreng und Wottreng. Stempel drauf. Schwaben seids. Es waren die Urururgroßeltern des Autors.

Eigentlich, so scheint im Rückblick, stammten sie aus der Nachbarschaft der Schweiz. Denn Lothringen liegt nur wenig nördlich der Basler Zollämter. Lässt man vergangene Kriege und Händel die Menschen noch ein wenig durcheinander mischen, so waren ihre Vorfahren vielleicht Schweizer, die an Saubannerzügen teilnahmen und ein paar hundert Kilometer jenseits der Landesgrenze strandeten, sei es wegen Liebesdingen, Geschäftsangelegenheiten oder verbannt aufgrund eines Gerichtsurteils. Der Kreis schließt sich. Tatsächlich gab es auch Schweizer, die im 18. Jahrhundert direkt ins Banat auswanderten.

Nur einigen Zufällen verdankt es der Autor, dass er den roten Pass mit dem weißen Kreuz besitzt. Der ungarische Friseur verheiratete sich hier mit der Tochter eines St. Galler Textilhändlers, was sowohl vom Aufstieg der Friseure wie vom Niedergang der hiesigen Textilgeschäfte zeugt. Durch die Heirat wurde die Frau Ungarin. Als aber ihr Ehemann 1913 überraschend an einer Herzschwäche starb – vielleicht bedrückte ihn nur, als Soldat in österreichisch-ungarischen Diensten in den dräuenden Krieg ziehen zu müssen –, da war sie über Nacht allein stehende Ungarin geworden.

Eine Revision der schweizerischen Gesetze ermöglichte, dass Witwen seit kurzem wieder eingebürgert werden konnten, wenn sie das entsprechende Gesuch stellten. Weil der Bundesrat ihres denn auch bewilligte, wurde der bereits als Ungar geborene Vater des Autors wieder Schweizer. Da er zu jener Zeit ein Säugling war, wäre allerdings die Formulierung angepasster: Er erhielt schweizerische Papiere. Denn weder das Schweizer- noch das Magyarentum liegt einem im Blut.

Was die Geschichte lehrt: Der Schweizer ist ein Donauschwabe ist ein Ungar ein Österreicher ein Franzose ist ein Schweizer. Und wenn einer sagt, mein Vorfahr war bei Morgarten dabei, wo die Schweizer zum ersten Mal gegen das Haus Österreich kämpften, frage man freundlich: Auf welcher Seite denn?

Kratzt man am Lack eines Schweizers oder einer Schweizerin, kommt früher oder später ein Ausländer zum Vorschein. Zumindest ein Nichtschweizer, denn die Menschheit ist älter als die Schweiz.[184]

XII. Jahrhundertanfang – Die Ostjuden

Zwei Juden baden im Bosporus
Weil jedes Schwein mal baden muss.
Der eine ist versoffen
Vom andern wollen wir's hoffen.

So sangen die Jugendlichen auf der Straße. Das schreckliche Liedchen figurierte bis Mitte des 20. Jahrhunderts im Liederbüchlein der christlichen Jugendorganisation «Jungwacht».[185]

Juden waren mit konjunkturellen Schwankungen immer Zielscheibe von Hohn und Spott und Ablehnung. Schlimm, wenn sie keinen Schweizer Pass besaßen. Am schlimmsten, wenn sie aus slawischen Ländern stammten. In der NZZ beklagte sich ein Einsender 1908: «Das fremde, vor allem das slawische, jüdische Element hält seinen Einzug schon in vielen Staatsanstalten.»[186]

Er berief sich in seiner Ablehnung des «jüdisch-slawischen Elementes» auf einen öffentlichen Vortrag Eugen Bleulers. Dieser – Direktor der Irrenheilanstalt Burghölzli – hinkte, wie heute bekannt ist, in seinen Verlautbarungen zu gesellschaftspolitischen Fragen jeweils unerschütterlich seiner Zeit hinterher.[187] Unglücklicherweise hatte er sich auch zur «Ausländerfrage» geäußert: «Man führt bei uns tschechische Arbeiter ein; man mischt sich überhaupt unbedenklich. Das ist für uns ebenso gut eine langsame Art des Selbstmordes wie für die alten Kulturvölker, wenn wir nicht schleunigst wieder dem gesunden Grundsatz Geltung verschaffen, dass jede Rasse sich für die höchste zu halten hat und dass Mischung mit anderem Blute eine Sünde ist, die durch die schärfsten Bestimmungen geradezu unmöglich gemacht werden sollte.»[188]

Der Einsender zitierte diese Passage zustimmend unter Beifügung der witzigen Bemerkung: «Die bezopften Gelben werden vielleicht noch folgen.»[189]

In der Ausländerpolitik sahen die von rassehygienischem Denken Faszinierten ein breites Handlungsfeld. Sie träumten nicht mehr wie die Appenzeller oder Annivarden von einer hunnischen Herkunft. So entwarf ein den staatlichen Behörden nahe stehender Publizist zur Lösung der «Fremdenfrage» nichts weniger als ein rassenhygienisch angehauchtes Drei-Kreise-Modell: «Für den deutschen Teil der Schweiz ist ohne weiteres anzunehmen, dass der Zuzug aus den Gebieten Badens, Württembergs, Bayerns und Deutsch-Tirols sicher mit der Zeit assimilierbar ist. Die französische Schweiz wird die Einwanderung aus ganz Nordfrankreich ohne Schaden aufnehmen können, die italienische Schweiz diejenige aus Norditalien.» Es bleibe die Frage, «was mit dem Reste geschehen soll». Schwieriger nämlich sei es mit «Norddeutschen», «Südfranzosen», «Mittel- und Süditalienern». Eine Einbürge-

Der Jude;
Nebelspalter Nr. 11, 1877

rung «wäre nur unter besonderen Bedingungen wünschbar, jedenfalls wäre sie von einem viel längeren Aufenthalt am gleichen Orte abhängig zu machen». Das gelte auch für Leute aus England und Amerika. «Schließlich bleiben noch die vollständig fremden Elemente wie Spanier, Slawen, Türken, Orientalen aller Art usw.» Das Folgende ist gesperrt gesetzt: «Diese wären nun alle grundsätzlich von jeder Einbürgerung auszuschließen, denn es ist ganz undenkbar, dass sie sich in absehbarer Zeit wirklich assimilieren können. Jeder solche Einschlag ist eine Gefahr für unser Vaterland, wenn wir nicht auf die Stufe einer südamerikanischen Republik herabsinken wollen.»[190]

Juden sind hier nicht genannt. Diejenigen, die seit Beginn des Jahrhunderts aus Osteuropa in die Schweiz gelangten und jüdischen Glaubens waren, bekamen jedenfalls zu spüren, dass sie zum Rand der Ränder gehörten. Spätestens dann, wenn sie sich einbürgern lassen wollten.

«Hiihner, Hiihner», so erinnert sich eine Bewohnerin in Endingen an den Hühnerhändler, der regelmäßig im Dorf auftauchte. Er verkörperte einen neuen Typ Zuzüger.[191]

Seit Beginn der achtziger Jahre des 19. Jahrhunderts wanderten rund zweieinhalb Millionen Juden aus ihren osteuropäischen Ländern aus, wo sie oft in elenden Ghettos lebten, Pogromen ausgesetzt. Manche gelangten in die Schweiz, manchmal eher zufällig, denn die Schweiz lag wie eine Oase mitten auf dem Trail nach Westen. Da mochten sie erfahren, dass die prosperierende Wirtschaft Nischen bot, in denen sich Geschäfte entwickeln ließen. Basel, Zürich, Bern und St. Gallen, aber auch Genf, Lausanne und La Chaux-de-Fonds waren Städte, in denen sie sich niederließen.

Nach dem Ausbruch des russisch-japanischen Krieges 1904 und einer Pogromwelle in Russland 1905 erlebte die Schweiz ein Ansteigen des ostjüdischen Immigration. Als ein Jahr darauf weitere 120 Ostflüchtlinge um Aufenthaltsbewilligung nachsuchten, erließ der Zürcher Stadtrat die Order, 24 schriftenlose Ostjuden auszuweisen.[192] Sollten sie andernorts ihr Glück versuchen. Stadtrat Welti verteidigte die Maßnahme im Großen Stadtrat; kein anderer Staat nehme Menschen auf, die «auf der denkbar niedrigsten Kulturstufe» stünden.[193] 1917 schaffte der Stadtrat erneut 19 Ostjuden weg, diesmal «aus Gründen der Wohnungsnot»[194].

Die statistischen Ämter registrierten die Ankömmlinge minuziös. 7997 ostjüdische Personen zählte das Statistische Amt der Stadt Zürich zwischen 1911 und 1917, und es teilte sie ein in «Juden, die in Russland heimatberechtigt sind ohne Polen», «russische Polen» sowie «galizische Juden».[195]

Viele von ihnen verdienten ihr Geld als «Schnorrer und Ramscher», als Hausierer eben oder auch Handelsreisende.[196] Wobei es da noch Klassenunterschiede gab. Während die Hausierer ihre Ware direkt verkauften und kassierten, gingen die Reisenden nur mit Mustern von Tür zu Tür. Bern, Luzern und Zürich erließen im

Der Ostjude;
Nebelspalter Nr. 2, 1895

ersten Jahrzehnt des neuen Jahrhunderts Hausierverbote. Die Behörden führten in den kommenden Jahren einen regelrechten Kleinkrieg gegen ausländische Hausierer und Kleinreisende. «Es ist zwar sonst nicht schweizerische Auffassung, dass in Berufsfragen die Konfession eine entscheidende Rolle spielen soll», meinte ein Leitartikler in der NZZ, in diesem Fall aber bestehe eine «Überflutung» durch Israeliten. Sie werden freundlich darauf hingewiesen, dass es «bei uns in anderen Berufsarten noch Beschäftigung genug» gebe: «In manchen Fabriken ist stets ein Mangel an Arbeitskräften.»[197]

War es denn volkswirtschaftlich so unsinnig, einen eigenen Handel aufzuziehen? Offenbar kannten die schweizerischen Gewerbetreibenden, die das Verbot des Kleinhandels von Haus zu Haus angeregt hatten, die Grundgesetze ihrer eigenen Wirtschaftsweise nicht: die Konkurrenz im Kapitalismus.

Die Maßnahmen trafen auch Zigeuner, die ebenfalls als Hausierer ihr Auskommen suchten, ebenfalls oft aus dem Ausland eingewandert. Mit solchen machte man kurzen Prozess, man verhaftete sie vorerst und schob sie ab. Das Verfahren sei allerdings rechtswidrig, führte ein Gutachter 1912 aus:

«Hochgeachteter Herr Bundesrat

Sie haben mich mit Schreiben vom 12. dieses Monats[198] ersucht, mich über die Frage zu äußern, ob die polizeilich aufgegriffenen Zigeuner auf Grund von Art. 70 der Bundesverfassung aus dem Gebiet der Eidgenossenschaft ausgewiesen werden können. Ich beehre mich, diese Frage wie folgt zu beantworten: Die äußere Sicherheit der Eidgenossenschaft kommt im vorliegenden Falle nicht in Betracht. Die Zigeuner stören nicht die guten Beziehungen der Schweiz zu anderen Staaten (…)

Die innere Sicherheit scheint mir auch nicht gefährdet zu sein. Nicht jede Störung der gesetzlichen Ordnung ist eine Gefährdung der inneren Sicherheit (…)»[199]

Wieder einmal bildeten Zigeuner und Juden eine Art Schicksalsgemeinschaft; sie saßen im gleichen Boot. Ungewollt. Beide hatten auch ihre eigenen, oft strengen Lebensformen.

Die Älteren unter den Ostjuden bekundeten oft Mühe mit der geforderten Assimilation in der Schweiz, die Jüngeren taten sich leichter damit. Um möglichst schnell in der neuen Heimat einzutauchen, beantragte mancher bei den Behörden, den Familiennamen zu ändern, so dass er unter den Kellers, Hubers, Meiers weniger auffiel; mindestens die Schreibweise solle abgeschliffen werden, Grinberg zu Grünberg werden, oder Borensztajn zu Borenstein. Die Ämter bewilligten dies, wenn die Änderung die Herkunft nicht ganz vertuschte; sie waren interessiert, auch die Vornamen der Kinder an hiesige Gebräuche anzugleichen. Dabei bedienten sie sich gar einer Art Übersetzungstabelle: So machten sie aus Mosche Moritz, aus Hersch Heinrich und aus Leib Leo.[200] Das ist heute vorbei. Man stelle sich vor, auf dem Einwohneramt würde verlangt, ein Kind statt Tamara Marianne zu nennen oder statt Kevin Kurt.

Religiöse Vorschriften ließen sich in einer mehrheitlich christlichen Umwelt befolgen, sofern man sie richtig wendete. Wo die Schulpflicht sich auf den Sabbat erstreckte, ließen jüdische Kinder den Schulranzen allenfalls von nichtjüdischen Schulkameraden tragen. Manche Kantone akzeptierten stillschweigend den Sabbatdispens, bevor sie in späteren Jahrzehnten selber dazu übergingen, die Schule am Samstag aus dem christlichen Grund der Wochenendruhe einzustellen.

Andere Konflikte ließen sich nicht lösen. Das Schächtverbot, das von der Schweizer Bevölkerung in einer Volksabstimmung 1893 mit starkem Mehr gegen den Willen von Bundesrat und Parlament in der Verfassung festgeschrieben wurde – weniger aus den vorgegebenen tierschützerischen Motiven denn aus blanker Judenfeindlichkeit –, hinderte orthodoxe Juden daran, dem Gebot der Reinheit nachzuleben. Immerhin fand das Bundesgericht 1907 ein Schlupfloch. Der Artikel der Bundesverfassung lautete nämlich: «Das Schlachten der Tiere ohne vorgängige

Betäubung vor dem Blutentzug ist bei jeder Schlachtart und Viehgattung ausnahmslos untersagt.» Nun erklärte sich das Bundesgericht mit dem bestraften jüdischen Rabbi einverstanden, dass dieses Verbot nicht Hühner betreffen könne, «denn das Geflügel fällt nach allgemeinem Sprachgebrauche nicht unter den Begriff Vieh». Das sei auch im Französischen belegt: «Volaille» sei nicht «Bétail»; was fliegt, ist nicht Vieh. Dank diesem klugen Ratspruch wurde das Schächten dieser Tiere legal möglich.[201]

Dennoch schächteten Juden offenbar illegal auch anderes und gerieten, wenn ein Nachbar es wollte, in die Fänge der Justiz. So rapportierte ein Detektiv, in Zürich Seebach gehe seit einiger Zeit das Gerücht, dass «Judenmetzger» diese Art der Tiertötung praktizierten. Seine überraschenden Visiten verliefen stets ergebnislos. Indes meldete ein Tierarzt, er habe anlässlich einer Fleischschau bei Metzgermeister Samuel Kahn die Beobachtung gemacht, ein Rind und zwei Ziegen seien «offenbar wieder geschächtet» worden. Der Tierarzt habe, so der Rapport, «die Häute der Tiere untersucht und gesehen, dass deutliche Querschnitte vorhanden seien. Richtig sei allerdings, dass der Schädel des Rindes eine Schusswunde aufweise, es sei aber möglich, dass der fragliche Schuss erst nach der Schächtung gemacht worden sei.»[202]

Mit ihren strengen Bräuchen und auffälligen Kleidern wurden die ostjüdischen Zuwanderer auch von den lokalen jüdischen Gemeinden scheel angesehen. Harsch heißt es in einer Rückschau des Israelitischen Frauenvereins Zürich: «Die damaligen Einwanderer, an geordnete Verhältnisse nicht gewöhnt, mussten durch freiwillige Hilfskolonnen mit den hiesigen Gebräuchen vertraut gemacht werden.»[203] Ein Bericht der jüdischen Armenpflege von Basel kritisierte die «Wanderbettler, welche jahraus, jahrein die Kassen und Privathäuser absuchen und deren Verhältnisse immer dieselben bleiben».[204]

Während die Ostjuden von den Westjuden «Kaftanjuden» genannt wurden, die rückständig seien, schimpften jene ihrerseits auf die «Krawattenjuden», die sich nicht an die Gesetze der Thora hielten.[205] Da gestaltete sich das Verhältnis der Ostjuden zu den Italienern im gleichen Quartier offenbar nachbarschaftlicher.

In einem durch Antisemitismus vergifteten Klima war für Ostjuden die Aufnahme ins Bürgerrecht besonders schwierig, zumal der Große Stadtrat 1920 die Hürde für sie noch erhöhte: Statt zehn Jahre mussten sie fünfzehn Jahre in der Schweiz absitzen, ehe sie überhaupt einen Antrag stellen konnten. Es war eine formelle Diskriminierung, und die jüdischen Gemeinden Zürichs traten dieser Politik einhellig mit der Forderung entgegen, Juden aus dem Osten seien gleich wie andere Ausländer zu behandeln. Erfolglos.

Doch auch nach fünfzehn Jahren gab es tausend Gründe für ein Nein. Der Chef der eidgenössischen Fremdenpolizei schrieb 1925 zur Ablehnung eines Einbürgerungsgesuchs: «Ebenso ist aber das fünfzehnjährige Domizil bloß ein Minimum», die eidgenössische Bewilligung werde nur erteilt beim Nachweis, dass «der Bewerber einen genügenden Grad der Assimilation erreicht habe». Mehr noch: «Bei typischen Ostjuden, die auch bei uns zur Hauptsache in ihrem Milieu leben, wird stets die erste Generation von der Einbürgerung auszuschließen sein.»[206] Das seien Leute, denen «nur der gerade Weg krumm vorkommt», fand derselbe hohe Bundesbeamte.[207]

Unliebsame jüdische Einbürgerungskandidaten wurden von den Behörden in den Akten als solche gekennzeichnet. Ab 1919 benutzte die Bundesverwaltung dafür sogar einen Stempel in Form eines Davidsterns.[208]

Dennoch schafften etliche auch diese Hürden. Der angesehene Historiker Valentin Gitermann und seine Frau Stefanja Feigenbaum wurden eingebürgert, nach drei Anläufen allerdings. Der Anwalt David Farbstein gelangte als eingebürgerter Ostjude – und als Kämpfer für die Rechte der Juden – gar bis in den Nationalrat.

Schweizergeschichten: Unbekannter Jude – Ein Orthodoxer aus dem Osten

Er ist aktenkundig und namenlos. Von einem Unbekannten soll die Rede sein. Name? Alter? Herkunft? Nichts haben die Ermittlungsbehörden notiert. Einen Moment lang nur trat er aus seinem Ghetto, und schon erregte er Anstoß. Verpiss dich, Jud.

Vermutlich war er ein Neuzuzüger aus dem Osten. Jedenfalls verkehrte er im Gebetslokal Minjan Sfard an der Zurlindenstraße 134 am cityfernen Sihlufer Zürichs, wo Stadtviertel um Stadtviertel neu entstand und von Zuwanderern besiedelt wurde. Der Fluss bildete geradezu die Grenze zwischen eingesessenen Westjuden und dem neuen «Schtetl an der Sihl».

Vom Kultus her war er Sefarde. Ein Gutachter stellte zuhanden der Untersuchungsbehörde fest: «Was im Besonderen die Synagoge Minjan Sfard an der Zurlindenstraße anbelangt, so ist sie der Gottesdienstraum einer Judengruppe, die den strengen, so genannten spanischen Ritus übt und in allem, auch den kleinsten und äußerlichsten Forderungen des jüdischen Religionsgesetzes, besonders streng und peinlich denkt.»

Der Unbekannte begab sich auf die Toilette. Es war jene des Restaurants «Kurgarten», das sich im selben Haus befand. Dort schloss er die Tür zum Pissoir ab – was sich gegenüber hiesiger Toilettenkultur als Fehlverhalten erwies.

Im Saal des «Kurgartens» saß eine heitere Gesellschaft. Der Wirt schenkte Freibier aus, und das am Heiligen Sonntag. Genauer am höchsten Sonntag der Christenheit, an Ostern, dem Fest der Auferstehung Christi, 1918 Jahre nach dessen Geburt. Doch waren die Gäste nicht eben in besinnlicher Verfassung. Einer der Beizenbesucher verspürte das Bedürfnis, die Toilette zu besuchen und fand sie verschlossen: Zu seinem Begleiter Gottfried Wyler sagte er, «was das für eine Manier sei, ein Pissoir auf einem Restaurant zu schließen». Der orthodoxe Jude kam heraus und entschuldigte sich. Was Wyler zum Kommentar veranlasste: «Die chaibe Jude wüssed au nüd, was Ornig ischt!» Es fehlte nicht viel, und er hätte ihm eine Ohrfeige verpasst.

Man kehrte im Lauf des Abends ein zweites und ein drittes Mal in den «Kurgarten» zurück. Dazwischen lagen einige andere Biere. Die Stimmung stieg.

Der Vorfall vom frühen Abend lastete schwer auf dem Gemüt und in der Blase. Bei jedem Pissvorgang wurde die Rage größer. Der Weg zur Toilette führte an der Tür des Gebetssaals vorbei, eine Scheibe gewährte Einblick: «Der Saal war um diese Zeit noch beleuchtet, und es waren Leute darin, die mit den Händen Bewegungen machten», gab einer zu Protokoll.

Schließlich drang die Kumpanei ins Gebetslokal dieser Fremdlinge ein, die nicht wussten, was sich gehört. An der Tür hingen zwei Schlüssel. Damit öffnete man den mittlerweile verlassenen Saal.

«Auf einmal müssen wir dann ‹verrückt› geworden sein», erzählt Wyler dem Bezirksanwalt. Die Burschen zerren die Schubladen heraus, die untere zuerst, dann die obere, farbige Tücher quellen heraus. Sie nehmen eine Rolle, von der sie immerhin wissen, dass es «die jüdische Bibel» ist. Wickeln das Pergament ab. Irgendwann kommt ein Schweizer Militärmesser ins Spiel. Sie beginnen damit so zu wüten, dass sich Wyler die Hand verletzt. Jeder mit einer Thora-Rolle unter dem Arm, verlassen sie stolz den Raum und das Haus. Von der Straße aus verabschieden sie sich von den Juden, indem sie Steine gegen die Fensterläden schmeißen.

Als Bezirksanwalt Heusser am anderen Morgen mit zwei Polizisten am Tatort erschien, traf er einen Aufruhr an: «Beim Betreten des Korridors der Parterrewohnung waren die Juden in solcher Zahl vorhanden, dass ein Augenschein nicht stattfinden konnte.» Ein Chaos herrschte: Zerfetzte Thora-Rollen, abgerissen aus ihren Halterungen, das Pergament zerwühlt, ein Holzstab zerbrochen. Die Lade, welche die heiligen Rollen barg, aufgebrochen, die Schriftrollen herausgenommen. Zwei las man auf der Straße auf, eine lag im Garten eines nahen Schulhauses, eine war angesengt. Urinspuren und beim Büchergestell ein Haufen menschlichen Kots.

Der Haupttäter Gottfried Wyler war ein unbeschriebenes Blatt: 24-jährig, nicht vorbestraft, ledig, reformiert, von Beruf Schmied, angestellt bei einem Hammerwerk in Albisrieden, organisiert in der Metallarbeitergewerkschaft, und im Militär Füsilier. Der religiös Erzogene erklärte gegenüber dem Untersuchungsrichter: «Ich bin durch den Krieg ziemlich Freidenker geworden.» Er stand links und sympathisierte mit den kommunistisch orientierten «Jungburschen». Dass er Juden gegenüber nicht gerade sympathisch eingestellt war, gestand er gerne ein: «und zwar deshalb, weil ich immer habe vernehmen müssen, dass die Juden durch ihre Schiebereien die Lebensmittel verteuern helfen». Seine Tat sah er dennoch nicht als Resultat von Judenhass. Jedenfalls nicht von besonders ausgeprägtem, denn er hatte wohl Recht, wenn er sagte: «Ich nehme an, dass bei allen Schichten der Bevölkerung ein gewisser Hass gegen die Juden besteht.» Sein Kumpel bestätigte treuherzig, dass er überhaupt noch nie in seinem Leben mit einem Juden in Kontakt gekommen sei.

Ob die Burschen ganz ohne Aufmunterung gehandelt hatten, wurde nicht abgeklärt. Dabei gab es einen Grund, warum der Wirt sein Fest veranstaltete. Dem Bezirksanwalt erzählte er, dass er auf den 1. April ausziehen müsse, «weil das Haus von der Brauerei ‹Aktienbrauerei Zürich›, durch einen Juden, Herr Turner, der ebenfalls im nämlichen Haus wohne, käuflich erstanden worden sei. Der Jude beabsichtige, aus dem Wirtschaftslokal eine Sackfabrik einzurichten.» Man verzeihe die verkorkste Protokollsprache.

Die geschändeten Schriften wurden am 15. April 1918 vormittags um 11 Uhr vom Haus Zurlindenstraße 134 zum Friedhof Albisrieden gebracht und dort gemäß den Satzungen beerdigt. Denn Thora-Rollen, so stellte ein Gutachter fest, müssen unter Beachtung strengster Vorschriften hergestellt werden, ohne den geringsten Fehler von Hand geschrieben, wobei jedes Wort laut auszusprechen ist. Und sie dürfen nach jüdischem Gesetz nie entsorgt werden, sondern müssen unter Trauerzeremonien auf dem Friedhof begraben werden.

Der zur Feier abgeordnete Detektivgefreite rapportierte: «Ein großer Teil der Trauergemeinde weinte wie Kinder, speziell als die Thora-Rollen von vier alten Männern auf den Armen aus dem Hause getragen wurden. Denselben folgte ein Zug von gegen tausend Personen, er gestaltete sich wie ein richtiger Trauerzug.» Und dann findet sich im Protokoll eine Beschreibung, in der dieselbe Abneigung gegen das Fremdartige aufflackert, die letztlich zur Tat geführt hat: «Auf dem jüdischen Friedhof wurde geweint, und es gebärdeten sich einige, wie wenn mindestens zehn Tote zur letzten Ruhe gebettet würden.»[209]

XIII. Erster Weltkrieg – Militärdienstverweigerer und Weltverschwörer

Selten kam es vor, dass Immigranten in Scharen abzogen. Noch seltener, dass sie dies freiwillig taten. Der Erste Weltkrieg löste eine solche Rückwanderung aus.

«Gestern Abend sammelten sich auf dem Bahnhofplatz etwa 100 Österreicher, meist jung: Stellungspflichtige, die zum Militärdienst einberufen sind. Unter den Rufen: ‹Hoch Österreich! Hoch Deutschland! Nieder mit Serbien! Hoch der Dreibund! Hoch die Schweiz!› bewegte sich der Zug nach dem österreichischen Generalkonsulat, um dort die patriotische Gesinnung zu manifestieren.» So berichtete der «Tages-Anzeiger» Ende Juli 1914. «Auf dem Rückweg wurden vor dem deutschen und dem italienischen Konsulat Ovationen dargebracht, und dann kehrte der durch allerhand Mitläufer vermehrte Zug nach dem Bahnhofplatz zurück. Eine Gruppe junger Franzosen und Russen mischte sich mit Pfeifen in die Hochrufe und veranlasste die Polizei, den Platz zu räumen.» Es wurde weiter gegrölt. «Als die wiederholten Mahnungen auseinander zu gehen nichts fruchten wollten, zog die Polizeimannschaft blank und säuberte in wenigen Minuten den Platz.»[210]

Am Vortag hatte Österreich-Ungarn an Serbien den Krieg erklärt. Nun wurden die Landsleute zum Kriegsdienst aufgeboten. Sie folgten mit Begeisterung.

Die Rückkehrer waren berauscht von Krieg und Alkohol. Sangen patriotische Lieder. Hissten Flaggen. «Zu Hunderten und Tausenden zogen sie, Handkoffer und allerlei Gepäckstücke in Händen, meist gleich in Kolonnen mit militärischem Schritt zum Bahnhof, um dem Vaterland zu Hilfe zu eilen», schildert ein Zeitgenosse; Basels Bahnhofplatz sah «ungefähr wie ein mittelalterlicher Messeplatz aus. Die unglaublichsten Vehikel, alles was überhaupt einige Bretter und vier Räder darunter hatte: Möbelwagen, Leiterwagen, Droschken, Fleischerkarren, Lastwagen, Handwagen und selbst Kinderwagen, alles bewegte sich in einem kunterbunten Zug (…).»[211]

Die Leute stimmten das Lied «Wacht am Rhein» an, und der Beobachter kommentiert: «Vielleicht hatten sie dieses Lied seit Jahren nicht mehr gesungen, aber diese Stunde schwemmte alles Kleinliche und Engherzige, berechtigtes und unberechtigtes Parteigezänk mit einem Mal hinweg. Die deutschen Söhne gehörten wieder ihrer Heimat.»[212]

Kann man es ihnen vorwerfen, wo selbst Sozialisten wie Georghi Plechanow, Viktor Adler, Jules Guesde, Emile Vandervelde den Krieg ihrer Länder unterstützten? Hatte es nicht der große Sozialdemokrat Karl Liebknecht im Reichstag aus Parteiräson nicht gewagt, gegen die Kriegskredite zu stimmen – er hatte sich nur der Stimme enthalten – war nicht auch er als Arbeitssoldat an die Front gegangen?

Türke und Grieche;
Nebelspalter Nr. 19, 1886

Die Zahl der als Ausländer registrierten Personen sank um über einen Viertel: von 552 000 im Jahr 1910 auf 402 000 im Jahr 1920.[213]

Für die, die gingen, kamen andere, wenn auch weniger zahlreich. Jene nämlich, die den Krieg ablehnten und sich dem Aufgebot widersetzten. Refraktäre wurden sie genannt. Je länger der Krieg dauerte, umso mehr verließen Soldaten den Dienst und vergrößerten die Armee der Deserteure. Sie mussten zu Hause mit hohen Strafen rechnen, wenn sie gefasst werden konnten.

Die Polizeibehörden schufen die neue Kategorie der «Militärflüchtlinge». Man nahm sie nicht mit offenen Armen auf. Denn in der Deutschschweiz sympathisierten manche mit den Pickelhauben, in der Westschweiz mit den Soldaten in der Hadriansbedeckung.

Doch für die Zeit nach dem Krieg drohte ein Problem. Die Macht, die schließlich den Krieg gewinnen würde, könnte die Aufnahme von Militärflüchtlingen durch die Schweiz als Feindunterstützung auslegen. Manche Schweizer wollten einen möglichen Sieger nicht verärgern. Vor allem die Zukunft des Tourismus würde von den Siegern abhängig sein.

Es gab auch zur Zeit des Ersten Weltkrieges immer noch kein Gesetz, das die Asylgewährung definierte. Aber im Unterschied zur Epoche der Bundesstaatsgründung war der Entscheid über Aufnahme oder Wegweisung von Ausländern nicht mehr Angelegenheit der Kantone, sondern Bundessache. Der Bundesrat anerkannte die Refraktäre und Deserteure schließlich als politische Flüchtlinge und verzichtete darauf, sie wegen Verletzung von Gesetzen in ihrem Herkunftsland auszuweisen, wenn auch ohne Begeisterung. Das Justiz- und Polizeidepartement bezeichnete die Fluchtmotive dieser Leute als grundsätzlich «unehrenhaft».[214]

Im April 1917 hielten sich, wie das Eidgenössische Justiz- und Polizeidepartement der Generalstabsabteilung meldete, erst 701 Militärflüchtlinge im Land auf, ein Jahr später – in Verdun hatte das Schlachten industrielle Formen angenommen – waren es über 1000, und bis 1918 stieg die Zahl auf über 20 000. Bei Kriegsende zählte man 11 818 Italiener, 7203 Deutsche, 2463 aus Österreich-Ungarn, 2451 Franzosen, 1129 Russen, 226 Türken, 195 Serben, 143 Rumänen, 116 Belgier, 106 Bulgaren, 20 Engländer, 14 Griechen und 10 Amerikaner.[215]

Wenn sie arbeiten konnten, wurden sie bei Bauarbeiten eingesetzt, die Behörden gruppierten sie in Arbeitsdetachementen. Russische Gruppen, die bei Entwässerungsarbeiten in Yverdon und Riddes eingesetzt waren, traten wegen der schlechten Entlöhnung und der ungenügenden Bekleidung in einen Streik, auch wollten sie nach Hause zurückkehren – während des Krieges war ihnen das verwehrt.

Den Deserteuren folgten die Verwundeten, 2500 bis Kriegsende. Im Bahnhof Davos traf 1916 ein Transport mit 180 verletzten deutschen Offizieren und Soldaten ein. Der Deutsche Hilfsverein erwarb ein Sanatorium und richtete es für Internierte ein als «Deutsches Kriegerkurhaus».

Der internierte Flieger;
Nebelspalter Nr. 39, 1915

Eine Russin, die bei Kriegsende in der Schweiz weilte, erinnert sich: «Zu Anfang des Krieges kamen wohl Kriegsinvalide in die Schweiz, aber es handelte sich fast ausschließlich um total verkrüppelte deutsche Soldaten, die man in speziell für sie bestimmte Häuser steckte, und zwar so, dass sie wohl die Vorzüge des Aufenthaltes in der Schweiz genießen, die ‹echten› Kurgäste aber durch den Anblick der verstümmelten, entstellten Glieder nicht belästigen konnten. Als der Wind sich zu drehen begann, begannen auch nicht schwerkranke, sondern nur ruhebedürftige höhere Würdenträger der Ententearmee die Schweiz für längere Zeit aufzusuchen.»[216]

Da zahlreiche Soldaten in Davos ihrer Krankheit oder Verletzung erlagen und so zur Überfüllung des Ortsfriedhofs beitrugen, entschloss man sich in der deutschen Kolonie, einen eigenen Soldatenfriedhof zu schaffen. 46 Leichen wurden nach seiner Eröffnung im Jahr 1918 dorthin umgebettet, einige weitere in der Folgezeit noch dort begraben. Jeden Verstorbenen begleiteten zumindest anfänglich Schweizer Soldaten mit militärischen Ehren: In der ersten Zeit gab ein Zug Schweizer Soldaten eine Ehrensalve ab, später schoss nur noch «ein Chargierter mit einer Pistole».[217] Später wurde dieser Friedhof aufgehoben. Auf dem Friedhof Sihlfeld in Zürich erinnert noch ein Kriegerdenkmal an die Deutschen, die in der Schweiz gelebt haben und im Weltkrieg für Deutschland gefallen sind.

Einer dieser kriegsgeschädigten Deutschen war Ernst Ludwig Kirchner, Maler aus der Künstlergruppe «Brücke». Halb freiwillig war er zum Militär gegangen, um sich für den Krieg ausbilden zu lassen. Der Drill, die Disziplin, die Angst setzten ihm zu. Freunde halfen ihm zur Flucht in die Schweiz. Da lebte er in Chalets und Sanatorien. Nervenkrank, zeitweise von Morphium abhängig, malte er die schönsten Bilder der Davoser Landschaft, die es gibt: aufgewühlt, erregt. Eine Freundin schrieb: «Er behauptet, er habe eine Geschwulst im Hirn, ich rede es ihm aus, halte es aber für wahrscheinlich.» Vielleicht sei bei ihm wirklich «eine Schraube los».[218] 1938 versuchte Kirchner seine Frau zum Doppelselbstmord zu überreden; während sie mit dem Arzt telefonierte, nahm er sich das Leben. Er war ein Ereignis in der Schweizer Kunstgeschichte; ein Museum in Davos erinnert an ihn.

Wie jeder Krieg produzierte dieser eine Klasse von Profiteuren, die nicht in den Schützengräben hockten, sondern in Hotels logierten, in der Schweiz wie im Ausland, und dubiose Händel tätigten. Im Ersten Weltkrieg nannte man sie «Schieber». Wobei der grenzüberschreitende Handel auch Schweizer involvierte.[219] Hinzu kamen «Kriegsgewinnler» und «Wucherer». Zusammen mit den Spionen aller Länder bildeten sie eine Mafia, in der sich die Nationengrenzen verwischten – wenn etwa ein Kaufmann oder ein Spion für mehrere Kriegsparteien zugleich tätig war.

«Auch Refraktäre und Deserteure haben wir bisher immer als politisch Verfolgte behandelt», erklärte ein Bundesrat; «obwohl diese Praxis für uns und namentlich in der gegenwärtigen Zeit mit Opfern und Unannehmlichkeiten verbunden ist und obwohl manch einer dieser Flüchtlinge keine besonderen Sympathien verdient.» Denn «gewisse Herren Refraktäre und Deserteure des Auslandes» hätten «das schweizerische Asyl- und Gastrecht missbraucht, um Wucher, Spionage und Propaganda zu treiben …»[220]

Erschienen die Schieber vor allem den Linken als dubios, so den Rechten die «Bolschewisten», die grenzüberschreitend in Sachen Weltrevolution Geschäfte tätigten. In der Praxis bezeichnete man als «Bolschewisten» kurzerhand all jene, die Sympathien für die Russische Revolution äußerten, und so einer konnte auch ein braver Sozialdemokrat sein.

Die beiden Refraktäre;
Nebelspalter Nr. 3, 1918

Überall wurden Bolschewisten geortet. Ein Klima der Spitzelei herrschte. Dem fielen auch die Künstler zum Opfer. Irrungen und Wirrungen prägten die Epoche. Wenn Künstler auftraten, die dem Irrsinn Krieg in Wort und Bild Gestalt gaben und ihn auf die Bühne brachten, widerspiegelten sie nur die Essenz ihrer Zeit. Sie galten schnell als subversiv, wenn nicht einfach als verrückt.

Eine wenig bekannte gelegentliche Mitarbeiterin des dadaistischen Cabarets «Voltaire» war die Malerin Marianne von Werefkin, die in Ascona bedeutende Werke hinterließ. Der Schriftsteller James Joyce arbeitete im Krieg in der Schweiz am «Ulysses» – eine Figur der Wirrungen.

Ob Künstler oder Revolutionäre, alle waren sie verkappte Bolschewisten in den Augen jener Bürger, die den Staat in Gefahr sahen. Im November 1917 artete eine Feier zur Russischen Revolution in Zürich in Krawallen aus. Der Deutsche Willi Münzenberg, ein früher Spezialist in Sachen politischer Kommunikation, spielte als Führer der sozialistischen Jugend eine entscheidende Rolle. Er galt als Drahtzieher par excellence – der Bundesrat wies ihn aus. Als gar der Landesstreik ausgerufen wurde, war klar: Die Schweiz drohte zur leninistischen Republik zu werden. «Die Russen», überhaupt «die Ausländer» waren schuld. Selbst die Revolution in Russ-

Unruhestifter in Zürich;
Nebelspalter Nr. 24, 1915

land galt als Ergebnis der Wühltätigkeit von Ausländern in der Schweiz. Hatte nicht Lenin hier gelebt, von hier aus Anweisungen gegeben, und war dann mit Hilfe des Nationalrates Fritz Platten nach Russland geeilt, um sich dort an die Spitze der Erhebung zu stellen?

Aktive russische Kolonien existierten, namentlich in Genf, wo allein fünf verschiedene revolutionäre Organisationen tätig waren. Unter ihren Führern fanden sich nebst Lenin Leute wie Plechanow, Sinowjew oder Kamenew. Sicher gab es Kontakte zwischen schweizerischen Sozialisten und Mitgliedern der Sowjetmission. Da waren ausländische kommunistische Organisationen, die Verbindungen mit Schweizer Genossen pflegten. Und es gab bekannte Schweizer Revolutionäre, die einst eingereist waren: Rosa Grimm, die Tochter eines jüdischen Kaufmanns in Odessa; Leonie Kascher aus Warschau, eine der führenden Figuren der Gruppe «Forderung». Aber die Vorgänge in der Schweiz waren nicht einfach der ausländischen Agitation zuzuschreiben. Es gab auch geborene Schweizer mit eigenem Willen und Denken. Auch sie kamen auf revolutionäre Gedanken.

Im Nationalrat verlangte Fritz Platten, dass der Ausschaffungsbefehl gegen Münzenberg aufgehoben werde. Der Vorstoß geriet zum Anlass für eine heftige Debatte. Dem rechtskonservativen Freiburger Jean-Fritz Musy platzte der Kragen.

Sauberer Schweizer;
Nebelspalter Nr. 24, 1907

Er sah den Tag für die Generalabrechnung mit den «Bolschewisten». Am 10. Dezember 1918 ergriff er das Wort, sein Votum ist als «Landesstreikrede» in die Geschichte eingegangen.

Hören wir in den Nationalratssaal hinein: «Das Gift, welches uns zu verschlingen beginnt, das Übel, das schon so drohend geworden, an dem insbesondere unsere großen schweizerischen Städte leiden, wurde unserem Volke eingeimpft durch die Aufrührer und Anarchisten, die aus dem Auslande hereingekommen sind.»

«Platten,» – gemeint der erwähnte Nationalrat – «welcher in der Schweiz der Handlanger Lenins ist, hat den Generalstreik nicht verordnet gegen die Willensmeinung seines Meisters. Der russische Umstürzler hat wahrscheinlich durch Vermittlung der in die Schweiz entsandten bolschewistischen Gesandtschaft geraten, den Streik im passenden Zeitpunkte zu entfesseln.»

«O, meine Herren, man hat seit vier Jahren viel zu viel Einbürgerungen vorgenommen. Der Bundesrat und alle Kantone hätten die Einbürgerung entschieden verweigern sollen (…). Heute sollte man, statt die Einbürgerungen zu erleichtern, in der Schweiz das einführen, was in gewissen Ländern besteht, die ‹Ausbürgerung› (Beifall) aller Neubürger, welche die Zwietracht säen, die Sicherheit des Staates gefährden und folglich um ihr neues Vaterland sich schlecht verdient gemacht haben (lebhafter Beifall).»

«Wir fordern überdies die sofortige Austreibung aller jener Exoten, deren Gebaren für unser Vaterland eine Gefahr bildet. Befreien Sie» – Der Redner richtete sich an den Bundesrat – «uns von all diesem Ungeziefer, und das Land wird Ihnen sehr dankbar sein.»[221]

Da war es ausgesprochen, das Wort vom «Ungeziefer», das die nächsten Jahrzehnte vergiften sollte.

Die «Bolschewisten» waren die neue große Gefahr. Mag sein, dass man damals begann, die Schwabenkäfer Russenkäfer zu nennen.

Der Besen, mit dem man Schmutz und Schädlinge wegfegt, wurde in den dreißiger Jahren von Frontisten zum Symbol des Patriotismus erkoren. Eines ihrer Organe nannte sich «Der Eiserne Besen».[222]

Musy wurde, nicht zuletzt wegen seiner intransigenten Haltung, kurz darauf zum Bundesrat gewählt.

Die Führer des Komitees, die den Landesstreik ausgerufen hatten, sahen es anders. «Mit allem Nachdruck möchten wir hier auch der Legende entgegentreten, dass der Landesstreik eine von Ausländern und besonders von Russen inspirierte revolutionäre Erhebung gewesen sei. Eine revolutionäre Erhebung war in keiner Weise vorbereitet und beabsichtigt (…). Ausländische und russische Agenten, wie so oft behauptet wurde, gab es keine, weder im Aktionskomitee noch in anderen Instanzen.»[223]

Schweizergeschichten: Angelica Balabanoff – Sozialistin aus der Ukraine

Dass die Dolmetscherin auf dem St. Galler Arbeitersekretariat blitzgescheit war, wusste jeder, der mit ihr zu tun hatte. Was aber wirklich in ihr steckte, ahnte wohl keiner.

In gehobenem bürgerlichen Milieu in Kiew geboren und aufgewachsen, kam sie als Studentin nach Brüssel, als Doctoressa nach Rom und als überzeugte Marxistin in die Schweiz – auf den Spuren der italienischen Arbeiter. Da verrichtete sie nicht bloß Übersetzungsdienste, sondern hielt Vorträge und knüpfte Kontakte unter Maurern, Handlangern, Stickerinnen und Schokoladearbeiterinnen. Eine Propagandistin war sie, eine Agitatorin, eine Sozialistin. Alles, was hiesigen Bürgern die Haare zu Berge stehen lässt und immigrierte Italiener an Heimat erinnert. Es ist anzunehmen, dass manchem der Proletarier, die 1904 am Rickentunnel in den Streik traten, ihre Parolen im Ohr nachhallten.

In der Italienischen Sozialistischen Partei machte sie schnell Karriere, stieg in den Parteivorstand auf und betätigte sich als Redaktorin der Zeitung «Avanti».

Die Balabanoff. Das Wort schon erregte, mit seinem Wechsel von singenden Vokalen und dezidierten Lippenlauten. «Ballern» ist zu hart, «Palavern» zu weich, Balabanoff eben. Capisci.

Mit einem Genossen aus dem Vorstand kam sie näher in Kontakt, als sie in der französischen Schweiz auf Agitationstour weilte: ein Primarlehrer, der im Ausland dem Militärdienst und der Verdienstlosigkeit entgehen wollte. Sie, die so gut deutsch verstand, möge ihm helfen, einen Text des Sozialisten Karl Kautsky ins Italienische zu übersetzen. Sie bot Hand dazu. Im Übrigen scheint ihr der Typ nie sympathisch gewesen zu sein. «Es kostet mich Überwindung», schreibt sie in ihren Memoiren, «auch eines Individuums erwähnen zu müssen, das einerseits zu einem Auswurf der Menschheit geworden ist, andererseits eine ganz banale pathologische Erscheinung darstellt.»

Es war Benito Mussolini, der später die rote Fahne weglegte, seine Leute in schwarze Hemden kleidete, mit ihnen zum Sitz der Regierung in Rom marschierte, sich selbst zum Duce ausrief und die Lehre des Fascismo in die Welt brüllte. Der künftige Diktator Italiens. Die marxistische Geschichtsphilosophie verdünnte sich bei ihm zu den kitschigen Ideen: «Die Bewegung ist alles» und: «Das Leben muss gefährlich sein». Noch einmal Balabanoff: «An dem ganzen Mussolini-Erfolg und -Rausch ist nichts so auffallend, so bezeichnend und beschämend für unsere Zeit wie die Tatsache, dass man ihn als Menschen hat ernst nehmen können.» Ein «deklassierter Vagabund» seis gewesen. Immerhin war der bei der Zeitung «Avanti» einst ihr Genosse – und ihr Chef.

Auch der Duce hatte als kleiner Agitator in der Schweiz begonnen. Er betätigte sich als Sekretär der Italienischen Gewerkschaft für Maurer und Baugehilfen in Lausanne und war Pazifist, solange er in der Schweiz weilte. Später führte er sein Land in den Abessinienkrieg.

Die Balabanoff blieb Kriegsgegnerin, eine eigenständige Persönlichkeit zudem. Als die Kriegsgegner aller Länder sich zusammenschlossen, war sie dabei, wurde überaus aktives Vorstandsmitglied der so genannten Zimmerwalder Linken. Dann brach in Russland die Revolution aus, die den Proletariern aller Länder als die Morgenröte erschien: «Entweder tötet die Revolution den Krieg oder der Krieg die Revolution», sagte sich Balabanoff und reiste dahin, wo die Welt neu geboren wurde, nach Moskau.

Bald aber verspürte sie nur noch eine unendliche Müdigkeit und das Bedürfnis nach Erholung. Sie bereitete die Rückkehr in die Schweiz vor.

Von da an entwickelten sich die Ereignisse anders, als sie sich gedacht hatte. Das Gerücht eilte der Rückkehrenden voraus, sie sei die Gesandte der Russischen Revolution, gleichsam der Todesengel, der die Schweizer Demokratie zerstören werde. Unterwegs «mit zehn Millionen bolschewikischen Geldes», so die Fantasien der erschreckten Bürger, unterwegs zur Finanzierung des Arbeiteraufstandes in der Schweiz und in Italien.

Ihre angekündigte Ankunft diente schon als Beweis für die Behauptung, dass der Landesgeneralstreik von Bolschewiki angezettelt war. «Hinaus mit allen Bolschewiki!», riefen die Bourgeois. Die Mitglieder der Russischen Botschaft in Bern waren die Ersten, denen diese Aufforderung galt; die Balabanoff wurde in den Strudel gerissen. Kurz nach Ausbruch des Generalstreiks erhielt sie einen Telefonanruf – von der Russischen Botschaft in Bern! Um sechs Uhr früh am anderen Morgen müssten die Mitglieder der Gesandtschaft und sie selbst die Schweiz verlassen.

«Als die Soldaten mit Lastautos vorfuhren, um unsere Habseligkeiten abzuholen und wir zum Bahnhof marschierten, richteten sich aller Augen auf uns, Hände und Stöcke wurden geschwungen, höhnende Worte klangen uns nach.» Die Szenerie wirkte gespenstisch. «Bern war in bewaffneten Zustand versetzt, nie habe ich so viel Militär, so viele Bajonette, so viele Maschinengewehre auf einem so kleinen Raum konzentriert gesehen.» Die marxistischen Vollstrecker der historischen Gesetzmäßigkeit waren eingeschüchtert. «Der Vertreter Sowjetrusslands war ein kranker Mann und sah infolge der Aufregung wie eine Leiche aus.» Die Ausgewiesenen mussten ein Spalier von aufgeregtem Volk durchlaufen: «Ich wurde an die Bahnhofsmauer gedrängt, fühlte Pferdehufeisen an meiner Brust und verlor das Bewusstsein. Als ich die Augen wieder öffnete, war die Menge zurückgedrängt. Ich konnte wieder atmen, mein Arm blutete, um mich lagen Schirme und Stöcke. Einige Soldaten mit blanken Säbeln führten mich zu meinen Reisegefährten.»

Zwei Tage und eine Nacht reisten sie in Autos durch die Schweiz, bis sie an der Nordgrenze in einen Zug gesetzt wurden. «Nicht etwa ein Beamter, sondern ein Arbeiter rief dem deutschen Zugführer zu: ‹Lasst es dort vor Hunger krepieren, das Gesindel›», erzählt sie. «Mit diesem ‹Wunsch› als Begleitung verließ ich das Land, in dessen Arbeiterbewegung ich, wenn nicht systematisch, so doch sporadisch nicht weniger als fünfzehn Jahre tätig gewesen war.»

Es scheint, dass sie die beschämende Behandlung in der Schweiz nicht als bloßes Betriebsproblem einer Berufsrevolutionärin abbuchen konnte. Sie war in der Seele verletzt. Eine Zeit lang noch wirkte sie als Sekretärin der Kommunistischen Internationale, die aus der Zimmerwalder Bewegung hervorging. 1920 gab sie diese Tätigkeit auf. Die Fraktionskämpfe waren schon im Gang.

Balabanoff verurteilte den Terror, brach mit Lenin, Trotzki, Stalin. Sie machte sich endgültig selbstständig und wurde zur Emigrantin, als die sie ihre Karriere begonnen hatte, als sie in den Reihen jüdischer Studentinnen nach Westeuropa gelangte. Fortan lebte sie in Paris, Wien, in den USA und kehrte nach Italien zurück, wo sie 1965 verstorben ist.[224]

XIV. Nach dem Krieg – Kulturfremde und Kosmopoliten

Feststellbar ist eine Art nationaler Schizophrenie. Während die Schweizer Behörden immer härtere Maßnahmen gegen Ausländer erfanden, machte sich die Schweiz zum Fürsprecher des Völkerbundgedankens. Seit Anfang des Jahrhunderts war ein Friedensbüro in Bern tätig, das als treibende Kraft der Völkerverständigung galt. Elie Ducommun und Charles Albert Gobat, Leitfiguren der Organisation, erhielten 1902 den Nobelpreis, ihr Büro wurde im Jahr 1910 erneut damit ausgezeichnet.

Gegen Ende des Ersten Weltkrieges schienen die Völkerfreunde ihr Ziel in der Schweiz erreicht zu haben, wurde doch die internationale Solidarität gleichsam ins Inventar schweizerischer Grundwerte aufgenommen, wie der Vorsteher des Politischen Departementes, Bundesrat Felix Calonder, in einer Ansprache auf dem freisinnig-demokratischen Parteitag im November 1917 verkündete. «Die Vorsehung hat uns die besondere internationale Aufgabe zugewiesen, Frieden und Freundschaft unter den Völkern zu fördern (…)», frohlockte er. Und er versprach: «Was die kleine Schweiz dazu beitragen kann, den Aufstieg der Menschheit zu glücklicheren, auf internationaler Freundschaft und Gerechtigkeit beruhenden Lebensverhältnissen zu fördern, betrachtet sie als ihre heilige Pflicht, als ihre höchste Genugtuung.»[225]

Mit Begeisterung vernahmen manche nach dem Ersten Weltkrieg die Idee des amerikanischen Präsidenten Woodrow Wilson, einen Bund aller Völker zu schaffen, der Streitigkeiten verhindern oder zumindest friedlich beilegen sollte. Der Bundesrat nahm die Initiative auf und legte einen eigenen Völkerbundentwurf vor. Die schweizerische Neutralitätspolitik wurde zudem neu definiert. «Völkerbund wie Neutralität wurden als gleichwertige Ausdrucksformen einer ‹höheren Kultur des internationalen Lebens› betrachtet, vergleichbar dem Rechtsstaat gegenüber dem Faustrecht», analysiert der Politologe Daniel Frei.[226] Die Wahl Genfs als Sitz der neuen Organisation war das Siegel dieser Weltoffenheit.

Ein konservativer Publizist erinnert sich, dass man damals «in der ganzen schweizerischen Öffentlichkeit, mit Ausnahme einer kleinen Minorität, für den Pazifismus und für die Abrüstung eintrat». Auch Armee und Landesverteidigung wurden in die hinteren Ränge versetzt: «Nach dem Kriege wurde sozusagen der ganze militärische Betrieb für ein Jahr eingestellt. Bei den Rekrutierungen ließ man alle Rekruten laufen, die auf Befragen sich nicht sehr begeistert über den kommenden Militärdienst aussprachen. Der Stahlhelm verschwand wieder und wurde vom friedlichen Käppi abgelöst.»[227]

Das internationalistische Gefühl hielt sogar der harten Auseinandersetzung einer

Volksabstimmung stand. Mit 416 870 gegen 323 719 Stimmen – 11½ Stände befürworteten, während 10½ Stände ablehnten – entschieden sich die Stimmberechtigten im Mai 1920 für den Beitritt der Schweiz zum Völkerbund. Die Mehrheit des Volkes war bereit, für diesen Zusammenschluss die Neutralität zu relativieren. Zwar behielt sich die Schweiz im Völkerbund vor, bei militärischen Sanktionen gegen allfällige Friedensbrecher abseits zu stehen, sie verpflichtete sich aber zur Teilnahme an übrigen Maßnahmen. Die neue Staatsdoktrin wurde «Differentielle Neutralität» genannt. Fahr hin, oh immerwährende Neutralität.

Doch mangelte es der Schweiz an moralischer Kraft, um das kosmopolitische Gefühl über die Zeit zu retten. Eine eigentliche Restaurationsbewegung setzte ein. «Es war das 18. Jahrhundert, das in Festen und Erinnerungen, in Büchern und Aufsätzen, aus dem Nebel der Vergangenheit aufstieg.»[228]

Innenpolitisch setzte sich die Tendenz der Abschließung durch. Ausländer wurden zu «Fremden» statt zu «Vertrauten» – wo doch der Ausdruck «Ausländer» nur auf die administrative Zugehörigkeit zu einem Staat verweist. Nun stand das böse Wort von der «Überfremdung» im Raum. Es betonte nicht nur die angeblich zu hohe Zahl von Ausländern im ersten Teil des Wortes. Im zweiten Teil verriet es den Unwillen, sich mit ihnen vertraut zu machen. Gelegentlich wünschte man sich eine Art historischer Psychiatrie, die das Verhalten von Nationen erklärt – und Verschüttetes hervorholt.

Das Fremde schade dem Erbgut, der Moral, dem eigenen Wesen. Immer häufiger wurden solche Gedankenlosigkeiten verbreitet. Kostproben aus der Feder eines Pfarrers und Schreibers, der sich gegen den «Fremdsprachenunfug» wandte: «Der entscheidende Punkt scheint mir zu sein, ob wir überhaupt versuchen dürfen, die Schüler im Sprachunterricht zum Denken in einer fremden Sprache zu bringen. Ich verneine diese Frage aufgrund von tausendfachen Beobachtungen, die ich als Geistlicher mehrsprachiger Gemeinden in der Schweiz, in Frankreich und in Algier gemacht habe, zum Teil auch an meinen eignen Kindern und an mir selbst.» – Als junger protestantischer Pfarrer weilte er in Algerien bei der Fremdenlegion. – Derselbe weiter: «Denn unseren Schülern soll zwar in der Schule allerlei aus den Schätzen auch fremder Völker dargeboten werden, denken aber sollen sie nur deutsch. Sonst haben wir sie nicht gebildet, sondern verbildet, geradezu eine bedenkliche Schwäche deutschen Wesens in ihnen gepflegt, um nicht zu sagen, missbraucht.» [229]

Fazit: Fremdsprachen führen zur «Gesinnungsschädigung»; Internationalismus ist «Gesinnungslosigkeit»[230]. Das deutsche Volk muss deutsch sprechen. Wobei anzumerken ist, dass der Autor das schweizerische Volk selbstverständlich zum deutschen zählte. Von der Schweiz redet er als «der urdeutschen Heimat Jeremias Gotthelfs». [231]

Der Autor, Eduard Blocher, war Gründer und Präsident des Deutschschweizerischen Sprachvereins. Seit 1905 Pfarrer am Burghölzli, wo man eben die Segnun-

«Neger» im Krieg;
Nebelspalter Nr. 20, 1915

gen der Rassenhygiene verbreitete. Er war der Großvater des späteren Nationalrates Christoph Blocher, der sich im gleichen Geist für die Verteidigung von Volk und Heimat einsetzen sollte.

Das Denken und mehr noch das «Volkstum» ließen sich stärken durch «Sprachreinigung», vertrat Blocher in einer weiteren Publikation. Ist der Text auch peinlich, ist er doch amüsant zu lesen und leider kulturgeschichtlich bedeutsam: «Am unreinsten ist die Sprache des Tingeltangels, des Varieté- und des Corso-Theaters, mit ihrem komischen Ensemble, ihren Artisten, ihren Sensationen und Attraktionen, ihren Toreros, Bouffons, Clowns, Potpourris, Decors und dem ganzen russischen Salat aus französischen, spanischen und negerenglischen Schnitzeln.»

Dem hielt der Autor «die schweizerische Eigenart» entgegen, die bis in die heimeligen Ausdrücke gepflegt werden müsse: «Da haben wir den ‹Fürsprech›, die ‹zugewandten Orte›, die ‹Sonderbündelei›, den ‹Hosensack›, das ‹Sackmesser›, die ‹Sackuhr› (…).»[232]

Die «Swatch-Uhr» ist eindeutig unschweizerisch.

Erfunden wurde nun der «stammesechte Schweizer»; ebenfalls von einem Autor, der sich zur «Fremdenfrage» äußerte, und zwar in einer Schriftenreihe, die auf obskure Weise mit dem «Kaspar-Escher-Haus», dem Sitz der Zürcher Kantonsregierung, verbunden war, wie aus den Angaben zur Schriftenreihe hervorgeht.[233] «Nicht nur ist die Natur des Schweizerlandes in hohem Maße eigenartig, auch sonst hat es die Vorsehung gewollt, dass innert seinem engen Gebiet inmitten der mächtigsten Staaten Europas ein Volkstum und politische Verhältnisse sich erhalten haben, die uralt und bodenständig sind und die wie nirgends sonst dem Individuellen und Besonderen seine Entfaltung erlauben.»[234] Die Landesregierung war gleichsam die urdemokratische Stimme dieses auserwählten Volkes: «Im Bundesrat sind unsere Volksstämme markant vertreten; gerade deswegen kommt echte Schweizerart und innere Entschlossenheit deutlich zum Ausdruck.»[235]

Die Kulturen seien eben verschieden: «Den heute bestehenden Zufluss von fremden Elementen, fremden Stämmen zugehörig und Träger fremder Kultur, bilden bereits zum Teil für immer einen Fremdkörper in unserem Organismus.»[236] Zumindest sprachlich zeugten solche verkorksten Sätze von unverkennbarer Eigenart. «Unsere Fremdenfrage kann gar nicht beurteilt werden, ohne dass man nicht den Einfluss der Blutsvermischung viel schärfer ins Auge fasst.»[237] Auch das ist sprachlich gewagt. Noch ein Schlusswort diesem Autor, der den Akkusativ liebt: «Den Schutz des Asyls, den wir in früherer Zeit führenden Geistern unserer stammverwandten Nachbarländer gewährten, wird heute polnischen und russischen Studenten, womöglich jüdischer Abkunft, italienischen Arbeiterkolonnen mit Frau und Kind, ja in Genf sogar Türken und Ägyptern, allzu liberal angeboten und ihnen die Einbürgerung erleichtert, Elementen, die für uns einfach nicht assimilierbar sind; es handelt sich dabei gar nicht um das Wollen, sondern nur um das Können.»[238]

Mit solchen Pamphleten, erschienen zu Beginn der 1910er Jahre, wurde vorbereitet, was sich bei Kriegsende als Politik sedimentierte. Der letztzitierte Autor Max Koller verbreitete seine Ansichten auch im Schoß der neu gegründeten Helvetischen Gesellschaft. Da zog er etwa einen Vergleich zwischen einer «Überfremdung» bei den Pflanzen und der Schweiz und stand für eine «organische Entwicklung» beider ein.[239]

Diese N. H. G., eine honorige Vereinigung, richtete an ihrer dritten Jahrestagung 1917 drei Forderungen an den Bundesrat: Maßnahmen gegen eine zu starke Neuzuwanderung, Verhinderung des Schiebertums, Ausweisung lästiger Ausländer.

Schlag auf Schlag wurden im Krieg die fremdenpolizeilichen Vorschriften verschärft. Erinnern wir uns: Seit Bundesstaatsgründung war der Grenzübertritt grundsätzlich frei, das Vorzeigen eines Personenausweises genügte. Über die Niederlassung eines Auswärtigen beschlossen Kantone und Gemeinden. Doch hatten die zwischenstaatlichen Niederlassungsverträge zu einer Aushöhlung dieser Kompetenz geführt. Das Einbürgerungsrecht blieb hingegen den Kantonen trotz Debatten über das Schweizer Bürgerrecht erhalten.[240]

Bei Kriegsbeginn 1914 erteilte sich der Bund unumschränkte Vollmachten zum Schutze des Landes und zur Aufrechterhaltung der Neutralität.

1915 forderte er die Kantone auf, eine verschärfte Schriftenkontrolle an der Grenze einzurichten. Erstmals wurde ein Schweizer Pass geschaffen; es war noch nicht der rote Pass mit dem weißen Schweizerkreuzchen, er war dunkelgrün.

Am 17. November 1917 führte der Bund mit der «Verordnung betreffend die Grenzpolizei und die Kontrolle der Ausländer» die Visumspflicht ein. Sie bestimmte in Artikel 1: «Erfordernis für das Betreten des schweizerischen Gebietes ist» – für Ausländer – «der Besitz eines Passes oder eines andern gleichwertigen Legitimationspapieres, wodurch die Staatsangehörigkeit des Einreisenden und die Möglichkeit der Rückkehr in den Heimat- oder letzten Aufenthaltsstaat dargetan wird.» Der Artikel ergänzte: «Die Pässe und gleichwertigen Legitimationspapiere haben das Visum des für den letzten Wohnort des Einreisenden zuständigen schweizerischen Gesandten oder Konsuls zu tragen.»[241]

Nun brauchten Zuwanderer vor Überschreiten der Grenze die entsprechenden konsularischen Bewilligungen. Damit war die bisher gültige Niederlassungsfreiheit faktisch aufgehoben. Wenn ein Ausländer nur um einen kurzen Aufenthalt nachsuchte, hatte er das Land auch kurzfristig wieder zu verlassen. Begehrte er einen unbefristeten Aufenthalt, wurde ihm das Visum möglicherweise verweigert. Ergänzt wurden die Bestimmungen durch die «Kontrolle im Innern des Landes», die verlangte: «Jeder neu ankommende Ausländer hat sich innerhalb 24 Stunden nach der Ankunft am ersten Aufenthaltsort unter Vorlage seiner Ausweisschriften bei der Polizeibehörde anzumelden und über den Zweck seines Aufenthaltes auszuweisen.»[242] Wer nicht Recht tat, wurde abgeschoben.

Der Fremde, geschultert von zwei
Schweizern;
Nebelspalter Nr. 15, 1925

Zur Durchsetzung dieser Vorschriften wurde im gleichen Jahr die eidgenössische Zentralstelle für Fremdenpolizei geschaffen. 1919 stieg der junge Jurist Heinrich Rothmund zu deren Chef auf, der sich von Anfang an dafür einsetzte, die wesensfremden Elemente vom Lande fernzuhalten. Für ihn blieben Ausländer auch als seit langem Niedergelassene «Fremde Fetzel».[243] Er war «der personifizierte ‹Motor› der Überfremdungsabwehr», wie ein Kenner der Geschichte der Fremdenpolizei schreibt.[244]

Eine Verordnung aus dem Jahr 1919 hielt im Wesentlichen an den Kriegsbestimmungen fest. Die Kantone durften schriftenlose Ausländer nur noch mit Zustimmung der Fremdenpolizei aufnehmen.

Die nationalkonservativen Kräfte drängten auf immer härtere Maßnahmen. 1920 lancierte ein Aargauer Komitee die erste «Überfremdungsinitiative» der Bundesstaatsgeschichte. Sie beabsichtigte, die Einbürgerung zu erschweren, indem der vorgängige Aufenthalt im Land von zehn auf zwölf Jahre auszudehnen sei. Außerdem sollten so genannte Neuschweizer kein Recht mehr haben, in politische Ämter gewählt zu werden.

Noch wurde das Ansinnen mit großem Mehr abgelehnt. In der Volksabstimmung von 1922 sagten 65 828 Stimmberechtigte Ja zum Vorstoß, 347 988 stimmten Nein.

Den älteren Stimmberechtigten mochte bewusst sein, wie sehr die Industrialisierung eingewanderten Arbeitern und Unternehmern zu verdanken war. Oder sie wussten gar noch, dass ihre Eltern vor der Gründung des Bundesstaates als Kantonsfremde selbst Ausländer gewesen waren.

Die politische Linke, die sich den Internationalismus auf die Fahne geschrieben hatte, widersetzte sich dem Nationalismus, der die Initiative färbte. Als Gegner jeglicher Abschließungstendenzen engagierte sich die Fremdenverkehrslobby. Von einem «Hotelierstandpunkt» war deshalb die Rede.[245] Die Hoteliers kritisierten die oft peniblen Schwierigkeiten für Reisende an der Grenze. Da sie Angestellte brauchten, drängten sie auch darauf, dass die Visumserteilung durch die Konsulate liberalisiert werden. Sie bombardierten die Bundesbehörden mit Anfragen und Eingaben.

Doch es stand fest: Man würde trotz wirtschaftlichen Bedarfs nicht mehr zum freien Grenzverkehr der Vorkriegszeit zurückkehren. Letztlich lag der Grund dafür in der Furcht vor dem Bolschewismus. Der Schweizerische Gesandte Philipp Mercier in Berlin, beeindruckt von den revolutionären Vorgängen in Deutschland, schrieb im Hinblick auf die Wünsche von Industrie und Tourismus, die Kurgästen Einreiseerleichterungen verschaffen wollten: «Ich verkenne die Notlage der schweizerischen Hotellerie, unter der ich persönlich als Aktionär und Obligationär auch zu leiden habe, keineswegs, doch erlaube ich mir, der Meinung Ausdruck zu geben, die Bekämpfung des Bolschewismus sei wichtiger als die sofortige Förderung der Hotellerie. Es ist eben nicht außer Acht zu lassen, dass der Bolschewismus alles ruiniert und dass er, falls er in der Schweiz Fuß fassen sollte, auch den Untergang der Hotellerie bedeuten würde. Meines Erachtens müssen die Grenzen so hermetisch als möglich geschlossen bleiben, bis die Gefahr des Bolschewismus vorbei ist.»[246]

Der massive Wirtschaftseinbruch in den zwanziger Jahren begünstigte Vorstöße für strenge Regelungen. Konkurrenz auf dem Arbeitsmarkt sollte möglichst ausgeschaltet werden, diese Parole konnte auch den Widerstand in der Arbeiterschaft überwinden. So fand die Schweiz nach und nach zu einer harten nationalen Linie in der so genannten Ausländerpolitik. Es ereignete sich eine Art Schrumpfung der Perspektive: Der Horizont wurde enger, die Berge wurden höher.

Doch galt es, das bisherige Notverordnungsrecht nach vielen Einzelerlassen in ein reguläres Gesetzeswerk zu überführen. Dafür musste als Grundlage ein Verfassungsartikel geschaffen werden.

Die Visumspflicht sollte schrittweise abgeschafft, stattdessen die Inlandkontrolle – etwa die Meldepflicht – perfektioniert werden. Dass der Visumserteilung allzu viel Willkür anhaftete, war offensichtlich. So wurde dem dänischen Schriftsteller Martin Andersen Nexö nicht erlaubt, in die Schweiz einzureisen, obwohl er an einer schwachen Lunge litt und gesunde Luft suchte.[247] Hingegen durfte der ehemalige König Karl von Ungarn bleiben, der von der Schweiz aus die Restauration seines Thrones betrieb. Das erregte öffentlichen Unmut, der sich in einer Pressepolemik entlud.[248]

Eine Verfassungsbestimmung über die «Ausländergesetzgebung» wurde entworfen und 1925 durch Volksabstimmung gutgeheißen: «Die Gesetzgebung über Ein- und Ausreise, Aufenthalt und Niederlassung der Ausländer steht dem Bunde zu.»[249] Seither steht es dem Bund zu, Gesetze über Ein- und Ausreise, Aufenthalt und Niederlassung von Ausländern zu erlassen. Erstmals war in der Botschaft des Bundesrates zum Gesetzesvorschlag das Konzept der begrenzten «Aufnahmefähigkeit» beschrieben.[250] Später sollte die Schweiz mit einem Boot verglichen werden, dessen Charakteristikum es weniger war, schwimmen zu können, als ständig vom Sinken bedroht zu sein.

Der Bundesrat betonte in seiner Botschaft zum neuen Verfassungsartikel, es gehe um «die Schaffung eines der Überfremdungsabwehr dienenden Rechts».[251] Einen Rechtsanspruch des Ausländers auf Niederlassung gebe es nicht. Mehr noch: «Ein Asylrecht, ein Rechtsanspruch des Ausländers auf Asylgewährung, besteht in der Schweiz nicht und sollte nicht geschaffen werden. Was gemeinhin Asylrecht genannt wird, ist lediglich eine Gewohnheitsregel der schweizerischen Politik; sie gilt nur unter gewissen Bedingungen und Ausnahmen, und bei ihrer Handhabung müssen natürlich auch die Überfremdungsverhältnisse berücksichtigt werden.»[252] Dementsprechend könnten auch nicht die liberalen Vorkriegsverhältnisse wieder eingeführt werden: «Während formalrechtlich die Notwendigkeit einer Umgestaltung» – gemeint die Gesetzesgrundlagen in der Ausländerpolitik – «verschwinden soll, ist damit die Notwendigkeit materieller Neuformung noch nicht gegeben, sie muss vielmehr im Einzelnen untersucht werden.»[253]

So wurde die Wende von der offenen Schweiz zur Festung Schweiz zementiert.

In diesem Geist und auf dieser Verfassungsbasis wurde 1931 das Bundesgesetz über Aufenthalt und Niederlassung der Schweiz, ANAG in die Welt gesetzt, das mit einigen Änderungen heute noch gilt. Es steckte die Leitplanken für die schweizerische «Ausländerpolitik» des ganzen restlichen Jahrhunderts. Und so steht denn heute noch das Unwort aus dem Geist der Abwehr des Bolschewismus darin: «Überfremdung». Das Wort erhielt die Würde eines Rechtsbegriffs, bestimmt doch

Artikel 16: «Die Bewilligungsbehörden haben bei ihren Entscheidungen die geistigen und wirtschaftlichen Interessen sowie den Grad der Überfremdung des Landes zu berücksichtigen.»[254] In der später dazu erlassenen Verordnung kamen auch Begriffe aus dem Arsenal des Kampfes gegen Zigeuner zu Ehren: «Liederlichkeit» und «Arbeitsscheu».[255]

Dass der Völkerbund, den die Schweiz so sehr vorangetrieben hatte, einen «Weltniederlassungsvertrag» anstrebte, ist angesichts der weiteren Ereignisse nur noch eine historische Fußnote.

Schweizergeschichten:
Leopold Ruzicka – Chemiker und Nobelpreisträger aus Slawonien

Der Chemiker liebte wirklich Rosen, wie sein Name verspricht: Ruzicka. Röschen. «Er blieb sein Leben lang ein einfacher Mensch mit einem puritanischen Einschlag, der dem betonten Intellektualismus mit einem gewissen Misstrauen gegenüberstand», berichtet Vladimir Prelog, Schüler des zum Professor an der ETH aufgestiegenen Ruzicka. Aber er war ein Kosmopolit aus der Fülle seines Herzens.

Leopold Ruzickas Vater war ein Küfer und Holzhändler, der nur zwei Jahre eine Schule besucht hatte, seine deutschstämmige Mutter Hausfrau. Eines hätte jeder dem Kleinen voraussagen können: Aus dem würde nie eine theoretische Leuchte. Doch erhielt er den Nobelpreis, wie eine ganze Reihe Begleiter aus seinem akademischen Umfeld: Staudinger, Prelog, Reichstein.

Ursprünglich wollte er Priester werden. Die Lektüre von Ernst Haeckels «Welträtsel» hat ihn zur Abkehr von der Religion veranlasst. So phlegmatisch der Junge schien, er war gewitzt genug, seine Heimat zu verlassen. Indem er an einer Hochschule in Westeuropa studierte, wich er der Politik zu Hause aus. Denn Leopold stammte aus einem von historischen Auseinandersetzungen geprägten Gebiet: Geboren wurde er 1887 in Vukovar (einem Juwel, das in den Kriegen der 1990er Jahre auf dem Gebiet Ex-Jugloslawiens grausam zerstört wurde). In seiner Jugend erlebte er das Erwachen der slawischen Nationalbewegungen. Zeitlebens verabscheute er Gewalt.

Auch als Doktorand bei Professor Hermann Staudinger, der damals in Deutschland lehrte, brillierte Ruzicka nicht. Er beschäftigte sich mit Insektenpulver, verbrauchte für seine Studien Unmengen von Schwabenkäfern und kam zu Resultaten, die zwar «nicht ganz richtig» waren, wie Prelog sagt, aber «bahnbrechend».

Während des Studiums heiratete er die Tochter eines Eisenbahnbeamten. Es wäre eine mittelmäßige Karriere zu beschreiben, wenn der Mann nicht einen untrüglichen Riecher gehabt hätte: für Parfüme! Eine Zeit lang beschäftigte er sich mit dem Veilchengeruch, dann analysierte er die Zusammensetzung zweier Moschusriechstoffe und ermöglichte deren künstliche Herstellung. Die Konsumentinnen verlangten weltweit nach raffinierten Düften.

Als Professor für allgemeine Chemie an der Eidgenössischen Technischen Hochschule in Zürich hielt er Vorlesungen, die nicht besonders inspirierend gewesen sein müssen, wie Prelog beschreibt: Mit Strukturformeln habe er während einer Stunde mehrmals die großen Tafeln voll geschrieben. «Er betrachtete das Abschreiben von vielen Strukturformeln als ein wirksames Mittel, die Strukturlehre in das Unterbewusstsein der Studenten zu bringen.»

Seine Spezialität waren «Terpene». Das sind in der Natur verbreitete Chemikalien, die sich besonders in ätherischen Ölen finden. Ruzickas Leistung bestand darin, deren

Grundbausteine ausfindig zu machen. Damit ließ sich ein ganzer Baukasten von höheren Terpenen ableiten, wozu so bekannte Stoffe gehören wie Kampfer, Menthol und Carotin, der rote Farbstoff der Rüben.

Mit seinem Sinn fürs Machbare trat Ruzicka mit der Industrie in Verbindung. Wie viel sie bereit war, an Forschungen zu bezahlen, ließ er sie tun. Er arbeitete zusammen mit der damaligen Gesellschaft für Chemische Industrie, der späteren Ciba. Als Sponsor konnte er die amerikanische Rockefeller-Foundation gewinnen.

Seine wichtigste Entdeckung brachte ihm den wissenschaftlichen wie den wirtschaftlichen Durchbruch. 1934 gelang es ihm und seinem Team – zu dem namentlich Tadeusz Reichstein zählte –, das Hormon Androsteron zu bestimmen und künstlich herzustellen. Ein Jahr später wurde im Labor der Ciba das wirksamste männliche Sexualhormon synthetisiert, Testosteron, nach einer Theorie von Ruzicka.

Mit diesen Säften, wenn man darf
Macht man selbst Mummelgreise scharf.

So fasste ein Kollege, Professor für physikalische Chemie, mit männlich-greisem Humor Ruzickas Verdienst in Verse.

Für die Fachwelt war es keine Überraschung, dass Ruzicka 1939 den Nobelpreis in Chemie erhielt. Ruzickas Entdeckungen waren für die Industrie von größter Bedeutung. Die Lizenzgebühren aus den USA schwollen zum Geldstrom an und summierten sich auf dreieinhalb Millionen Franken. Das Geld verprasste der Gesegnete auf eigene Art. Er investierte es in exklusive flämische Malerei des 17. Jahrhunderts, erwarb eine hochkarätige Sammlung – und verschenkte den Schatz dem Zürcher Kunsthaus. Dass darin nun Bilder von Brueghel, Hals, Rembrandt, Rubens, van Ruisdael, Steen zu sehen sind, verdankt man dem bäuerlichen Jungen aus Jugoslawien. Weil er Millionenwerte verschenkte, höhnten einige, er sei nicht normal. «Wenn nur noch mehr Leute auf diese Weise nicht normal wären», antwortete der Spinner den Spießern.

Auch den Weltereignissen gegenüber zeigte er nicht jenes schleichende Normalverhalten, das als gesellschaftsfähig gilt. Er erwies sich als radikaler Gegner des Nationalsozialismus und verachtete Hitler zutiefst. Als ein deutscher Kollege an einem internationalen Chemiker-Kongress über freie Fettsäuren referierte, warf Ruzicka ein: «Gibt es denn in Deutschland überhaupt noch freie Fettsäuren?» Ruzicka half regimefeindlichen Wissenschaftlern nach ihrer Flucht aus Deutschland und wirkte als Dozent im Hochschullager für internierte Polen.

Nach dem Krieg engagierte er sich für den Wiederaufbau Jugoslawiens und sorgte dafür, dass westliches Geld, das nicht für kommunistische Staaten bestimmt war, dann doch in seine Heimat floss. Er wurde Präsident des Schweizerisch-Jugoslawischen Hilfsvereins und galt als persönlicher Freund von Marschall Tito, dem Präsidenten des im Partisanenkampf befreiten Jugoslawien.

Als die Atomrüstung zur Verteidigung westlicher Arroganz gegen östliche Arroganz entwickelt wurde, scheute der angesehene Wissenschaftler nicht davor zurück, öffentlich vor deren Auswirkungen zu warnen. «Heute kann überhaupt kein Zweifel mehr bestehen: Das größte Risiko für die Zukunft der Menschheit ist die Weiterverbreitung der Atomwaffen auf immer mehr Länder», schrieb er im Vorwort zu einer Publikation, die für atomare Abrüstung warb. So sprach ein «objektiver Wissenschaftler».

1957 verstarb er. Die NZZ verwies in einem Nachruf maliziös auf ein Gebresten des Bildersammlers und Blumenfreunds. Seiner Farbenblindheit hätten einige zugeschrieben, dass Ruzicka – als Mitglied der sowjetischen wie der päpstlichen Akademie – «das Kardinalsrot vom Rot der sozialistischen Fahnen nicht unterscheiden konnte».[256]

Flüchtlinge;
Nebelspalter Nr. 7, 1935

XV. Dreißiger Jahre – Die Reichsflüchtlinge

Schauplatz Davos. Im Jahr 1936. Auf der Promenade vergnügen sich die Gäste, Schlitten klingeln, und in den Hotels beginnen die Orchester zu spielen. Am Abend des 5. Februar zieht dort ein Student einen Browning und erschießt den Landesgruppenführer der NSDAP in der Schweiz. In dessen eigener Wohnung, im Herzen der deutschen Kolonie.

Der Attentäter David Frankfurter stellte sich der Polizei. Er war Sohn eines Rabbiners, stammte aus Slawonien, hatte in Deutschland Medizin studiert, war 1933 aus dem Reich geflohen und studierte nun an der Universität Bern. Auf die Frage nach den Gründen seiner Tat antwortete er, er habe nicht anders handeln können. Gustloff sei «ein Naziagent, der hier die Luft verpeste».[257] Frankfurter war einer von denen, die das Gewissen zum Handeln trieb. Kein Realpolitiker.

Dem Landesgruppenführer Wilhelm Gustloff unterstand ein Staat im Staat: der Parteiapparat der NSDAP und seine Nebenorganisationen. 45 Ortsgruppen und 21 Stützpunkte in 66 Ortschaften zählten diese zur Zeit des Attentats.[258] Jugendorganisationen, Sportverbände und Deutsche Arbeitsfront gehörten zum Umfeld. 5000 Sympathisanten des Hitlerregimes sollen darin organisiert gewesen sein.[259]

In den dreißiger Jahren lebten über 50 000 Staatsangehörige des Deutschen Reichs in der Schweiz.[260] Viele von ihnen wirkten dafür, dass die Schweiz heim ins Reich komme, wie es eine sozialdemokratische Schrift mit dem provokativen Titel «Gau Schweiz» anprangerte; sie zitierte einleitend den Programmpunkt 1 des NSDAP-Programms: «Wir fordern den Zusammenschluss aller Deutschen aufgrund des Selbstbestimmungsrechtes der Völker zu einem Groß-Deutschland.»[261]

Schauplatz Zürcher Schauspielhaus. Immer wieder erscholl Applaus, wenn der schöne Wolfgang Langhoff sich am Schluss der Aufführungen verbeugte. Er war ein Liebling der Zürcher Hautevolee und hatte schon eine traurige deutsche Karriere hinter sich, als er 1934 nach Zürich kam. Am Tag des Reichstagsbrandes war er von den Nazis als «roter Hund» verhaftet worden.[262] Er war als Gewerkschaftsobmann des Düsseldorfer Schauspielhauses tätig gewesen und hatte die Agitproptruppe «Nordwest ran» geleitet.

Die Nazis internierten ihn im Konzentrationslager «Börgermoor», dann in «Lichtenberg». Auf Drängen des Zürcher Schauspielhausdirektors Ferdinand Rieser, der ihn dringend in seiner Truppe haben wollte, wurde Langhoff bei einer Amnestie frei gelassen. So war er einer der Ersten, der über Konzentrationslager aus eigener Erfahrung berichten konnte. Er tat dies öffentlich. Im Frühjahr 1935 erschien sein spannend geschriebener autobiografischer Roman «Die Moorsoldaten».[263] Das Lied der Moorsoldaten ging um die Welt:

Hier in dieser öden Heide
Ist das Lager aufgebaut,
Wo wir ferne jeder Freude
Hinter Stacheldraht verstaut.[264]

Ab 1935 konnte man in der Schweiz also wissen, dass «drüben» Schlimmes vor sich ging. Die Menschen selbst, die von dort kamen, erzählten es ja. Hätte man ihnen mehr geglaubt, wäre man vorbereitet gewesen auf die Berichte von der systematischen Vernichtung der Juden, die später anlief. Sie kam nicht wie ein Gewitter aus heiterem Himmel.

Schauplatz Hotelzimmer. In Zürich, Bern, Ascona. 1933 floh sie in die Schweiz. Sie wirkte wie eine Gestrandete, war zerfahren, gelegentlich hysterisch, und so sah sie sich selbst: «Heut dacht ich so recht, wie man so verarmt herumläuft. Ich bin wirklich wund.»[265] Eine Frau, die als eine der großen Dichterinnen Deutschlands schon Bekanntheit erlangt hatte: Else Lasker Schüler.

Sie stand in ständigem Kleinkrieg mit der Fremdenpolizei. Jahrelang versuchte sie, in der Schweiz eine Niederlassungsbewilligung zu erhalten. Es hagelte Ausweisungsbeschlüsse. Jahrelang vermochte sie die Polizisten auszutricksen, folgte deren Anweisungen scheinbar, reiste ab, ins Tessin oder ins Ausland, kehrte wieder zurück. Sie hielt Lesungen, obwohl ihr die Fremdenpolizei die Erwerbstätigkeit als Dichterin verbot. Ein Schrecken der Beamten: «Sie strebt offenbar dauernde Festsetzung in unserem Lande an (…)», heißt es in einem Schreiben des Eidgenössischen Justiz- und Polizeidepartementes.[266] Sie betreibe schlicht «Unfug», ärgerte sich die städtische Fremdenpolizei.[267] Vermutlich weise sie «einen geistigen Defekt» auf.[268]

1936 durfte sie die Uraufführung ihres Schauspiels «Arthur Aronymus und seine Väter» am Zürcher Schauspielhaus erleben, doch führte eine scharfe Kritik der NZZ zur Absetzung des Stücks. Dann wurde sie aus Deutschland ausgebürgert. Als sie sich 1938 auf eine Reise nach Palästina begab, verweigerten ihr die Schweizer Behörden das Rückreisevisum. Im Exilland Palästina starb sie noch vor Kriegsende. Eine, die in der Schweiz nicht hatte Fuß fassen dürfen. Ihre Geschichte ist einer der Schandflecke in der Schweizer Asylpolitik.

Diesen Emigranten gegenüber stand der «Morgenstern-Schweizer». So bezeichnete Bundesrat Häberlin in seinem Tagebuch die Schweizer mit antisemitischer Tendenz.[269] (Ein Morgenstern ist ein mit Nägeln versehenes Haugerät für den Kriegsgebrauch. Und «Morgenstern» nannte sich die Publikation des «Nationalen Aktionskomitees gegen die Überfremdung».)

Bei jeder Gelegenheit betonte der Morgenstern-Schweizer den schweizerischen «Sonderfall», dies vornehmlich durch die Stimme von Heinrich Rohtmund, Chef der Fremdenpolizei, der an internationalen Konferenzen den Bundesrat vertrat.[270]

Der Morgenstern-Schweizer war nicht gegen die politischen Flüchtlinge. Die Schweiz war schließlich ein altes Asylland. Dass politische Flüchtlinge aufzunehmen seien, wurde Anfang dreißiger Jahre wiederholt bestätigt, allerdings ohne zu definieren, was ein politischer Flüchtling sei. Dies zu entscheiden, blieb in der Kompetenz der Bundesanwaltschaft. Und für sie gehörten Juden jedenfalls nicht dazu. Sie waren «Israeliten» und fielen für den Chef der Fremdenpolizei Heinrich Rothmund in die Schublade «Überfremdungsproblem».[271]

Diese Politik wurde in den folgenden Jahren durch Praxis und Verordnungen immer wieder bestätigt. 1939 ließ der Chef der Fremdenpolizei verlauten: «Nicht zurückzuweisen sind (…) politische Flüchtlinge, das heißt Ausländer, die sich bei der ersten Befragung von sich aus als solche ausgeben und es glaubhaft machen können. Flüchtlinge nur aus Rassengründen, zum Beispiel Juden, gelten nicht als politische Flüchtlinge.»[272] Rothmund: «Wir haben nicht seit zwanzig Jahren mit dem Mittel der Fremdenpolizei gegen die Zunahme der Überfremdung und ganz besonders gegen die Verjudung der Schweiz gekämpft, um uns heute die Emigranten aufzwingen zu lassen.»[273]

Im Rückblick ist klar: «Die entscheidende begriffliche Voraussetzung für die Flüchtlingspolitik in den dreißiger und vierziger Jahren war die Unterscheidung von politischen und nichtpolitischen Flüchtlingen. Sie erlaubte es den Entscheidungsträgern, Schutzsuchende als nichtpolitische Flüchtlinge abzuweisen und dennoch scheinbar an einer traditionellen humanen Aufnahmebereitschaft festzuhalten.»[274]

Mochte ihnen Deutschland selbst den Pass wegnehmen und das Bürgerrecht absprechen. Der Kabarettist Werner Lenz sang auf der Bühne im Lied «Mensch ohne Pass»:

Denn ich bin ein unangemeldetes Leben
Und habe keinen Pass.
Ich stehe daneben und bleibe daneben –
Den Beamten ein ewiger Hass.[275]

Der Morgenstern-Schweizer aber hatte einen Pass, eine Heimat und wusste sich der uralten alpinen Rasse zugehörig. Er erfand seine eigene Rasse, um die aus Rassegründen Verfolgten mit wissenschaftlichen Argumenten abwehren zu können.

Breitschädlig sei er, dieser Homo alpinus, so postulierten die Anthropologen. In der Fachsprache wurde er auch «die ostische Rasse» genannt: «Sie ist kurz und gedrungen gewachsen, untersetzt, bietet also bei annähernd gleicher Körperhöhe doch ein wesentlich anderes Bild als die westische Rasse. Ist diese zierlich-schlank, so ist die ostische Rasse gedrungen-breit.»[276]

Seit dem Ende der zwanziger Jahre hatte der Anthropologe Otto Schlaginhaufen Schweizer Rekruten vermessen; er sammelte die Daten von insgesamt, sage und schreibe: 35 418 Stellungspflichtigen.[277] Allerdings musste er gestehen, dass die Vermessenen nur entfernt dem alpinen Typus entsprachen. In einer Publikation kam er zum Schluss, dass der Anteil der «Alpinen» nur 1,41 Prozent der Schweizer Bevölkerung ausmachte. Schlaginhaufen war einigermaßen enttäuscht: «Es ergibt sich somit ein Anteil, der geringer ist, als man ihn in der schweizerischen Bevölkerung erwarten sollte.» Zwar waren die Schweizer Köpfe schon etwas breiter als die der Nachbarländer, und diese Erscheinung nahm vom Jura zu den Alpen stufenweise zu. Aber die relativ schmale Nase passte nicht ins Bild. Nichtsdestotrotz, unermüdlicher Wissenschafter, der Schlaginhaufen war, versuchte er weiterhin, Hypothese und Wirklichkeit zur Deckung zu bringen: Es stelle sich fortan die Frage, ob die bisherige «Beschreibung der alpinen Rasse nicht einer Änderung oder Erweiterung bedarf».[278]

Der Anthropologe präsentierte die Resultate der Rekrutenvermessungen an der großen Schau der Schweiz, der Landesausstellung von 1939. Dabei wurde auch ein uraltes Schweizerinnenskelett gezeigt – die «Frau von Egolzwil» – gleichsam eine mesolithische Luzernerin.[279]

Messungen mit dem Tasterzirkel wurden in den folgenden Kriegsjahren auch an Internierten durchgeführt. Man wollte dem «Wesen» dieser Menschen auf die Spur kommen – und so ihre Andersartigkeit begründen.[280] Rassenbiologie wurde zur indirekten Helferin der Flüchtlingspolitik. Die Hoffnung auf eine biologisch begründete schweizerische Identität zur Grundlage der Abweisung von Fremden.[281]

Bis in die fünfziger Jahre hinein geisterte der Yeti der Alpen durch die Anthropologie. Gelegentlich suchte man den alpinen Typus in einer negativen Version als Produkt berglerischer Inzucht. Im Unterengadin wollte ein Forscher ihn noch Anfang der fünfziger Jahre aufspüren. Der Forscher interessierte sich für die Erbbiologie der Familien Arquint, Pazeller, Schlegel, Zischg. Heraus kam das Gegenteil dessen, was er vermutet hatte. Die Resultate der Studien zeigten nämlich, dass auch im untersuchten Unterengadiner Dorf sich nichts Reinrassiges erhalten hatte: Handwerker aus dem Tirol, Serviertöchter aus dem Vorarlberg und wohl auch die Touristen aus England und Deutschland hatten dafür gesorgt, dass die Schweiz mit frischem Blut versorgt wurde.[282]

Eine bloße theoretische Übung war das Ganze nicht. Erbbiologische Kriterien wurden 1938 in Basel in den Katalog von Bedingungen aufgenommen, die zur Aufnahme ins Bürgerrecht erfüllt werden mussten. Das Basler Bürgerrecht konnte jedenfalls von Personen nicht mehr erworben werden, welche «an seelischen oder körperlichen Leiden erkrankt sind oder voraussichtlich erkranken werden, durch welche sie sich, ihre Nachkommenschaft oder ihre Umgebung erheblich gefährden würden».[283] Da wurde die Einbürgerung zum Instrument eines eugenischen Programms.

Schweizergeschichten:
Erika Mann – Schriftstellerin und Kabarettistin aus München

Im Bühnen-Scheinwerferlicht steht die berühmte Giehse. Auf dem kleinen Sockel wirkt sie wie ein Monument. Angetan mit rosafarbenem Babykleid und strohfarbener Perücke. Schaurig-schön singt sie als personifizierte Dummheit:

> Der Leute Hirn verklebe ich,
> ich nag' an der Substanz.
> Von ihrem Stumpfsinn lebe ich,
> es ist ein toller Tanz.
> Besonders bin ich eingestellt,
> auf Herren, die regier'n.
> Und die auf dieser ganzen Welt
> mich freudig akzeptier'n.
> Die Herren tun alles, was ich will
> in blut'ger Narretei.
> Und ihre Völker halten still.
> Denn ich bin stets dabei.
> Ja, um Gotteswillen, bin ich dumm!

Therese Giehse gehörte zum Ensemble eines Emigrantenkabaretts, das als erste Theatertruppe praktisch in corpore aus Deutschland auszog, nachdem Hitler an die Macht gelangt war. «Die Pfeffermühle», gegründet und geleitet von Erika Mann.

In München war das Auftreten der Truppe unmöglich geworden, da wehten die Hakenkreuzfahnen, die erste Verhaftungswelle war schon erfolgt. «Wir hatten beschlossen, wir machen draußen weiter (...)», schrieb Erika Mann im Rückblick. Sie packte die Koffer und ging in die Schweiz, wo ihre Eltern eben in den Ferien weilten. Ihrem Vater, dem Schriftsteller und Literaturnobelpreisträger Thomas Mann, hatte sie dringend abgeraten, nach Hause zurückzukehren.

Sie war ein Multitalent, Schriftstellerin, Theaterfrau und nicht zuletzt Autoliebhaberin. Von einem Rallye, das über zehntausend Kilometer führte, war sie als Siegerin nach Berlin zurückgekehrt. Diesmal sollte es keine Rückkehr geben.

In Zürich fand sie eine Bühne im Hotel Hirschen, das halb Stundenhotel, halb Bierlokal war. «Ein für freiheitsliebende Flüchtlinge weltoffenes Land, eine weltoffene Stadt», so urteilte Erika Mann über das erste Zielland ihrer Odyssee als Emigrantin.

Die Zürcher Premiere vom 30. September 1933 wurde von der NZZ gefeiert: «Der Abend flog hin, und als man vor Mitternacht ging, hatte man keinen Seifengeschmack auf der Zunge. Wie sonst.» Das Programm überzeugte so sehr, dass schon nach wenigen Monaten ein schweizerisches Plagiat entstand: das bieder-schweizerische Kabarett «Cornichon», das man besser kennt als sein Vorbild. Der Erfolg war allerdings für Erika Mann nicht leicht zu erringen. Als Arbeitgeberin führte sie einen ewigen Kampf mit der Fremdenpolizei um Arbeitsbewilligungen. Die Deutsche Botschaft hatte in den Vorstellungen ihre Spitzel sitzen, die gehässige Berichte schrieben. Von links erntete sie Kritik, sie sei zu wenig klassenkämpferisch. Tatsächlich waren ihre Nummern nicht agitatorisch-plump, es haftete ihnen eine samtene Melancholie an. Viele der Stücke waren von Erika Mann selber verfasst.

> Mit ihrem starken Motorrad
> Macht Großmama die Runde.
> Von Berg zu Meer, von Wald zu Stadt
> Gut achtzig in der Stunde.
> Nur wenn sie an die Grenze kommt
> Vom ersten Land zum zweiten
> Dann dauert es zwei Tage dort
> Das ist nicht zu bestreiten.
> (…)
> Halt! Douana! Zollvisite!
> Grenzpassage! Halt! Ihr Pass!
> Wo sind die Papiere bitte!
> Halt! Das Päckchen wiegt etwas!
> (…)
> Zeigen Sie mal Ihre Zähne
> Ist nicht zuviel Gold im Mund?
> Ihre kleine Schoßhyäne
> Scheint uns etwas ungesund.
> Morden Sie den Präsidenten?
> Wie sind Sie denn eingestellt.
> Ja, es gibt an allen Enden
> Soviel Dummheit auf der Welt.

Anlässlich der Auftritte fürs dritte Exilprogramm kam es zum Krawall. Ein Zuschauer gab mit einer Militärordonnanzpfeife das Signal zum Tumult. Pfiffe, Rufe: «Pfui», «Use mit de Jude». Ein «politisches Hetzkabarett» seis, hatte die rechtsextreme Zeitung «Die Front» geschrieben. Ein «jüdisches Emigrantenkabarett». In Wirklichkeit gehörten ihm lauter Nichtjuden und nur eine Jüdin an, alle mit gültigen Pässen von Österreich, Deutschland und der Schweiz.

Erika Mann erinnert sich: «Stinkbomben wurden geschmissen, und da die Polizei eingreifen musste, kam es sogar zu einer Schießerei. Fast die ganze Schweizer Öffentlichkeit, Presse und Publikum nahmen für die ‹Pfeffermühle› Partei. Das war ehrenvoll und erfreulich, aber es nützte nicht viel. Das Kabarett bekam die Spielerlaubnis nicht mehr.»

Der Anführer des frontistischen Aufruhrs, ein Dr. James Schwarzenbach, wird in späteren Jahren politisches Aufsehen erregen als Nationalrat und Initiant fremdenfeindlicher Initiativen. Ein Stück Familienpolemik spielte mit: James Schwarzenbach war der Cousin von Erikas enger Freundin, der Schriftstellerin Annemarie Schwarzenbach.

Mit seinem Exilprogrammen tingelte das Kabarett durch die Schweiz. In drei Jahren gab man mehr als tausend Vorstellungen. Nach den Zürcher Krawallen wurden indes die Schwierigkeiten zu groß. Fast alle anvisierten Spielorte verboten die Auftritte des Kabaretts. So Davos, wo eine besonders starke deutsche Kolonie lebte. Der Kleine Landrat der Gemeinde meinte: «Nun besitzt aber der Kurort Davos eine prozentual so starke, ansässige deutsche Kolonie, wie wohl keine andere Schweizer Gemeinde, und ist außerdem stark von deutscher Klientel besucht, welche beiden Bevölkerungskomponenten außer allem Zweifel mehrheitlich auf dem Boden des gegenwärtigen deutschen Staatsregimes stehen.» Es kommt noch reizender; es dürfe gesagt werden, «dass Davos der Familie des Herrn Thomas Mann keine besondere Dankespflicht schuldet, da dessen ‹Zauberberg› durch die darin enthaltene tendenziöse Schilderung des Kurlebens zweifellos eine Schädigung des Kurortes zur Folge gehabt hat».

Erika Mann verlor den Boden unter den Füßen. Tourneen in den noch vom Nationalsozialismus verschonten Ländern fanden zwar herzlichen Applaus, provozierten aber immer wieder Interventionen deutscher Vertretungen. Da versuchte sie es in Übersee, wohin schon viele Landsleute ins Exil gegangen waren. 1937 hatte die «Peppermill» in New York Premiere. Das Unternehmen geriet zum Flop. Angesichts des schwachen Echos löste sich das Ensemble auf.

Die Wirklichkeit holte das Bühnenprogramm ein. Erika Mann wurde gänzlich heimatlos, mittlerweile war sie aus Deutschland ausgebürgert. Sie muss sich gefühlt haben, wie es der ebenfalls zum Heimatlosen gewordene Walter Mehring auf ihrer Bühne vorgetragen hatte:

Die ganze Heimat
Und das bisschen Vaterland
Die trägt der Emigrant
Von Mensch zu Mensch – von Ort zu Ort
An seinen Sohl'n, in seinem Sacktuch mit sich fort.

Um eine Staatsbürgerschaft zu erwerben – die britische –, heiratete sie einen homosexuellen Dichter. Ihre späteren Lebensjahre verbrachte sie in Kilchberg am Zürichsee, wo sie sich um ihren Vater kümmerte und selbst wieder zu schreiben begann. Kinderbücher. Kinder haben die Chance des Neubeginns.[284]

XVI. Zweiter Weltkrieg – Internierte und Abgewiesene

Noch sind Teile des Zauns zu sehen, der in Kreuzlingen die Grenze markierte. 340 Laufmeter Hag mit Stacheldrahtkrone wurden auf Antrag des Eidgenössischen Finanz- und Zolldepartements vom Schweizer Bundesrat 1939 beschlossen und finanziert. Der Volksmund fand dafür die Bezeichnung «Judenzaun».[285] Ein weiterer Abschnitt war das Werk der deutschen Wehrmacht.

Die Geschichte ist längst aufgearbeitet: Die Schweiz hat in der Zeit des Zweiten Weltkriegs Flüchtlinge aufgenommen und abgewiesen. Rund 24 500 wurden zurückgeschickt[286], zumeist erwartete sie drüben der Tod. 51 000 Zivilflüchtlinge wurden eingelassen.[287] Rund 295 000 waren es zusammen mit den internierten Militärpersonen, den Kindern auf Urlaub und vorübergehend auf Schweizer Boden befindlichen so genannten «Grenzflüchtlingen». Politische Flüchtlinge wurden gerade 251 registriert.[288]

Über diese Geschehnisse sind offizielle Berichte verfasst und Bücher publiziert worden: 1957 Bericht Ludwig, 1970 Bonjours Geschichte der schweizerischen Neutralität, 1999 Bericht der Bergier-Kommission; Alfred A. Häsler schrieb das Buch «Das Boot ist voll», die Flüchtlingshelferin Regina Kägi-Fuchsmann eine Autobiografie, der Journalist Werner Rings den Band «Schweiz im Krieg», Stefan Keller «Grüningers Fall».[289] Es ist alles gesagt.

In der berühmten Weisung vom 13. August 1942 verfügte der Bundesrat die Sperrung der Landesgrenze. Ausgenommen davon waren Deserteure, politische Flüchtlinge und genau bestimmte «Härtefälle». Für das Gros der Schutzsuchenden, die so genannten Zivilflüchtlinge, hieß das: Sie mussten draußen bleiben.[290]

Heute weiß man, dass das Boot noch nicht voll war. Und eine andere Haltung wäre möglich gewesen. Der letzte Satz des Bergier-Berichtes lautet knapp und hart: «Eine am Gebot der Menschlichkeit orientierte Politik hätte viele Tausend Flüchtlinge vor der Ermordung durch die Nationalsozialisten und ihre Gehilfen bewahrt.»[291]

Glücklich die, die bleiben durften. Sie dankten es weniger sturen Behörden und den Namenlosen, die den Flüchtlingen geholfen haben. Viele von diesen haben den Spielraum, den es in jeder Situation gibt, genutzt. Auch wenn es gegen die Vorschriften war.

Je mehr die Schweiz von Deutschland umzingelt war, umso mehr kamen Schutzbedürftige aus allen Nachbarländern: Deutschland, Österreich, Frankreich, Italien. Als die Deutschen vorrückten, folgten Soldaten aus Frankreich; als sie sich zurückziehen mussten, Soldaten der westlichen Alliierten, aber auch geschlagene

Internierter GI mit Schweizerin;
Nebelspalter Nr. 6, 1945

Italiener oder abgedrängte Russen. Zuletzt stürzten amerikanische Bomberpiloten vom Himmel. Insgesamt waren im Laufe des Krieges zu verschiedenen Zeiten fast 105 000 Militärpersonen aus 38 Ländern in der Schweiz interniert.[292]

1940 wurde das 45. Französische Armeekorps am Clos du Doubs bei der schweizerischen Grenze von deutschen Panzern eingekreist. Die Munition ging der Truppe allmählich aus, und so bat ihr General den Bundesrat um die Erlaubnis, die Grenze zu übertreten. Zögernd sagte dieser Ja. Innert vier Tagen strömten rund 43 000 Soldaten in die Schweiz. Darunter eine polnische Schützendivision und ein marokkanisches Kavallerieregiment. Mit ihnen flüchteten Zehntausende Zivilpersonen.

Ihre Waffen hatten die Soldaten an der Grenze auf Haufen zu werfen, dann ging der Marsch ins Innere. Ein polnischer Offizier erzählt: «Die Bevölkerung zollte uns ihre Bewunderung. Gleichzeitig verpürten wir ihr Mitleid, und man erbot uns alle möglichen Dienste. Zigaretten und Schokolade fielen in die Reihen.»[293]

Frankreich meldete seine Bereitschaft, die eigenen Staatsangehörigen zu repatriieren. Für die polnischen Truppenangehörigen der französischen Armee aber sei die polnische Vertretung in der Schweiz zuständig. Nur, der polnische Staat existierte nicht mehr, seit Deutschland und Russland ihn in einer gemeinsamen Aktion besetzt hatten. So blieben die Polen in der Schweiz und wurden interniert.

Anfänglich wurden sie aufs ganze Land verteilt. Es entstand Unruhe, als die Franzosen zurückgingen, die Polen aber bleiben sollten.

Dann hatte der Bundesrat eine schlechte Idee. Er ordnete an, ein zentrales Lager zu errichten, da viele Polen als schwierig galten. Eines Tages fuhren im Ort Büren an der Aare militärische Baumaschinen auf. Mit Erstaunen vernahmen die Gemeindebehörden, dass auf ihrem Boden Baracken errichtet werden sollten. Sie waren dagegen, fürchteten die «ansteckenden Krankheiten» oder auch «Gerichtssachen», die entstehen könnten[294]. Mit letzterem waren wohl Diebstähle und Vaterschaftsklagen gemeint.

Eine Barackenstadt entstand. 120 Holzhütten, von Stacheldraht umgeben, mit einem stolzen Wachtturm in der Mitte. In der Planungsphase wurde die Anlage peinlicherweise «Concentrationslager» genannt, durchaus in Anlehnung ans deutsche Vorbild, dessen vorbildliche Lagerorganisation man schätzte.

Hierher wurden nach und nach rund 2000 Polen überführt.

Langeweile herrschte. Sie saßen herum und spielten Karten. Denn sie durften nicht arbeiten. Ausgehen durften sie nur mit Passierscheinen. Immer schärfere Ausgangsbestimmungen wurden erlassen. Die umging man schon einmal. Die Zensurbehörden untersagten die Benutzung der Fernsprechapparate. Auch Alkohol war verboten. Die Servierfrauen in den Restaurants stellten darum Teekännchen bereit, wenn Polen erschienen, in denen doch der gesuchte Wodka schwappte.

Schlimmer: Kein Kontakt zur Bevölkerung! Ein berüchtigter Erlass verbot Liebesbeziehungen. Ein militärischer Grund dafür ist nicht einzusehen. Ein ziviler allerdings schon. Die Polen waren hübscher als die Schweizer. Zumindest schienen sie in ihren schneidigen Uniformen so, die vorteilhaft von den tannigen Röcken der

Schweizer abstachen. Schweizer Frauen schätzten sie, auch weil sie galant die Hände küssen konnten. So etwas hatten ihre Männer noch nie getan.

Die Schweizer Männer scheinen Ängste ausgestanden zu haben. Selbst die Heerespolizisten kümmerten sich um diese Dinge: «Den Kontakt der Internierten mit Mädchen und Frauen auszuspüren, war ihre besondere Vorliebe», erinnert sich ein polnischer Offizier.[295] In einer Lokalzeitung wurde folgende Schelte an Schweizer Frauen veröffentlicht: «Man weiß ja wohl, dass unsern Schweizer Mädchen vielfach zweierlei Tuch – und wenn dies sogar noch ausländischer Natur ist – besser imponiert als ein gewöhnlicher Arbeitsschopen. Daran wollen wir auch keinen großen Anstoß nehmen. Aber wenn die Dinge einmal überborden, dann gehören sie an den Pranger. So war in einer ostschweizerischen Zeitung folgendes Inserat zu lesen: ‹Den Internierten herzliches Lebewohl. Wir suchen neuen Anschluss. Einige Schweizerinnen der drei Uzwil.› Solchen sonderbaren ‹Schweizer Mädchen› gehört nichts anderes als eine tüchtige Tracht Prügel für ihr unschweizerisches und wenig moralisches Verhalten.»[296]

Eine Frau, die mit einem Polen eine Beziehung eingegangen war, schildert, dass sie von der Polizei als Polenliebchen fast wie eine Verbrecherin behandelt worden sei.[297] 515 Internierte sollen während der ganzen Kriegszeit Väter unehelicher Kinder geworden sein, unter ihnen 369 Polen.[298]

Die Beziehungen zur Schweizer Bevölkerung wurden durch die Postzensur überwacht: «Ebenfalls zu melden sind Briefe, aus denen ein Verhältnis ersichtlich ist, das vorerst noch platonisch erscheint, aber Voraussetzungen zu intimeren Beziehungen für die Zukunft enthält.»[299]

Auch in Büren waren die Beziehungen zwischen Polen und Bewachern gespannt. Ein Wachtoffizier notierte, «die Polacken» seien «widerhaarig, faul, lügnerisch und suchen Vorteile durch Fälschung und Betrug zu erreichen».[300]

Es kam zu einer Meuterei. Im Tagebuch desselben Wachtkommandanten ist die Begebenheit aufgezeichnet: «Bei der Tagwacht 07.15 wird vor jede Polenbaracke eine Dreiermannschaft gestellt mit dem Befehl, Langschläfer ins Freie zu befördern, in den Schnee hinaus, ob bekleidet oder blutt.» – Sie haben allerdings nichts zu arbeiten, warum sollen sie nicht schlafen? – «Der Major versammelt alle Offiziere, die Barackenchefs und ihre Stellvertreter. Er teilt unter anderem mit, dass jetzt eine Kompanie da sei, die schieße, und wenn sie schieße, so treffe sie auch. Er wolle Ordnung, und wenn 200 Polen dabei erschossen werden.» Der Rapport wird – bei 15 Grad minus Kälte – wiederholt, und dann werden die Küchen freigegeben. Doch die Polen fassen nicht. Essstreik. Die Kommunisten streuen das Gerücht aus, es sollen 200 Polen erschossen werden. Als der Major durchs Lager spaziert, wird er mit Pfeifen und Steinwürfen empfangen. Sein Oberleutnant ruft vier Mann Wachsoldaten her. Die Situation wird bedrohlich, der Major befiehlt Feuer. Acht Schüsse fallen. Zwei Mann stürzen. Man transportiert sie ins Krankenzimmer. Der Major

Zweierlei Flüchtlinge;
Nebelspalter Nr. 20, 1945

schlägt einen Polen nieder, der ihn beschimpft hat. Nun geht der Krawall erst recht los. Gegen Nacht beruhigt sich die Situation. Bei einem der verletzten Polen muss ein Bein amputiert werden, der andere ist am Kiefer verletzt …[301]

Nun sannen die Behörden auf klügere Lösungen. Sie engagierten die Polen für volkswirtschaftlich nützliche Arbeiten in der ganzen Schweiz. Für Studierende errichteten sie drei Hochschullager, in Winterthur, Freiburg und Herisau sowie ein Lizeumlager in Wetzikon, die rund 1200 Akademiker aus den Reihen der Soldaten aufnahmen.

Die polnischen Internierten – 9500 waren es insgesamt – haben nach einer polnischen Zusammenstellung 191 Kilometer Straßen mit hartem Belag gebaut, 30 Brücken aus Holz, 12 aus Stein, 6 aus Beton und 25 weitere repariert.[302] Sie legten Bergstrassen für die Armee an, Zufahrten zu Alpweiden, Forstwege. Sie beteiligten sich, als billige Arbeitskräfte, an Waldrodungen und Alpsäuberungen, an Meliorationsarbeiten in Sümpfen, erstellten Flussregulierungen und Kanäle, stachen Torf, errichteten Telefonlinien, reparierten Bahngeleise. In wie vielen Gemeinden erinnert nicht ein «Polenweg» an sie? Und welchem älteren Motorradfahrer ist der Polenrank an der Sustenstraße nicht bekannt? Das stillgelegte Kohlenbergwerk Chandolin im Wallis wurde dank polnischen Grubenfachleuten wieder in Betrieb genommen.

Sie nahmen an der so genannten Anbauschlacht teil, bei der jeder Park zum Kartoffelfeld gepflügt wurde, um die Ernährung aus eigener Kraft zu sichern.

Seltsame Vorschriften wurden weiterhin erlassen. So waren im Kino von Huttwil die für Internierte reservierten Plätze durch Schnüre von den übrigen getrennt. Die Behörden mochten es als Großzügigkeit verstanden haben, dass sie die Polen überhaupt zum Kinobesuch zuließen. Die Polen aber empfanden solches als «moralische Kriegsgefangenschaft».[303]

Bei Kriegsende durften sie heimkehren, einige Hundert aber blieben in der Schweiz. Ein polnischer Offizier zieht trotz allem eine positive Bilanz: «Die Hilfe und Güte der schweizerischen Bevölkerung empfanden die polnischen Internierten als große Wohltat.»[304]

Im Rückblick drängt sich eine Bemerkung auf: Es waren ausländische Militärangehörige, die in der Zeit des Zweiten Weltkrieges einen Teil der Infrastruktur erstellten, welche das Funktionieren der Schweiz gewährleistete. Obwohl der Bundesrat kurz vor Kriegsbeginn von der so genannten differenziellen zur integralen Neutralität zurückgekehrt war, durften die Ausländer kriegswichtige Arbeiten vornehmen. Die schweizerische Unabhängigkeit wurde von fremden Soldaten mit verteidigt.

Der Krieg hatte endlich ein Ende gefunden. Als Sieger gingen die Alliierten daraus hervor. Schnell begann man umzudenken im Land. Dem Druck der Linken, mit den Nazis abzurechnen, wurde teilweise nachgegeben. Einige Monate lang waren die so genannten «Säuberungen» ein Medienthema.[305] In ihrem Verlauf wurde an der Universität Zürich der Biochemiker Johann Bonifaz Flaschenträger als Mitglied der NSDAP entlassen und ausgewiesen; am Tag der Entlassung bestätigte er dem amtierenden Rektor, dass er selbst für den Fall einer Machtübernahme von den Nazis als «Rector Designatus» bestimmt worden war.[306]

Die Anwesenheit von Angehörigen der faschistischen Mächte provozierte politischen Streit. Nicht zu den unerwünschten Personen gehörte Gräfin Edda Ciano, die Tochter Mussolinis, die in der Schweiz in einem Kloster Unterschlupf fand. Sie erhielt gegen den Protest der Linken politisches Asyl.

Dann holte das Tagesgeschäft die Aufmerksamkeit zurück. Schnell versuchte man zu verdrängen und zu vergessen. So musste das Thema in den folgenden Jahrzehnten notwendigerweise immer wieder aufbrechen.

Doch warum vergessen wollen? Menschen werden stets in eine historische Situation hineingeboren, in der sie vorfinden, was sie nicht selbst geschaffen haben, und hinterlassen, was sie selbst verbrechen. Es gibt die Situation nie, in der Personen sagen können: «Ich bin ein Individuum, ich schöpfe aus mir selbst, die Vergangenheit kümmert mich nicht.» Alle unterstehen kulturellen Einflüssen, über die sie sich mit Vorteil Rechenschaft ablegen im Bestreben, ein paar alte Fehler nicht mehr zu begehen und sich auf die noch nie dagewesenen neuen zu beschränken. Die Geschichte gehört zu den kulturellen Umweltbedingungen. Wer sie verdrängt, verliert an Sehkraft für das Handeln in der Gegenwart.

Die Forschenden sollen alles erzählen; erzählen kann nicht falsch sein. Erzählen, was in den Quellen steht. Was sich durch Kombinieren zusammenreimen lässt. Was Überlebende berichten. Wenn die Archive schweigen, soll die geflüchtete Zigeunerin erzählen, der jüdische Flüchtling, der bisher stumme SBB-Arbeiter am Gotthard. Das einzige Gebot, das zu akzeptieren ist, lautet: Das Vetorecht der Quellen gilt! So formulierte es einst der angesehene Historiker Reinhard Koselleck. Zur Ergänzung: Das Veto der besorgten Politiker, die nach Objektivität schreien, gilt nicht.

Skepsis ist nur gegenüber den Gesamtschauen angebracht. Eine jüdische Frau und ihr Mann, ein Grenzsoldat, eine Frau im Industriebetrieb und die drei Nationalbankdirektoren, sie haben die Kriegszeit nicht gleich erlebt. Warum diese Geschichten zu einer einzigen verflechten? Als je separate Geschichten sind sie widerspruchsvoller, spannender und auch wahrer. Wenn es auch technisch möglich ist, die Gesamtschau zwischen zwei Buchdeckeln oder auf einer Filmrolle oder in einem Vortragsmanuskript zu erstellen, bleibt diese immer eine Fiktion angesichts des realen Lebens der damaligen Menschen und der ständig neuen Fragen der heutigen.

Aber es gilt: «Schnüffeln» ist erlaubt; das Reich der Geschichte ist der freie Schnüffelstaat.

152

Schweizergeschichten: Anton Reinhardt – Sinto-Flüchtling aus Waldshut

Ein «dubioser Mensch», so die Polizeistation Koblenz, stand am 25. August 1944 diesseits der Schweizer Grenze. «Derselbe gibt an, aus Furcht vor einer Gefängnisstrafe habe er Deutschland verlassen, um daselbst nicht noch Kriegsdienst zu machen.» Noch verdächtiger: Er hieß nicht Anton Bühler, wie er zuerst angegeben hatte, sondern Anton Reinhardt: «Seine Eltern zählten vor dem Krieg zum ‹Fahrenden Volk›, das heißt zu den Schirmflickern.»

Der Flüchtling wurde ins Bezirksgefängnis Zurzach überwiesen und dort am 26. August vom Grenzsanitätsdienst ordentlich untersucht: «Befund: gesund. Zu reinigen: Nein. Zu entlausen: Nein.» In einem Dossierblatt des Polizeikommandos Aargau steht in der Rubrik «Rasse»: «Arier». Tatsächlich war er ein «Sinto», wie sich die Mehrheit der in Deutschland lebenden Zigeuner nennt. Nur eben, möglicherweise aus Angst, dass man einen «Reinhardt» sofort als solchen identifizieren werde, hatte Anton einen falschen Namen angegeben.

Nun galt er doch als Zigeuner und zudem als ein «Fahrender», was nicht der Wirklichkeit entsprach, denn er war sesshaft und in Waldshut als Hilfsarbeiter angestellt. Geboren angeblich am 10. Juni 1926, in Weiden (Württemberg/Deutschland). Von Beruf Hilfsdreher und Chauffeur. Am 28. August 1944 wurde er vermessen und daktyloskopiert: «Größe: 163 cm. Statur: gering. Haare: schwarz-braun. Augen: kastanienbraun», vermerkt das Signalementsblatt des Erkennungsdienstes.

Im Verhör gibt er zu Protokoll: «Mein Großvater väterlicherseits war Deutscher, mein Vater ist es ebenfalls.» Der habe mit Alteisen, Gemüse und Korbwaren gehandelt. «Dagegen ist meine Mutter eine gebürtige Schweizerin.» Sie sei in Luzern aufgewachsen. Seine Mutter habe nach dem Tod ihres ersten Ehemanns einen Anton Bühler geheiratet, und diesen Namen hatte der Junge genannt. Er hätte aber angeben müssen, was in seinem Pass stand: Reinhardt.

Anton Reinhardt erklärte weiter: «Im Frühjahr 1940 trat ich nach der Schulentlassung in die Maschinenfabrik Mann in Waldshut ein, wo ich zuerst an einer Drehbank arbeiten musste.» Dann absolvierte er die Motorrad- und Autofahrprüfung sowie jene für Lastwagen bis zu dreieinhalb Tonnen Gewicht.

«Zur Sache: Warum sind Sie in die Schweiz geflüchtet und unter welchen Umständen?» Reinhardts Antworten waren ungenügend: «Die Arbeit in der Maschinenfabrik wurde mir mit der Zeit zu schwer, und die Nahrung genügte mir bei zehnstündiger Arbeitszeit pro Tag auch nicht mehr. Ich wurde auch zu jeder Arbeit herangezogen. Man mag mich im Auge behalten haben, weil ich gegenüber der Partei gleichgültig blieb.» Weiter! «Anfangs Woche meldete ich mich im Betriebe krank. Während einer Woche blieb ich zu Hause. Dann fuhr ich nach Konstanz zu meinem Neffen. Am 19. 8. 1944 wurde ich hier von der Schutzpolizei wegen angeblichem unerlaubtem Fernbleiben von der Arbeit verhaftet.»

Nachtrag: Er habe zum Wehrdienst eingezogen werden sollen. Nachtrag: Die Gestapo habe ihm defaitistische Äußerungen vorgeworfen: «Ich hatte in Konstanz geäußert, der Krieg sei für Deutschland verloren, mir könne das nur recht sein.» Nachtrag: Er habe in ein Arbeitslager geschickt werden sollen: «Ich täuschte in der Folge eine Blinddarmentzündung vor und kam dann in den Spital in Waldshut. Dort entwich ich am 25. 8. 1944, abends um 19.00 Uhr. Es gelang mir noch, meine Mutter von der Flucht in die Schweiz zu verständigen. Um 21.00 Uhr ging ich oberhalb Waldshut bei der ‹Lonza› in den Rhein, um nach wenigen Minuten bei Koblenz das Schweizer Ufer zu betreten.» Schlussbemerkung: «Es ist mein Wunsch, für immer in der Schweiz bleiben zu dürfen. Ich befürchte, falls man mich jetzt wieder nach Deutschland zurückschiebt, schwer bestraft zu werden.»

Es gab Widersprüche in der Darstellung. Reinhardt sei erst drei Jahre später in die Fabrik eingetreten, zudem sei er ein Jahr jünger, als er zuerst angegeben hatte. Und was der Siebzehnjährige schamhaft gar nicht zu Protokoll gab, war, dass er im Spital in Waldshut offenbar hätte sterilisiert werden sollen. Eine spätere Untersuchung des Falles brachte das zutage.

Der Entscheid über die Aufnahme war schnell gefällt: «Nach unseren Weisungen über Aufnahme oder Rückweisung ausländischer Flüchtlinge vom 12. Juli 1944 kann Reinhardt nicht Asyl gewährt werden.» Diese Weisungen, erlassen nach der Niederlage Hitlers im Osten und im Westen, bestimmten in Artikel 3, dass alle «Ausländer, die aus politischen oder anderen Gründen wirklich an Leib und Leben gefährdet sind», in der Schweiz Zuflucht finden sollten. Für Zigeuner galten sie offensichtlich nicht. «Wir ersuchen Sie daher, Anton Reinhardt unverzüglich wieder an die deutsche Grenze zu stellen.»

Vergeblich hatte Reinhardt im Verhör betont: «Als Zigeuner ist mein Ausgang auf den Bezirk Waldshut beschränkt. Verschiedene Verwandte meiner Mutter wurden von den Deutschen in das Konzentrationslager Auschwitz bei Kattowitz, Oberschlesien, gesteckt. Das gleiche Schicksal sollte mir nun nach Aussagen der Kriminalpolizei und Gestapo in Waldshut anlässlich meiner dortigen Haft blühen. Das war ein weiterer Grund zu meinem Entschluss, in die Schweiz zu flüchten.»

Als letzte Freiheit bleibt ihm, die Art der Ausschaffung zu wählen: «Wir müssen Ihnen eröffnen, dass wir Sie zurückschaffen müssen nach Deutschland. Und zwar stellen wir es Ihnen frei, an die Grenze gestellt zu werden, um diese selbstständig und frei zu überschreiten, oder den deutschen Grenzbehörden übergeben zu werden.» – Die Grenze bitte; er will allein hinüber.

Ein erster Ausschaffungsversuch bei Zurzach scheitert, offenbar wegen der Präsenz deutscher Grenzwachen. Am 12. September wird er ins Elsass ausgeschafft. Ein «Transport-Empfangsschein» bestätigt, dass Anton Reinhardt «samt Effekten durch Polizeiaspirant Härri an unterzeichneter Stelle abgeliefert» worden ist. Ist der Vorgang auch menschenunwürdig, die Protokolle sind korrekt.

Der siebzehnjährige Sinto wurde kurz danach in Deutschland verhaftet und kam ins Konzentrationslager Schirmeck-Struthof. Als Zwangsarbeiter arbeitete er unter anderem bei Mercedes. Kurz vor Ostern 1945 gelang ihm die Flucht, er wurde erneut aufgegriffen und von einem selbst ernannten Standgericht zum Tod verurteilt. Am Ostersamstag 1945 führten ihn Uniformierte in einen Wald. Er durfte einen Abschiedsbrief an Eltern und Geschwister schreiben, hatte sein eigenes Grab zu schaufeln und wurde mit einer Pistole erschossen.

Der Fall Anton Reinhardt ist einer der wenigen Sinto-Schicksale an der Schweizer Grenze, die aktenmässig dokumentiert sind. Die Details wurden in diesem Fall bekannt, weil eine alliierte Untersuchungsbehörde 1961 ermittelte und den Haupttäter, einen SS-Hauptsturmführer, zu sieben Jahren Zuchthaus verurteilte.

Reinhardts Abschiedsbrief schließt: «Ich wünsche Euch gute Gesundheit und ein langes Leben. Gute Nacht. Anton.»[307]

XVII. Nachkriegszeit – Die Gastarbeiter

Bei der nächsten Sternschnuppe möge der Himmel den Wunsch erfüllen, dass für eine Nacht in den Schweizer Städten und Dörfern alle jene Backsteine, Betonmauern, Kabel und Röhren, Balken und Pfähle fehlten, die von den Italienern (Spaniern, Jugoslawen, Griechen …) nach dem Krieg gebaut wurden. Man würde durch ein verwüstetes Gebiet fahren und wüsste, was die Schweiz denen verdankt, die sie Gastarbeiter nannte.

Ihre eigenen Häuser waren oft zerstört, Italien am Boden, ein Drittel des Volksvermögens vernichtet, als schweizerische Werber ankamen. Entgegen den Befürchtungen hatte sich in der Schweiz anstelle der Nachkriegsdepression ein Konjunkturaufschwung eingestellt, der dringend nach Arbeitskräften verlangte. Die schweizerische Industrie war intakt geblieben und konnte sofort mit der Friedensproduktion anfangen. Das Glück, verschont worden zu sein, erwies sich als unerhörter Konkurrenzvorteil.

Ein kleiner Gesetzestrick entfaltete dabei eine große Wirkung. Der Niederlassungsvertrag mit Italien war 1934 in dem Sinn abgeändert worden, dass die Niederlassung im andern Land nicht mehr frei war, sondern einer Bewilligung unterstellt wurde. Da gemäß dem neuen Ausländergesetz ANAG die Kantone saisonweise Bewilligungen aussprechen konnten, taten sie dies, je nach wirtschaftlichem Bedarf. Das berühmte Saisonarbeiterstatut war geschaffen. Es stellte nicht viel mehr als eine juristische Restkategorie dar: das, was der Bund bei der Schaffung des Ausländergesetzes ANAG 1931 den Kantonen zur Regelung überlassen hatte.[308]

Doch es wurde zum entscheidenden Instrument der Einwanderungspolitik.

Ein Mechanismus wie eine Schleusenklappe: Brauchte man die Ausländer, wurden sie im Frühling eingelassen. Neun Monate durften sie bleiben. Ende Jahr flossen sie zurück. Brauchte man im nächsten Frühjahr neue, öffnete sich die Schleuse wieder. 1946 wurde das System perfektioniert, indem der Bund den Kantonen jährlich so genannte Kontingente zuteilte, das heißt, in Zahlen festlegte, wie viele Bewilligungen sie aussprechen konnten.

Manche Arbeitsuchende, die keinen Anstellungsvertrag und keine Saisonbewilligung erhalten konnten, versuchten es illegal, kamen über die grüne Grenze oder reisten als Touristen ein und fanden den Arbeitgeber, der ihnen nächstes Jahr einen Vertrag ausstellen würde, so dass sie dann als reguläre Saisonarbeiter wieder kommen konnten.

Die Italiener waren also – erklärtermaßen – nichts als Konjunkturpuffer.[309] Sie arbeiteten zu niedrigen Löhnen und mussten ihre Familien zu Hause lassen. Damit sie sich im Land nicht festsetzen konnten, wurden sie jährlich heimgeschickt und neu geholt. «Rotationstheorie» nannte sich das System hochtrabend.[310]

Die illegale Einwanderung aus
Italien;
Nebelspalter Nr. 43, 1945

Sie verhalfen der Industrie zu einem rasanten Aufschwung. Und zu einem laten-
ten Problem: Jahrzehntelang konnte diese ihre Produktion ausweiten, indem sie
immer mehr «Gastarbeiter» einstellte. Es bestand kein Druck, die Betriebsabläufe
oder die Produktionsverfahren zu modernisieren. Eines Tages würde sich erweisen,
dass die Schweizer Wirtschaft auf veralteten Strukturen beruhte. Vor allem die
Uhrenindustrie hielt sich lange über Wasser dank den ausländischen Frauen, die oft
Schicht- und Nachtarbeit verrichteten, um das Familieneinkommen aufzubessern,
und die, wie gang und gäbe war, Pillen aufs Butterbrot streuten, um den Stress aus-
zuhalten.

Zudem hatten sie als Ausländer nichts zu sagen, da sie beim Grenzübertritt einen
unterschriebenen Arbeitsvertrag besitzen mussten und die Stelle während der neun
Monate Landesanwesenheit nicht wechseln konnten. Die Fremdenpolizei beobachtete scharf.

Es war eine flächendeckend kontrollierte Einwanderergruppe. Ihre Stillhaltung
ergänzte auf ideale Weise den Arbeitsfrieden, der zwischen Unternehmerverbänden

und Gewerkschaften 1937 geschlossen worden war und der bestimmte, dass Gesamtarbeitsverträge die Arbeitsbedingungen regelten und während der Dauer eines Gesamtarbeitsvertrages nicht gestreikt werden durfte. Ein weiterer wichtiger Standortvorteil der Schweizer Wirtschaft.

Nur hielten sich die Italiener nicht immer daran. Im Gegenteil, sie erwiesen sich zeitweise als ausgesprochen streikfreudig. Wohl weil sie außer der Rückkehr nach Italien nicht allzu viel zu befürchten hatten. Dort warteten Frau und Familie. Wilde Streiks waren der Schrecken der einheimischen Gewerkschaften. Sie versuchten daher, die Italiener in ihre Reihen zu integrieren – zunächst mit wenig Erfolg – und zugleich die Gesamtarbeitsverträge auf alle Arbeitnehmer auszudehnen. Denn die Italiener brachten ihre eigenen Organisationen mit. Deren auffälligste waren die Sozialistische und die Kommunistische Partei, die im Ausland als patriotisches Auffangbecken fungierten und angesichts der Rechtlosigkeit der einzelnen als kollektives Sprachrohr dienten. Die rote Fahne war die Heimat vieler Italiener und Mussolini gelegentlich immer noch ihr Held. Wenn in Italien Wahlen anstanden, zogen sie heim. Da konnte kein Arbeitgeber sie halten.

So blieb eine kulturelle Trennung bestehen. Kaum ein Italiener, der nicht nach Jahrzehnten des Aufenthaltes in der Schweiz noch gesagt hätte: «Ich bleibe nicht in der Schweiz, ich werde einmal nach Italien zurückkehren. Dort baue ich ein Häuschen. Das Alter werde ich an der Sonne verbringen. Ma sicuro.»

Wenn sie über Weihnachten in ihre Heimat zurückkehrten, waren die Bahnhöfe überfüllt. Die SBB organisierten jedes Mal Extrazüge, hundert und mehr. Koffer um Koffer wurden in die Abteile verfrachtet, die letzten Passagiere stiegen durchs Fenster ein. So etwas galt als Ausdruck typisch italienischen Temperamentes. Eine legendäre Szenerie. Im Frühling kehrten sie wieder zurück. Jahr für Jahr.

Nach einiger Zeit gelang es manchem, eine ganzjährige Niederlassungsbewilligung zu erlangen. Ein einflussreicher Arbeitgeber – etwa die Gemeinde, die sie als Forstarbeiter oder Monteure im Wasserwerk brauchte – mochte sich dafür einsetzen. Ein Großbetrieb wies auf die existenzielle volkswirtschaftliche Notwendigkeit ihrer Arbeiter hin. Beim Bundesamt für Gewerbe und Arbeit Biga wurde gedrängelt und lobbyiert.

Gesetzesrevisionen erleichterten mit der Zeit die Umwandlung der Saisonbewilligung in eine Ganzjahresbewilligung. So stieg die Zahl der Niedergelassenen massiv an: 140 000 ansässige Ausländerinnen und Ausländer registrierte die Volkszählung im Jahr 1950, 346 000 im Jahr 1960, 584 000 im Jahr 1970.[311] Hinzu kamen an die 200 000 Saisonarbeiter.

Man begann, von einer «Völkerwanderung» zu reden.[312]

Zunehmend weitete sich der Kreis der Herkunftsregionen aus. Stammten die Arbeitskräfte einst aus den grenznahen Gebieten Norditaliens, kamen sie später aus der Emilia, aus Napoli und schließlich gar aus Sizilien. Das war schon fast Afrika.

Fleißiger Italiener;
Nebelspalter Nr. 3, 1965

Barackendörfer am Rande der Siedlungen zeugten von diesem Zuwachs. Immer dichter wurde die Belegung in den Räumen, die sanitären Einrichtungen waren oft ungenügend. Die Bewohner schwatzten und lachten trotzdem. Die Wäsche vor dem Haus und das Knallen der Bocciakugeln zeigte den schweizerischen Nachbarn an: Die kommen aus dem Süden. Da fahren wir nächstes Jahr hin in die Ferien.

«Gastarbeiter» wurden sie genannt, «Fremdarbeiter» waren sie. Der Schriftsteller Max Frisch formulierte es so: «Gastarbeiter oder Fremdarbeiter? Ich bin fürs Letztere: Sie sind keine Gäste, die man bedient, um an ihnen zu verdienen; sie arbeiten, und zwar in der Fremde, weil sie in ihrem eigenen Land zurzeit auf keinen grünen Zweig kommen.» Er prägte im selben Text den Satz, der später immer wieder zitiert werden sollte: «Ein kleines Herrenvolk sieht sich in Gefahr: Man hat Arbeitskräfte gerufen, und es kommen Menschen.»[313]

Die schweizerischen Gewerkschaften beobachteten mit sorgenvollen Augen diese wachsende ausländische Arbeiterklasse, die sich nicht bei ihnen organisieren wollte und den Arbeitsfrieden nicht respektierte. Vor allem der mächtige Metall- und Uhrenarbeiterverband SMUV sah seinen Einfluss aufs Wirtschaftsgeschehen unterwandert. Da war eine Konkurrenz, die sich an nichts zu halten schien. Auch der Dachverband der Gewerkschaften, der SGB, kam zur Ansicht, «dass eine gewisse obere Grenze gezogen werden müsste», es könne «auf dem bisherigen Wege nicht weitergehen».[314] Er versuchte in endlosem Ringen mit Unternehmerverbänden und Behörden, eine Begrenzung der Ausländerzahlen zu erreichen.

Die Gewerkschaften waren im Zwiespalt, weil sie um die kritischen Stimmen in den eigenen Reihen wussten. Die italienerfeindlichen Regungen in der eigenen Arbeiterschaft bildeten einen Nährboden für fremdenfeindliche Bewegungen. So schlugen sie selbst Töne an der Grenze zur Fremdenfeindlichkeit an: Der Präsident des Gewerkschaftsbundes, Nationalrat Hermann Leuenberger, betonte immer wieder, «dass das Bestehen einer Überfremdungsgefahr unbestritten ist», dass diese für die einheimischen Arbeitnehmer eine «nicht zumutbare» sei und dass es darum gehe, «den Bestand der schweizerischen Qualitätsarbeiter» zu sichern.[315]

Der Bundesrat sah die Probleme, reagierte aber spät. 1963 erließ er zum ersten Mal eine befristete Zulassungsbeschränkung «zur Abwehr der Überfremdungsgefahr und aus konjunkturpolitischen Gründen».[316] So versuchte er den gefährlichen Regungen Wind aus den Segeln zu nehmen.

Kurz darauf, im Sommer 1963, kam es zur Gründung der ersten fremdenfeindlichen Partei der Nachkriegszeit, der «Schweizerischen überparteilichen Volksbewegung zur Verstärkung der Volksrechte und Demokratie» des Zürcher Schönheitsmittelfabrikanten Stocker.

Der Unmut brach sich vollends Bahn, als der Bundesrat 1964 in einem neuen Abkommen mit Italien die Wartefrist für den Familiennachzug von bisher 36 Monaten auf 18 Monate verkürzte und den Saisonarbeitern, die fünf Jahre in der Schweiz gearbeitet hatten, das Recht auf eine Jahresbewilligung einräumte.

Der Gewerkschaftsbund stellte nun die Signale auf Rot und verlangte kategorisch dass die Zahl der ausländischen Arbeitskräfte auf eine halbe Million reduziert werde. 720 000 ausländische Arbeitskräfte zählte man 1964. Der SGB wollte den Abbau von 220 000 innert fünf Jahren.[317]

Die unternehmerfreundlichen Kräfte setzten dagegen auf «Assimilierung»; für die steigenden Ansprüche der Wirtschaft sei es problematisch, von fremden Arbeitsmärkten abhängig zu sein: «Es stellt sich deshalb gebieterisch die Frage, ob nicht ein Teil derjenigen ausländischen Arbeitskräfte, auf welche die Wirtschaft selbst im Falle einer gewissen konjunkturellen Rezession dringend angewiesen bleibt, assimiliert, das heißt dauernd dem schweizerischen Wirtschafts- und Volkskörper einverleibt werden könnte.»[318]

1965 wurde die erste fremdenfeindliche Nachkriegsinitiative eingereicht, verfasst von der Demokratischen Partei des Kantons Zürich. Sie verlangte die Reduktion der Zahl der ausländischen Niedergelassenen und Aufenthalter auf zehn Prozent der Wohnbevölkerung. Als der Bundesrat seinen guten Willen bezeugte, in der Richtung vorwärtszumachen, wurde die Initiative zurückgezogen.

Die Argumente, die gegen die Italiener lanciert wurden, waren oft ökonomisch unsinnig: Sie nehmen uns die Arbeitsplätze weg! – Das mochte in Einzelfällen zutreffen; wie viele Arbeitsplätze aber hat die dank Gastarbeitern expandierende Wirtschaft geschaffen? – Sie schicken Geld nach Hause und berauben das Land notwendiger Devisen! – Hätten sie es nicht getan, sondern das verdiente Geld in den Konsum zurückgeführt, hätte man über Preissteigerungen geklagt. Wie viel Reichtum sie im Innern des Landes hervorbrachten, wurde nicht gezählt.

Sie verrichteten, das sah jedermann, die Dreckarbeit. In der Betriebshierarchie nahmen sie die untersten Positionen ein, die kaum ein Schweizer mehr wollte. Eine soziologische Untersuchung bestätigte, «dass der größte Teil der Einwanderer nicht nur im Einwanderungsland zur unteren Unterschicht gehört, sondern auch nach seiner sozialen Herkunft weitgehend der unteren Unterschicht zuzurechnen ist und zudem aus den Regionen Italiens stammt, die zu den am wenigsten entwickelten zählen». Die Studie folgerte: «Solange die Unterschichtung aufrechterhalten werden kann, befinden sich Einheimische und Einwanderer zum Teil in nicht konkurrierenden Berufspositionen (…).» [319]

Die Konjunktur lief heiß, die Inflation begann – trotz des kritisierten Kapitalabflusses – zu galoppieren. Die Hochkonjunktur war 1964 im «Tages-Anzeiger» das wichtigste Thema.[320] Die Parteien gerieten sich in die Haare. Der Sprecher der Sozialdemokraten meinte anlässlich einer großen Debatte zur «Überfremdung» im Nationalrat: «Die Verantwortlichen sind jene Arbeitgeber, die allen Warnungen zum Trotz darauf bestanden, ihre Fremdarbeiterpolitik weiterzutreiben und ihre Kapazität zu erhöhen, indem sie weitere ausländische Arbeitskräfte einstellten, statt einen Ausweg in vermehrter Rationalisierung und Strukturverbesserung zu suchen.»[321] Die Ratsrechte konterte: «Wer Radikalkuren bei der Herabsetzung der produktiven Arbeitskräfte empfiehlt, muss den Mut haben, gleichzeitig zu sagen, dass damit der Wohlstand und die Reallohnsteigerung in Frage gestellt werden. Das ist die simple Logik der Dinge.»[322]

Der Bundesrat reagierte 1965 auf die erhitzte Situation mit einem Paket von «Konjunkturdämpfungsmaßnahmen».

Für viele waren schlicht an allem die Italiener schuld – die es natürlich auch auf die Frauen abgesehen hatten: «Meine beiden Töchter müssen auf ihrem Schulweg ein langes Stück durch den Wald und werden laufend von Italienern belästigt», klagte der Gründer der Nationalen Aktion.[323]

Auf der Gegenseite meinte die Achtundsechziger-Bewegung, die an den Hochschulen ausbrach, in den italienischen Arbeitern «das revolutionäre Subjekt» zu erkennen. Die schienen nicht korrumpiert zu sein wie die schweizerische Arbeiterschaft, der jeder klassenkämpferische Geist ausgetrieben war. Just als die Studenten sehnlichst auf die marschierende Arbeiterklasse warteten, sprühten im Tessin Funken, die sich als die Vorboten einer revolutionären Bewegung deuten ließen. Nach jahrelangem Arbeitsfrieden griffen siebzig Arbeiter der Kugelschreiberfabrik «Penrex» zur Waffe des Streiks, um drei Wochen Ferien durchzusetzen. Gleichzeitig streikten die Arbeiter der «Malisa» gegen das Akkordsystem. Italienische Grenzgängerinnen und Grenzgänger warens, besonders ungebundene Subjekte. «Dieses Niveau der Arbeiterautonomie zerschlug den gewerkschaftlichen Arbeitsfrieden», hieß es im damals üblichen Soziologenchinesisch in einer studentischen Publikation.[324] Es war auch Sozialromantik dabei. Die Italiener sangen so schöne Lieder: «Avanti popolo, alla riscossa, bandiera rossa, bandiera rossa.» Und natürlich das Lied, das der Frauenbewegung Kraft gab: «Se ben' che siamo donne, paura non abbiamo (…)»

Es folgte die Überfremdungsinitiative Nr. 2, vorgelegt von der «Nationalen Aktion gegen die Überfremdung von Volk und Heimat» und 1969 eingereicht. Sie war noch schärfer gefasst. Erneut forderte sie den Abbau der ausländischen Bevölkerung auf 10 Prozent, diesmal pro Wohnbevölkerung jedes einzelnen Kantons. Ihre Annahme hätte bedeutet, dass der Ausländerbestand um 44 Prozent hätte reduziert werden müssen.

Als Wortführer dieser Initiative stieg Nationalrat James Schwarzenbach in die Arena, derselbe, der als Führer im Krawall um das so genannte Emigrantenkabarett hervorgetreten war. Major, Katholik, Historiker, Publizist. Sohn eines Textilindustriellen. Ein Mann mit rückwärts gewandten Visionen. In seiner Antrittsrede im Nationalrat gab er die Melodie vor: «Unser Kampf gegen die Überfremdung hat nichts mit Fremdenfeindlichkeit zu tun.» Er berief sich – wie andere vor ihm zur Zeit des Ersten Weltkrieges – auf die Staatsräson: «Es ist eine Frage auf Leben und Tod für unser Staatswesen, ob es der schweizerischen Bevölkerung gelingt, diese Fremden zu amalgamieren, oder ob es den Fremden, ohne alle böse Absicht, gelingt, uns den Mut und die Kraft, wir selbst zu sein, zu rauben.»[325]

«Ein neuer Anschlag auf die Schweizer Wirtschaft», «Fremdenhass in zweiter Auflage», hornte man auf Arbeitgeberseite.[326]

Die Schlacht um die so genannte Schwarzenbach-Initiative war ein Markstein in der schweizerischen Immigrationsgeschichte. Wo Schwarzenbach auftrat, kam es häufig zu Krawallen.

Zwar stellten sich die Gewerkschaften gegen das Initiativbegehren, nun aus Angst, ein Abbau der Arbeitskräfte würde den Strukturwandel der Wirtschaft beschleunigen und schließlich auch Einheimische treffen. An der Basis aber tönte es anders. «Die Befürworter des Volksbegehrens rekrutierten sich zu einem großen Teil aus der einheimischen Arbeitnehmer- und der gewerkschaftlichen Mitgliedschaft», schreibt ein Historiker.[327]

Schwarzenbach aber frohlockte: «Ich spielte mich bei der Verteidigung der Initiative zu keinem Zeitpunkt als Arbeitervertreter auf, bekannte mich offen und ehrlich zu meiner Herkunft aus einer Industriellenfamilie, machte aus meiner bürgerlichen Gesinnung in zahlreichen anderen Fragen, auch im Nationalrat, keinen Hehl – und hatte dennoch die Gewissheit, dass ich in diesen Monaten die Arbeiterinteressen wuchtiger und überzeugender vertrat als die sozialdemokratischen Parteispitzen und Gewerkschaftsführer. Den Arbeitern war es völlig gleichgültig, wer ihre Anliegen vertrat.»[328] In Biel hätten ihm Arbeiter gar zugesprochen: «Vous êtes notre Guisan.»[329]

Die so genannte Schwarzenbach-Initiative kam am 7. Juni 1970 zur Abstimmung. Ein großer Tag auch für James Schwarzenbach stand bevor: «Am Freitag, dem 5. Juni, sagte ich zu meiner Frau: ‹Komm, wir fahren in den Ranft. Wenn einer jetzt noch helfen kann, dann ist es nur Bruder Klaus.› Es war mein Bittgang zum Hüter des Vaterlandes. ‹Heiliger Bruder Klaus, lass die morgige Abstimmung so ausgehen, wie sie zum Wohl der Heimat richtig ist. Lass die Stimme der alten Eidgenossenschaft ertönen, gib vor allem, dass uns die Wiege der Heimat, die Urschweiz, aus deren Geist und Herz du gewirkt und dich für die Heimat geopfert hast, in unserem Anliegen unterstützt. Ich weiß, die Bergler haben am wenigsten unter der Überfremdung zu leiden. Aber der Schaden kommt von außen, von den Städten, von den Industrien und wird auch das Herz unserer Heimat nicht verschonen.›»[330]

Bei einer hohen Stimmbeteiligung von 74 Prozent wurde die Initiative mit 654 844 Nein gegen 557 517 Ja verworfen. Bruder Klaus hatte der andern Seite geholfen.

Angenommen wurde die Vorlage von den Kantonen Uri, Schwyz, Obwalden, Nidwalden, Luzern, Freiburg, Solothurn und Bern – von jenen ländlich-voralpinen Regionen also, in denen die Ausländeranteile geringer waren. Eine alte Erkenntnis bewahrheitete sich: «Es gilt ausdrücklich hervorzuheben, dass ein hoher Ausländeranteil nicht mit zunehmender Ausländerfeindlichkeit einhergeht.»[331] Allerdings: Auch in den ausgeprägten Arbeiterbezirken der Städte gab es viele Jastimmen.

Damit waren die fremdenfeindlichen Strömungen in die Schranken verwiesen. Zumal der Bundesrat im Frühjahr 1970 einen Stabilisierungsbeschluss vorlegte, der erstmals die Zahl der ausländischen Jahresaufenthalter und Niedergelassenen mit absoluten Zahlen beschränkte.

Es war der vorläufige Abschluss eines großen Ringens. Es endete in einem Kompromiss, politisch herrschte ein Patt.

Zwar folgte noch eine dritte Initiative. Das Problem löste sich schließlich durch die Wirtschaftskrise, die Mitte der siebziger Jahre einbrach. Da entfaltete sich das innere Geheimnis des Saisonarbeiterstatuts mit Macht: seine Rolle als Konjunkturpuffer. Die Arbeitskräfte, die man gerufen hatte, wurden heimgeschickt. Zählte man 1970 noch 584 000 ganzjährig ansässige Italiener in der Schweiz, waren es 1980 nur mehr 419 000.[332] Zehntausende, hunderttausend, mehr als 300 000 Italiener kehrten für immer in ihr Land zurück.

Ihre Werke aber blieben. Die militärischen Stellungen für die «Bloodhound»-Raketen – jahrelang ein Stolz der Schweizer Armee – waren zum überwiegenden Teil von ausländischen Arbeitern erbaut. Ohne Ausländer kam nicht einmal die Landesverteidigung aus.

Schweizergeschichten:
Charlie Chaplin – Schauspieler und politischer Exilant aus den USA

«Es war der Moment, als meine Schwierigkeiten begannen», erzählt der Filmregisseur und Schauspieler Charlie Chaplin in seiner Autobiografie: «Ich erhielt einen Anruf vom Vorsitzenden des Komitees für Hilfe ans kriegsgeschädigte Russland in San Francisco, der mich fragte, ob ich anstelle des amerikanischen Botschafters in Russland sprechen würde, der im letzten Moment an einer Kehlkopfentzündung erkrankt war.» 1942; die Soldaten des Deutschen Reiches standen vor Moskau.

«Obwohl ich nur wenige Stunden Vorbereitungszeit hatte, sagte ich zu.» An die zehntausend Menschen saßen im Saal, darunter Admiräle, Generäle und der Bürgermeister: «Ich sagte ein Wort: ‹Genossen!›», und der Saal begann zu lachen. Als das Lachen anhielt, sagte ich mit Nachdruck ‹Und ich meine Genossen.›» Zaghafter Applaus. Chaplin weiter: «Ich nehme an, hier sind heute Nacht viele Russen, und angesichts des Kampfes und Sterbens eurer Landsleute in dieser Stunde ist es eine Ehre und ein Privileg, euch Genossen zu nennen.» Der Saal begann sich zu erheben.

Chaplin forderte den Präsidenten auf, endlich zu handeln: «‹Die Russen›, so führte ich aus, ‹sind unsere Alliierten. Sie kämpfen nicht nur für ihre Art zu leben, sondern für unsere Art zu leben.› Die Spannung wuchs, es war eine Anmaßung: ‹So lasst uns eine zweite Front eröffnen.›» Die Alliierten sollten Stalin unterstützen, indem sie in Westeuropa, im Rücken Hitlers, die Landung vorbereiteten. «Es folgte ein Aufruhr, der sieben Minuten lang anhielt.»

Immer wieder wurde Chaplin in den folgenden Jahren zu politischen Kundgebungen eingeladen. Doch die feine Gesellschaft ging zunehmend auch auf Distanz zu ihm.

Chaplins Engagement sollte Folgen haben. Als er 1952 mit seiner Frau Oona auf dem Luxusschiff Queen Elizabeth nach London reiste, um der Weltpremiere seines Filmes «Limelight» beizuwohnen, wurde ihm beim Essen ein Telegramm seines Anwaltes gebracht mit der Bemerkung: «Man erwartet von Ihnen eine Antwort über das Funktelefon.» Chaplin begab sich in die Kabine und las die Botschaft. «Sie teilte mir mit, dass ich von den Vereinigten Staaten verbannt sei und dass ich bei meiner Wiedereinreise vor einen Untersuchungsausschuss der Einwanderungsbehörde treten müsse, um Fragen über meine politische und moralische Haltung zu beantworten.»

Die antikommunistische Hysterie, die unter dem Namen McCarthysmus eine ganze Periode bestimmen sollte, hatte ein prominentes Opfer gefunden.

Steuergeschichten und eine Vaterschaftsklage hatten Chaplin schon zuvor in den USA Schwierigkeiten bereitet. Der Grund für das Rückkehrverbot aber war die Haltung Chaplins, der vom FBI seit Jahrzehnten fichiert wurde. Chaplin hatte aktenkundig Arbeiterführer bei sich zu Gast, er unterstützte diesen oder jenen Streik finanziell, und zu seinen engen Freunden gehörte der vor den Nazis geflüchtete Komponist

Hanns Eisler. Man verdächtigte den Filmstar, nichts weniger als ein kommunistischer Sympathisant und ein sowjetischer Spion zu sein. In einem Interview antwortete Chaplin einer Journalistin einmal: «Und was die Politik betrifft – ich bin Anarchist. Ich hasse Regierungen und Vorschriften und Fesseln. Und ich kann eingesperrte Tiere nicht ausstehen.»

Die US-Behörden konnten ihm die Rückkehr verbieten, weil Chaplin es abgelehnt hatte, die amerikanische Staatsbürgerschaft anzunehmen – er besaß einen britischen Pass –, und weil das Staatsbürgerschaftsgesetz eine Einreiseverweigerung für Ausländer vorsah aus Gründen der «Moral, Gesundheit oder Geistesgestörtheit oder bei Befürwortung von Kommunismus oder Verbindungen mit kommunistischen oder pro-kommunistischen Organisationen». Das vielleicht schwerste Vergehen Chaplins war: Er wollte eigentlich gar keiner Nation angehören. «Ich bin Internationalist, kein Nationalist, und deswegen brauche ich keine Staatsbürgerschaft», sagte er einmal.

Nun saß er wieder in Großbritannien und suchte einen Bleibeort. London war seiner Frau Oona zu neblig. Das Klima in der Schweiz war als gesünder bekannt. So packten die Chaplins ihre Koffer und zogen vorerst ins Lausanner Luxushotel Beau Rivage. Bald fanden sie in Vevey am Genfersee eine Liegenschaft, die sie vom ehemaligen amerikanischen Botschafter übernehmen konnten. Die Villa zählte fünfzehn Zimmer, dazu gehörten ein ausgedehnter Park und ein Obstgarten.

Im Steuerparadies und Altersheim Schweiz gefiel es Chaplin. Er war seinerseits beliebt, einer der berühmtesten Rentner, die dieses Land je beherbergte. Hier stellte er den Film «A King in New York» fertig, eine harte Abrechnung mit dem McCarthysmus. Sein Biograf Curt Riess urteilt: «Niemand außer Chaplin – er war inzwischen 68 Jahre alt – hatte den Mut, gegen die Woge des McCarthysmus in Amerika so offen anzukämpfen. Und schon gar niemand in der amerikanischen Filmbranche.»

Die Klatschpresse interessierte sich weniger für seine filmische Schaffenskraft als für seine ungebrochene Zeugungsfähigkeit; 1962 – Chaplin war 73 Jahre alt – kam sein achtes Kind mit Oona zur Welt.

Seine Wohngemeinde tat alles, um dem guten Steuerzahler das Leben angenehm zu machen. Ganz ohne Lärm und Pulverdampf ging es dennoch nicht. Just neben Chaplins Villa befand sich ein Schießstand, in dem sonntags in patriotischer Manier gefeuert wurde. Jeder Pazifist, der in der Schweiz Asyl sucht, musste wissen: Kuhgeschell, Kirchenglocken und das Knallen aus Karabinern gelten hierzulande nicht als Lärm. Chaplin legte offizielle Beschwerde ein. Experten maßen die Dezibel. Das Schießen blieb. Angeblich wurde es um einige Tage pro Jahr reduziert. Chaplin kämpfte bis zu seinem Lebensende gegen den folkloristischen Kriegslärm.

In den Morgenstunden des ersten Weihnachtstages 1977 starb Sir Charles Spencer Chaplin – er war mittlerweile geadelt worden – friedlich im Schlaf. Er verabschiedete sich mit einer slapstickreifen Geschichte von der irdischen Welt. Als der Friedhofswärter ein paar Monate nach dem Begräbnis zur Arbeit kam, lag Chaplins Grab offen, der Sarg war verschwunden. Die Welt geriet in Aufregung. Wer konnte die Ikone der Filmgeschichte entführen wollen? War es Rache am Russenfreund? Posthumer Terror gegen einen Kommunisten? Ein Anschlag auf einen Juden – ob Chaplin das war, ist umstritten – in einem christlichen Friedhof?

Die Entführung entpuppte sich als Erpressergeschichte. Ein arbeitsloser Automechaniker aus Polen und ein Mechaniker und Flüchtling aus Bulgarien hofften, dank Lösegeld eine eigene Werkstatt eröffnen zu können. Sie kamen nicht zu ihrer Garage. Auch nicht mit der Entführung eines toten Regisseurs, der immer zu makabren Geschichten geneigt und zu den einfachen Leuten gehalten hatte. Die Polizei fasste die Erpresser. Man fand den Sarg in einem Kornfeld.

Auch das FBI hatte ermittelt, erfolglos. Es hatte zur Auffindung des für sie unfassbaren Chaplin Hellseher eingesetzt. Der Einfall hätte dem Filmemacher sicher behagt.[333]

XVIII. Kalter Krieg – Ostflüchtlinge

«Während der letzten Jahrhunderte lebten die Tibeter zufrieden und kannten weder Krieg noch Revolution», so begann die Geschichte, die Heinrich Harrer – der viel bewunderte Himalaya-Bezwinger – den Schweizern erzählte. «Sie waren ein Hochgebirgsvolk voll heiteren Gemütes, das sein Glück keineswegs in der Erreichung materieller Ziele suchte. Der Yak, der urtümliche Grunzochse, bestimmte als Hauptverkehrsmittel mit seinen drei Kilometern die Stunde das Lebenstempo.» Fast wie in den guten alten Zeiten das Zugvieh in der Schweiz. «Es ist ein liebenswertes Volk mit einer alten Geschichte und einer großen, geistigen Kultur, das von der Welt nicht vergessen werden darf.»[334]

Mitte 1958 erhoben sich die Tibeter gegen die chinesische Okkupation, Truppen der Zentralmacht drangen in der Bergregion ein. «Die in Tibet verübten Gräuel verdienen genau so gut die Bezeichnung ‹Völkermord› wie die Ausrottung der Juden durch Hitler, dessen Verneinung aller sittlichen Werte im Zeichen skrupellosen Machtwillens bei den Kommunisten eine erschreckende Analogie findet.»[335] Das war die Meinung bei vielen Tibetfreunden.

Da musste man als Schweizer einfach helfen.

«Zwanzig kleine Tibeter haben im Pestalozzidorf in Trogen ein Heim gefunden; sie können nun in einer friedlichen Umgebung aufwachsen», jubelte die «Tibethilfe», die sich in der Schweiz eilends zusammengefunden hatte.[336]

Der Kalte Krieg war angebrochen. In den Augen des Westens lastete der Kommunismus als bleierne Macht auf vielen Völkern.

Die Tibethilfe war der Auftakt einer ganzen Reihe von Solidaritätsbewegungen in der Schweizer Bevölkerung. Mit offenen Armen und heißen Herzen empfing man Flüchtlinge, welche die Freiheit suchten. Eruptionen gleich wurde Solidarität geübt, wo Menschen vor dem Kommunismus flohen. Als ob dadurch ein Element von Freiheit sich für die Schweizer Bevölkerung selbst realisierte. Litt sie daran, immer wieder Menschen abzuweisen?

Die Vorgänge rund um die Tibetflüchtlinge könnten erstaunen. Denn nach der Theorie der Kulturkreise, die von patriotischen Schweizern gerne vertreten wird, gehörten sie ganz und gar nicht in die Schweiz. Sie kamen von weit weg, trugen fremde Kleider, hatten ungewohnte Bräuche, praktizierten seltsame religiöse Rituale und hatten dunkelbraune Gesichter.

Es tat nichts zur Sache. Im Gegenteil, nun erläuterten Kenner und Freunde des tibetischen Volks in aller Geduld, was es mit dieser fremden Kultur auf sich hatte – dass ein tibetisches Kloster kein schweizerisches Kloster sei zum Beispiel. Sie erklärten, «dass die von uns verwendete Übersetzung ‹Kloster› nicht unbedingt richtig ist und sich nur mangels eines treffenderen Ausdruckes durchsetzt», trotz gewisser

Ähnlichkeiten seien die grundsätzlichen Tatbestände, die sich für uns mit dem Begriff «Kloster» verbinden, bei einem «Gömpa» nicht erfüllt. Der wesentlichste Unterschied liege «in dcr vollkommenen individuellen Freiheit der tibetischen Klosterangehörigen, die sogar die Glaubensfreiheit einschließt».[337]

So lernten die Schweizer das Abc der tibetischen Kultur.

Genau besehen seien diese Menschen gar nicht so fremd. Parallelen wurden gezogen, die aus ihnen schon fast Schweizer machten. Sie waren ein kleines Volk, und ihr Land lag noch höher als die Schweiz. Zudem entdeckte man im Begriff «Toleranz»[338] eine Brücke. Schweizer waren ja traditionell tolerant. Ein anderer Autor ging noch weiter, reflektierte über «Buddhismus und Christentum» und betonte, dass beide als «Erlösungsreligionen» bezeichnet werden.[339] Da hatte er wohl Recht. Letztlich zielt die Spiritualität aller Völker auf «Erlösung».

Sie kamen in ganzen Familien in die Schweiz; Kinder ohne Eltern wurden in Pflegefamilien untergebracht. Rund tausend Menschen waren es in einer ersten Welle; später wuchs die Zahl dank Familienzusammenführungen. Heute leben gut 2000 Tibeterinnen und Tibeter im Land.

Sicher galten sie anfänglich als Exoten, und als farbige Bereicherung durften Tibeter-Kinder beim urschweizerischen Zürcher Sechseläutenumzug mitmarschieren.

Doch sie lebten sich – nach anfänglichen Schwierigkeiten – immer besser ein. Eine Umfrage anlässlich der 10-Jahr-Feier des Vereins Tibeter-Jugend im Jahre 1980 zeigte, dass viele sich wohl fühlten, wenngleich die meisten – so die Antworten, die sie ankreuzten – sich immer noch «wie ein Flüchtling» vorkamen, nicht «wie ein Schweizer beziehungsweise eine Schweizerin tibetischer Abstammung».[340] Auf die Frage «Welche Personen respektieren Sie», gab die Mehrheit den «Rinpoche» an, die klösterliche religiöse Autorität, während «der schweizerische Bundesrat» weit abfiel.[341]

Das 1969 errichtete tibetische Kloster in Rikon fügt sich in friedlicher Koexistenz in das Leben im Tösstal ein. Da bei seiner Gründung die Bundesverfassung die Schaffung von Klöstern noch verbot, wählte man die Bezeichnung «Klösterliches Tibet-Institut», und die Gefährdung des religiösen Gleichgewichtes in der Schweiz war gebannt – wo ein Wille ist, ist auch ein Weg. Der derzeit jüngste Mönch im Kloster, Loten Dahortsang, hat die schweizerische Rekrutenschule absolviert.

Trotzdem hielt sich in der Schweiz die Idee bis auf den heutigen Tag, dass Menschen «aus fremden Kulturkreisen» sich hier eigentlich nicht «integrieren» könnten. Verzichten wir auf die einschlägigen Zitate. Vermutlich hätte man vor zehn Jahren auch hören können, dass Lamas auf schweizerischen Weiden fehl am Platz sind und nicht überleben können. Heute dienen sie Gotthelfs Emmental als Fremdenverkehrsattraktion – fast wie die exotischen Schwäne auf dem Zürichsee.

«‹Am wichtigsten für Sie wäre›, sagt mir ein städtischer Beamter, ‹sich so zu fühlen, wie wir sind.»» Das erzählt ein Flüchtling aus einem schon viel näheren Kulturraum, und er fährt fort: «Leider spreche ich mit ihm nur per Telefon, und so erfahre ich nicht genau, wie er ist. Und warum spricht er in der Mehrzahl?»[342]

Ein Ungar hat diese kleine Geschichte erlebt, einer von den 14 000, die 1956 ebenfalls vor dem Kommunismus geflohen und in die Schweiz gelangt waren und denen ebenfalls eine Welle der Solidarität entgegenschwappte. Eine Art nationaler Umarmung wars. Die den Umarmten allerdings fast die Kehle zuschnürte.

Der vom selbstbewussten Beamten belehrte Ungar überlegt lange, was er hätte antworten sollen. Endlich kommt er zu einer Lösung. Er hätte den Beamten in seinem Büro besuchen sollen, um ihm zu sagen: «Ich muss Ihnen ein Geständnis machen. Ich habe versucht, so zu werden, wie Sie sind.» Und dann die tiefe Einsicht: «Aber kein Wunder, es ist mir nicht gelungen. Sie sind einmalig.»[343]

Auch «die Ungarn» gelten als «integriert», Tausende erlangten nach Ablauf der zwölf Jahre Wartefrist das Schweizer Bürgerrecht. Dennoch: Für viele Flüchtlinge war die Aufnahme in der Schweiz nicht idyllisch.

«Der helvetische Alptraum», so betitelte Emil Pintér eine Rückschau auf diese Jahre der Integration. Missverständnis über Missverständnis sei zutage getreten.

Schon die Motive der Flucht waren oft nicht so, wie sie die Schweizer hätten haben wollen. So viele aktive Kämpfer gegen den Kommunismus habe es in Ungarn nie gegeben, wie Flüchtlinge das Land verließen. «Mein Hauptmotiv zur Flucht bestand aus der Angst, für weitere Jahre oder Jahrzehnte in einem kleinen Land eingeschlossen leben zu müssen.»[344] Mancher wollte ausbrechen, reisen vor allem. Nur 19 Prozent der Flüchtlinge in der Schweiz, so eine Untersuchung, hätten sich aktiv am Aufstand gegen die russischen Panzer beteiligt.[345] Doch wurden sie in globo als politische Flüchtlinge anerkannt.

Die falschen Bilder von der anderen Nation: «Die erste Begegnung der Flüchtlinge mit dem Schweizervolk im Herbst 1956 auf dem Grenzbahnhof Buchs vollzog sich im Zeichen des Unterganges einer alten Illusion, dass man sich kennt. Schweizer und Ungarn hatten voneinander ein Vorstellungsbild, ein Image, das noch schlicht und klar, von konkreten Vorstellungen ungetrübt war. Für jeden Schweizer war jeder Ungar der Sohn einer stolzen, ritterlichen und heldenhaften Nation. Man erwartete in Buchs dementsprechend gutgewachsene, dunkelhaarige, schwarzäugige Männerschönheiten mit außergewöhnlichem Temperament und dem Charme der Puszta.»[346] Tatsächlich waren die Ungarn nicht viel anders als du und ich.

Die bedrängende Fürsorglichkeit: «Man stellte sich Leute vor, die, direkt aus dem Kampf kommend und mit einem langen und mühsamen Fluchtweg hinter sich, erschöpft, ausgehungert, von den Strapazen der Revolution stark mitgenommen hätten sein sollen, also müde Helden, die sich vor allem ausruhen und eine warme Suppe zu sich nehmen möchten.»[347]

Im neuen Land passte man sich an: «Ich telefonierte nie nach 21 Uhr, meldete

170

mich vor jedem Besuch rechtzeitig an und brachte ein symbolisches Geschenk mit.»[348]

Und mit der Reisefreiheit war es auch nicht so weit her. Illegal statteten manche einen Besuch im ungarischen Zuhause ab. Sie wurden denunziert, oft allerdings von eigenen Landsleuten. «Auch die Schweizer Presse erblickte in den Heimweh-Ungarn potenzielle Spione.»[349]

Trotz formaler Integration, die Seele blieb draußen, für diese interessierte sich auch kaum jemand: «Uns alle verband das permanente Gefühl, aus der Gesellschaft ausgeschlossen zu sein.»[350] Da Pintér von Beruf Psychiater war, übertrug ihm die Fremdenpolizei die Abklärung schwieriger osteuropäischer Flüchtlinge. Dabei erhielt er systematischen Einblick in ihre Gefühlswelt: «Bei manchen zeigte sich das Übel in charakterlicher Verbeugung, scheinbar grundlosen depressiven Verstimmungen, psychosomatischen Rückenschmerzen, Migräne oder Verdauungsstörungen. Einige entwickelten mit der Zeit Wahnvorstellungen oder verübten Selbstmord.»[351]

Aus der Isolation entwickelten sie ihre kleine Gegengesellschaft: «Der Ex-Ungar, selbst wenn er schon dreißig Jahre in der Schweiz wohnt, hat seinen ungarischen Arzt, Rechtsanwalt, Steuerberater, Tierarzt, Coiffeur, Schneider usw. Freilich sind auch diese längst nicht mehr Ausländer, sondern seit geraumer Zeit eingebürgert.»[352]

Der Psychiater Emil Pintér hat das Land unter üblen Umständen wieder verlassen. Wegen sexueller Übergriffe an Patientinnen erhielt er Praxisverbot.

Die Erfahrungen aber, die er schildert, scheinen den Flüchtlingen aus der Zeit des Kalten Krieges gemeinsam zu sein, unabhängig davon, ob sie aus einem entfernten oder einem nahen Kulturraum stammten. «Die jungen Tschechoslowaken, die als die gefeierten Helden des gewaltlosen Widerstandes in die Schweiz gekommen sind, sind keine Helden», stellte Juroslav Marek richtig, der die Schweiz in einem Aufsatz als «Das kalte Paradies» beschrieb. «Die Prüfung, die sie erwartete und noch immer erwartet, fordert eine größere Anspannung der moralischen Kräfte als ein tapferer Augenblick angesichts aufmarschierender Panzer. Sofern sie sich das nicht rechtzeitig bewusst gemacht haben, erwarten sie dauernde Entfremdung, menschliche Enttäuschung und Resignation. Und wenn sie den Weg des bequemen Karrierismus gewählt haben, erwartet sie das Gleiche.»[353]

Marek war einer der 10 000 Tschechen und Slowaken, die nach dem gescheiterten Prager Frühling 1968 den Weg in die Schweiz fanden – und die diesmal auch von der politischen Linken begrüßt wurden.

Die Klagen aus jener Zeit der Kälte zeigen nicht die böse Natur der Schweizer. Sondern dass Migration die Betroffenen immer seelisch belastet. Jedenfalls die erste Generation. Der zweiten fällt das Leben im neuen Land leichter, und die dritte kann sich schon kaum etwas anderes vorstellen.

Flüchtlinge aus der
Tschechoslowakei
Nebelspalter Nr. 38, 1968

Die Aufnahmegesellschaften aber erweisen sich häufig als unsensibel. Nicht nur die Schweiz, aber auch sie. Später, als die vietnamesischen Boat-People in die Schweiz gelangten, galt es als chic, ein Vietnamesenkind zu adoptieren und sich mit ihm auf den Trottoirs zu zeigen. Es passte gut zu einem Pelzmantel aus Fuchs.

Die Flüchtlinge selber erlitten schwerste Erschütterungen; 52 Menschen aus Indochina wurden Anfang der neunziger Jahre in der Schweiz als chronisch schizophren diagnostiziert.[354]

Akzeptieren wir – als Menschen, die zufälligerweise in der Schweiz leben und uns notgedrungen mit der Geschichte dieses Landes auseinander zu setzen haben – die Version, die ein tschechoslowakischer Flüchtling von einer Gründersage dieses Landes gibt:

«Bekanntlich waren die Schweizer einmal sehr unehrlich und begingen einen abscheulichen Betrug. Wie man weiß, schlossen sie einen Vertrag mit einem ausländischen Unternehmen, das ihnen eine Brücke bauen sollte. Aber als die Brücke fertig war, führten die Schweizer das ausländische Unternehmen hinters Licht und brachten die Gastarbeiter um ihren Lohn. Manche Leute behaupten zwar, das sei ein ganz besonderer Fall gewesen, weil der ausländische Unternehmer der Teufel war. Aber das ändert nichts an der Sache.»[355]

Schweizergeschichten: Andreas Herczog – Nationalrat und Ungarn-Flüchtling

Ein Hinterbänkler war er nie; auf dem Höhepunkt seiner Karriere, Ende der 1990er Jahre, galt er als ein Macher im Nationalrat. Die Medienleute schätzten ihn, weil seinem herzlich grinsenden Froschmaul immer wieder ein träfer Satz zur Sache zu entlocken war und nicht bloß Sprachschaum.

«Ich könnte heute noch einen ungarischen Pass beantragen», sinniert der Architekt Andreas Herczog, «aber ich habe kein Bedürfnis danach. Und ich will auch kein Häuschen am Plattensee kaufen. Mir gefällt Budapest zwar, aber ich habe mich entschieden, hier zu sein.» Der einstige Ungarn-Flüchtling kann seine Muttersprache immer noch und schmökert hin und wieder in ungarischen Internet-Seiten.

Er gehörte zur staatstragenden Classe politique und war enger Vertrauter des sozialdemokratischen Bundesrates Moritz Leuenberger. Anerkennung fand er, als es ihm gelang, die blockierte Situation rund um die Finanzierung des öffentlichen Verkehrs in neue Fahrt zu bringen. «Links gab man die Forderung nach einer Begrenzung der Lastwagengewichte auf 28 Tonnen auf, rechts sagte man Ja zur leistungsabhängigen Schwerverkehrsabgabe», freut sich der damalige Präsident der parteiübergreifenden Arbeitsgruppe. So wurde eine gemeinsame Position in der Verkehrspolitik gefunden, mit der man die bilateralen Verhandlungen zwischen der Schweiz und der Europäischen Union angehen konnte. Kein Zweifel, der Mann hatte ein Auge fürs Machbare.

Schwenk von Bern nach Liestal, vom Parlament in ein Gymnasiumszimmer. Dort sitzt der 1947 in Budapest geborene Andreas Herczog und liest nonkonformistische Zeitschriften. Er flottiert in den ersten Wellen der Achtundsechziger-Bewegung mit. Und will selber bewegen.

Als Student an der ETH beschäftigt er sich ebenso kritisch mit Architektur und Städtebau wie mit der Architektur des Staates. Dieser will eben ein neues ETH-Gesetz erlassen, das der Verschulung Vorschub leistet, und provoziert den Widerstand der Studierenden. Unter ihnen Andreas Herczog, der auf diese Weise in die linke Politik gerät. Dank der breiten studentischen Oppositionsbewegung wird das Gesetz in der eidgenössischen Volksabstimmung bachab geschickt.

Herczog trat in die Sozialdemokratische Partei ein, verließ diese aber bald wieder, da sie ihm zu brav war. Wenig später sah man ihn als einen der führenden Köpfe der neu gegründeten Progressiven Organisationen in öffentlichen Veranstaltungen debattieren. Er trug die kantonalzürcherische Initiative für den Nulltarif bei öffentlichen Verkehrsmitteln mit, weil Tram und Bus durch Gratisfahren gefördert werden müssten. Und er kandidierte für einen Sitz in der Zürcher Stadtregierung.

Nach etlichen Jahren Dasein als unbequemer Poch-Nationalrat von 1979 bis 1990 kehrte Herczog in den Schoß der SP zurück, die er bis 1999 im selben Rat vertrat. Im Rückblick sieht er keinen grundsätzlichen Bruch zwischen der frühen Achtundsechziger-Zeit mit ihren Straßenaktionen und seiner späteren parlamentarischen Tätigkeit mit ihrer Kommissionsarbeit: «Damals haben wir Fragen aufgeworfen und Grundlagen gelegt, bei deren Lösung ich im Parlament konkret mitwirken konnte.» Er habe mit Erstaunen erfahren, wie viel Spielraum dieser Staat für politische Lösungen doch lässt. Zudem habe der politische Wind gekehrt: «Heute kommt die Opposition gegen den Staat von rechts.» Da seien die linken Kräfte auf andere Art gefordert, als wenn sie selber mit wehenden Fahnen vorwärts marschieren könnten. Die außenpolitischen Ansichten – die Poch setzte auf die Befreiungsbewegung der Drittweltländer – seien allerdings überholt.

Im Parlament vertrat Herczog seine Meinungen frech-forsch – und wurde von politischen Gegnern unversehens mit seiner Vergangenheit konfrontiert. Dass sein Familienname die Buchstabenkombination cz aufwies, fiel damals noch auf. Ein ungarischer Flüchtling sei er, der gefälligst mehr Dankbarkeit an den Tag zu legen habe. Zu einem Eklat kam es, als Herczog sich 1989 gegen die Militärschau wandte, die unter dem Namen «Diamant» geplant wurde und Aktivdienstteilnehmer in Scharen an die Festbänke bringen sollte, wo sie die Militärverpflegung «Spatz» und einen Schoppen Rotwein kosten durften und mit patriotischen Reden berieselt wurden. Das sei «so etwas wie politischer Kitsch», begründete Nationalrat Herczog seinen Nichteintretensantrag auf den Kreditantrag, voll Unverständnis für die Idealisierung der schweizerischen Vergangenheit. Der freisinnige Nationalrat Felix Auer aber fauchte protokollverbürgt: «Herr Herczog (…), Sie haben in einem Land Zuflucht gefunden und von diesem das Bürgerrecht erhalten, das sich dank seiner Armee – wenn auch nicht allein dank seiner Armee – die Freiheit wahren konnte, 1956 jene Tausende von Verfolgten aufzunehmen. Und nun missgönnen Sie 140 000 Soldaten den Gedenkanlass.»

Herczog sagt: «Damals hat es mich getroffen, dass ich nicht solle kritisieren dürfen, weil ich nicht hier geboren bin.» Heute kann er darüber nur lachen. «Denn als Ungar fühlte ich mich nicht. Eher als Schweizer mit zwei Kulturen im Hintergrund.»

Wie war er denn hierher geraten?

Am Tag des Budapester Aufstandes kam der Neunjährige vom Klavierunterricht und sah auf dem damaligen Lenin-Ring die Demonstranten. «Ich war erstaunt, wie viele es waren.» Vier Tage nach dem Ausbruch der blutigen Auseinandersetzungen verschwand die Mutter mit dem Jungen aus Budapest. – Warum seid ihr geflohen? – «Das habe ich meine Mutter auch gefragt. Sie antwortete, meine Zukunftsmöglichkeiten und Chancen seien im Westen größer.»

Einem Zufall verdankt er es, dass er in die Schweiz kam, denn seine Mutter wollte eigentlich nach Amerika. Doch da der Junge im Flüchtlingslager an einer Lungenentzündung erkrankte, ergriff sie das Angebot, mit einer Gruppe in die Schweiz zu reisen. Im plombierten Wagen, von einer Rot-Kreuz-Schwester betreut, kamen sie nach Liestal. Herczog findet, dass er so von einem üblen Stück Weltgeschichte verschont worden ist. «Wären wir in die USA gereist, hätte ich alle Chancen gehabt, als Soldat in den Vietnam-Krieg ziehen zu müssen, der später ausbrach.»

Am neuen Ort aber legte der Junge schnell jede Ungarn-Sentimentalität ab. Er pflegte auch kaum Kontakt mit den ungarischen Milieus, die oft stark antikommunistisch geprägt waren. Anfang der sechziger Jahre wurde er eingebürgert.

Die eigene biografische Erfahrung prägt seine heutige Einstellung zur Ausländerpolitik. Er, der selbst in der Schweiz politisch Asyl erhielt, meint: «Auch wenn man als Linker sich immer gescheut hat, von Zahlen zu reden; die Zahl der Ausländer ist wichtig angesichts der Ängste, die viele Ältere empfinden. Man muss über Begrenzungen und Kriterien der Einwanderung diskutieren. Aber die Ausländer, die zugelassen werden, müssen gleich berechtigt sein, von den Ausbildungsmöglichkeiten bis zum Wahlrecht.»[356]

XIX. Siebziger Jahre – Die neuen Schweizerinnen und Schweizer

Erklärt ein Schweizer oder eine Schweizerin jemandem eindringlich einen Sachverhalt, mag es geschehen, dass das Gegenüber entnervt antwortet: «Giovanni scho weisch, Giovanni scho lang in Schwiiz.»

Der Ausspruch verweist darauf, dass die Italiener sich hier eingelebt haben und die örtlichen gesellschaftlichen Regeln längst in Fleisch und Blut aufgenommen haben.

Die einstigen «Tschinggen» gehören dazu. Gelten als brave Schweizer. Erscheinen als sympathisch. Plötzlich sind sie angeblich nicht mehr so laut, wie der Kindermund weiß:

I bin en Italiano
Und furze ganz piano
I gange i d Fabrik
Und fööne Schtück für Schtück.

(Ich bin ein Italiener
Und furze sehr leise
Ich gehe in die Fabrik
Und lasse Stück für Stück hinaus.)

Keine Zeitung würde noch bei einem Verbrechen schreiben: «Der Täter ist ein gebürtiger Italiener», wie solches bei Menschen aus dem Balkan immer noch üblich ist.

Tatsächlich vollzog sich in den siebziger Jahren ein Wandel, zumindest im Verhältnis gegenüber dieser Gruppe von Zugewanderten. «War man früher der Auffassung, die Beschäftigung von ausländischen Arbeitskräften habe nur vorübergehenden Charakter, so müssen wir uns heute Rechenschaft geben, dass diese Erscheinung einen Dauerzustand darstellt.» So der Berichterstatter der Mehrheit in der Nationalratsdebatte um die Schwarzenbach-Initiative.[357]

Dahinter verbarg sich mehr als nur Einsicht. Die Arbeitgeber waren von ihrer «Rotationstheorie» abgekommen, die ein Sesshaftwerden der ausländischen Arbeitskräfte zu verhindern suchte. Die Ausländer waren nun wirklich da.

Und sie sind bevölkerungspolitisch eine Notwendigkeit. Die Einheimischen werden immer älter, und die jungen Paare haben zu wenig Kinder. In der längerfristigen Perspektive sterben die Schweizer aus. Mit 1,4 Kindern pro Frau mit Schwei-

Italienischer Glacéverkäufer;
Nebelspalter Nr. 36, 1956

zer Pass liegt die Rate unter den 2,1 Kindern, welche eine Bevölkerungsstabilität gewährleisten. Die Ausländerinnen gebären derzeit im statistischen Durchschnitt 1,7 Kinder, das entlastet die Situation, auch wenn sie sie nicht stabilisiert.

Ohne Zugewanderte verschiebt sich die Altersstruktur der berühmten Bevölkerungspyramide glockenförmig nach oben. Da die Familien der Eingewanderten im Durchschnitt jüngere Jahrgänge verkörpern, ergänzen Einheimische und Zugewanderte einander. Wie Teile eines Puzzles lassen sie sich zur tannenbaumförmigen Alterspyramide zusammenfügen, die dank einem wachsenden Bestand in den Reihen der Zwanzig- bis Dreißigjährigen eine sichere Altersversorgung gewährleistet. Das ist nicht nur statistisch-grafische Spielerei, sondern angesichts des Systems der schweizerischen Altersvorsorge ökonomisch wichtig.[358] Nur, wenn genügend Junge nachkommen, die Beiträge in die AHV zahlen, können die Alten weiterhin ihre Renten beziehen. Die Ausländer sichern die Altersvorsorge.

Liberale Zulassung, Diskriminierung im Innern, diese Politik hatte die Schweiz seit dem Zweiten Weltkrieg betrieben. Nun erkannten viele, dass das Umgekehrte menschlicher gewesen wäre. Oder mit einem Modebegriff: nachhaltiger. Es hätte den Nachkommenden weniger Probleme hinterlassen.

Weil «die Ausländer» nun Wurzeln geschlagen hatten, sahen es christliche Kreise als soziale Aufgabe an, sie im Alltagsleben möglichst gleichzustellen. Dies versuchte eine Initiative zu erreichen, die sich «Mitenand» nannte. Lanciert wurde sie von der Katholischen Arbeiter- und Angestelltenbewegung (KAB), die später mit anderen Gruppierungen die Arbeitsgemeinschaft «Mitenand» bildete. Man wollte ein Gegenwicht zu den fremdenfeindlichen Vorstößen bilden, die das Klima so sehr vergiftet hatten. Wenn schon eine zahlenmäßige Begrenzung, dann sollten jene, die sich im Land aufhielten, nicht diskriminiert sein. Die Initiative verlangte deshalb: «Bund, Kantone und Gemeinden ziehen die Ausländer in Fragen, die sie betreffen, zur Vernehmlassung bei. Sie fördern im Einvernehmen mit den Ausländern deren Eingliederung in die schweizerische Gesellschaft; die Gesetzgebung sieht geeignete Maßnahmen vor.»[359] Der Vorstoß zielte auch auf die Abschaffung des als unmenschlich empfundenen Saisonnierstatuts.

Das Volksbegehren wurde zwar 1981 wuchtig abgelehnt. Wie auch 1983 ein weiteres Begehren, das den in der Schweiz geborenen Ausländern der zweiten Generation den Erwerb des Bürgerrechts erleichtern wollte. Doch hieß das schon nicht mehr, dass man die Italiener wieder hätte vertreiben wollen. Es war mehr eine neue Auflage der mittelalterlichen Politik gegenüber Pfahlbürgern – jenen Stadtbewohnern, die ausserhalb der Stadtwehr wohnten. Die Botschaft lautete in der behäbig-eitlen Manier derer, die schon drin sind: Ihr dürft bleiben, aber ihr müsst warten und euch noch mehr assimilieren.

«Assimilation» lautete das Zauberwort. Ein Soziologe, der sich seinerzeit mit diesen Fragen befasste, gab folgende Erläuterung dazu: «Der Begriff der Assimilation meint nach unserer Definition die Partizipation an der Kultur, der Begriff der Integration (meint) die Partizipation an der Gesellschaft», wobei unter Kultur die «Symbolstruktur» zu verstehen sei, unter Integration die «Positionsstruktur der sozialen Realität».[360] Die offizielle und von der Bevölkerung weitgehend unterstützte Politik sei nun, «dass nur voll assimilierte Einwanderer auch den letzten Schritt zur vollständigen Integration, die Aufnahme in das Bürgerrecht, tun können».[361]

Die Einbürgerung erfolgt gemäß der Doktrin, die sich in den dreißiger Jahren durchgesetzt hat, erst am Schluss der Kette von Assimilation und Integration. Gewissermaßen als Belohnung. Führende Kreise dieses Landes hatten einst das Gegenteil vertreten; man erinnert sich an die Debatte vor dem Ersten Weltkrieg: Die Einbürgerung als Druckmittel zu Anpassung und Eingliederung. Purzelbäume der Geschichte.

Dabei gibt es in dieser Eidgenossenschaft ein Beispiel dafür, dass die schnelle Integration der Ausländer und Ausländerinnen keineswegs zum Untergang des Staatswesens führte. Der Kanton Neuenburg überrascht seit der Gründung des Bundesstaates durch eine von der Landesmehrheit abweichende Politik. Ein rühmlicher Sonderfall.

Schon 1849 erlaubte Neuenburg Ausländern, in Gemeindeangelegenheiten zu stimmen und zu wählen. «C'est le meilleur moyen de les intéresser à la vie du pays», wie ein Neuenburger schreibt[362] – das beste Mittel, um die Leute für ihre Region zu interessieren. Dieses Recht wurde zwar in den folgenden Jahrzehnten ein paar Mal modifiziert, einmal abgeschafft, einmal durch das Recht der Wählbarkeit ergänzt, aber es behauptete sich immer wieder. Im Jahr 2000 hat der Große Rat – die Legislative – bei der Beratung einer neuen Kantonsverfassung gar beschlossen, den Ausländerinnen und Ausländern das aktive Wahlrecht – nicht aber das Recht, gewählt zu werden – auch auf höherer Ebene, bei den Wahlen fürs kantonale Parlament zu gewähren.

Vielleicht ist die Grundlage für diese Haltung in der Geschichte des Kantons Neuenburg zu suchen. Als die deutschen Fürstenhäuser den Hugenotten großzügig Aufnahme anboten und der Kanton Bern sich ihrer Aufnahme zeitweise widersetzte, war Neuenburg preußisch und protestantisch. Und da mochte man den Berner Patriziern gern gezeigt haben, was wahrer Adel ist! Das überwiegend protestantische Neuenburg hat den Hugenotten tatsächlich geholfen.[363]

Das Schweizer Bürgerrecht zu erlangen, war früher das Ziel vieler Immigranten; inzwischen verzichten vor allem Jüngere gern auf die Zugehörigkeit zu diesem exklusiven Klub. Der Hürdenlauf, der durchzustehen war, wenn man Besitzer des roten Passes mit dem Schweizerkreuz werden wollte, wurde im Film «Schweizermacher» aufs Korn genommen – mit dem damaligen Nationalkabarettisten Emil in der Rolle des Beamten von der Fremdenpolizei. Er hat 1979 für einmal die ganze Schweiz dazu gebracht, über sich zu lachen.

Die Einbürgerungskandidaten und -kandidatinnen mussten im Verlauf der Einbürgerungsverfahren mehr Wissen über die Schweiz unter Beweis stellen, als die Mehrheit der Schweizer sich je angeeignet hatte. Zumindest ihren «Tschäni» – Das Buch «Profil der Schweiz» eines liberalen Publizisten[364] – mussten die in der Deutschschweiz Ansässigen gelesen haben, was kaum ein Eingeborener freiwillig tat. Welche Kantone haben eine protestantische Mehrheit? Wie verlaufen die Bezirksgrenzen bei der Taubenlochschlucht? Zuletzt blätterte man für die Einbürgerung einige einheimische Tausendernoten hin.

Seither sind einige Schikanen abgebaut worden, die Hürden zum Erwerb des Bürgerrechtes zählen weiterhin international zu den höchsten; kein europäisches Land kennt eine Frist von zwölf Jahren, die abzuwarten ist, bis überhaupt ein Antrag gestellt werden kann.

Nur knapp 9000 Personen wurden in den 1980er Jahren jährlich eingebürgert. Auf eine ausländische Bevölkerung von rund 900 000 sind das weniger als ein Prozent.[365]

Dieser Anteil ist in den späteren Jahren gestiegen, vor allem dank der Zulassung der Doppelstaatsbürgerschaft im Jahr 1992. Doch die Schweiz steht mit ihrer Einbürgerungsquote bis heute im Mittelfeld der europäischen Länder – genauer: an dessen unterer Grenze. Vor allem jene Länder, die das ius soli, das Prinzip des Geburtslandes, im Unterschied zum ius sanguinis – dem Abstammungsprinzip –, kennen, weisen zum Teil mehrfach hohe Prozentzahlen auf. Anfang der neunziger Jahre betrug die Einbürgerungsquote in Schweden sieben Prozent, in den Niederlanden fünf, in Frankreich und Österreich zwei Prozent. In Frankreich – dem klassischen Land des ius soli – können Eltern seit 1997 für ihre im Inland geborenen Kinder ab dreizehn Jahren die Staatsbürgerschaft beantragen, mit 18 folgt automatisch die Einbürgerung. Sprachkenntnisse werden nur oberflächlich geprüft. Deutschland – das Bollwerk des ius sanguinis – hat sich zu einem Optionsmodell durchgerungen: Im Inland geborene Kinder ausländischer Eltern erhalten zwar den deutschen Pass, müssen sich aber zwischen dem 18. und dem 23. Lebensjahr entscheiden, ob sie den Pass ihres Herkunftslandes oder denjenigen Deutschlands abgeben wollen.

Die Schweizer mit ausländischem Pass gehören zu Helvetien wie die schon länger Ansässigen mit schweizerischem Pass, deren Urahnen zumeist bei Morgarten und Sempach auch nicht dabei waren. «Was bleibt uns also statt einfachen Antworten?», fragte die amerikanische Journalistin Jane Kramer 1994, die Europa scharfsinnig beobachtet, anlässlich einer Preisverleihung in Zürich: «Humane Gesetze, ein bisschen Humor und die Einsicht, dass es immer schon Einwanderer gegeben hat und immer schon Leute, die sich über Einwanderer beschwerten; dass Einwanderer vielleicht Ärger bringen, doch dass sie unvermeidlich sind. Sie kommen durch, wie sehr wir uns auch bemühen, sie zu stoppen. Und eines Tages, wenn

wir Glück haben, fangen sie an, sich über das ‹Einwandererproblem› zu beschweren
– ein klassisches Zeichen der Assimilation.»[366]

Dreimal versuchten Ende der 1990er Jahre zwei in der Schweiz aufgewachsene
Zwillingsschwestern in Beromünster das Bürgerrecht zu erlangen: Ganimet und
Litafet mit einem Pass aus Ex-Jugoslawien. Dreimal sagte die Bürgerversammlung
Nein. Sie waren offenbar zu wenig assimiliert – besuchten Karatekurse statt den ge-
mischten Chor –, wenn es denn überhaupt einen Grund für die Ablehnung gab au-
ßer dem Selbstbehauptungswillen der Beromünster Bürger. Dabei hätte Litafet den
Pass mit dem Schweizerkreuz gebraucht, um ihren Traumjob ergreifen zu können:
Sie will Polizistin werden.

Schweizergeschichten:
Gabriel Marinello – Detailhändler mit norditalienischem Ursprung

«Ich war ein Tschinggebueb», sagt er in kecker Direktheit, «das haben wir gespürt.»
Leute zweiter Klasse. «Es ist hart für Kinder, wenn sie nicht einfach sein dürfen wie die
anderen», meint Gabriel Marinello nachdenklich. «Meine Mutter sprach ein Italienisch
mit venezianischem Einschlag, mein Vater gestochen klassisch. Aber wir Brüder wehr-
ten uns dagegen; bei uns galt es als unmännlich, italienisch zu reden.»

Gabriel, der 1929 in der Schweiz geboren wurde, ist ein früher Angehöriger der so
genannten zweiten Generation. Mit dreißig wurde er eingebürgert. Seine Eltern lebten
am Zürichberg, aber in bescheidenen Verhältnissen: «Ich bin praktisch im Hinterzim-
mer eines Verkaufsladens aufgewachsen, wo ich auch meine Hausaufgaben erledigte.
Ich kann mich gut erinnern, wie es kieste, wenn meine Mutter im Hintergrund Zucker
abfüllte.»

Marinellos waren Konvertiten: Katholiken, die zum Protestantismus übergetreten
waren. «Der Arbeitsbegriff zählte, ich habe eine harte Schule durchgemacht, bin aber
auch für meinen Beruf prädestiniert.» Mit der Prädestination spricht er sein Kommuni-
kationstalent an. Er kann reden, verkaufen, Überzeugungen gleichermaßen wie Südfrüchte.

Gabriel Marinello stieg zu einem der erfolgreichsten Manager einer Detailhandels-
kette für Nahrungsmittel auf. Im Wissenschaftsjargon würde man sagen: Er ist einer
der Begründer des Ethno-Business. Marinello drückt es farbiger aus: «Ich bin ein geborener Gemüsler.» Und er erläutert: «Der Früchte- und Gemüsehandel liegt heute
noch in der Hand von italienischen Familien. Familienbeziehungen und Tradition erhalten das Geschäft.»

Zur Marinello-Kette gehören ein halbes Dutzend Filialen, dazu ein Engroshandel und ein Vertrieb von Tiefkühlprodukten. Die Läden locken mit appetitlichen Offen-
auslagen, das Angebot liegt in der gehobenen Preisklasse. Die Gemüse und Früchte,
die Großmutters Küche bereicherten, sind heute der Delikatessensparte zuzurechnen.

Marinello schaut indes nicht nur auf die eigene Rechnung, er hat sich in seiner
Stadt engagiert. Er stieg 1992 zum Präsidenten der Zürcher «City-Vereinigung» auf,
eines Zusammenschlusses innerstädtischer Geschäfte. Hier boxte er ein Anliegen
durch, das bei den Kunden eine populäre Dienstleistung, für die Gewerkschaften aber
lange nur ein Mittel ungehemmter Profitmacherei war: die Liberalisierung der Laden-
öffnungszeiten. Er setzte durch, dass die Öffnungszeit «von 8 bis 8» – so die Parole –
in der städtischen Volksabstimmung gutgeheißen wurde, das war 1997. Daneben
unterstützte er den Bau von innerstädtischen Parkhäusern. Ein Manchester-Kapitalist
ist er dennoch nicht, gewährte er doch als einer der ersten Unternehmer seinem
Personal die 39-Stunden-Woche, als die Gewerkschaften noch für die 40-Stunden-
Woche kämpften.

Die Geschichte seiner Herkunft, seiner Eltern und Großeltern ist nicht typisch, außer in einem: Keine Familiengeschichte ist mit der anderen identisch. Jede weist ihre Besonderheiten auf. Letztlich löst sich der Begriff Immigration auf in individuelle Schicksale, erweist sich als Hilfskonstruktion, die es erlauben soll, Menschenmengen in einem Wort zu erfassen, begreifen kann man sie so kaum.

Gabriel Marinellos Vater kam als Steinhauer und Bildhauer vor dem Ersten Weltkrieg in die Schweiz, er hat da die Pferde vor der Zürcher Universität geschaffen – welcher Student und welche Studentin kennt sie nicht? Dessen Vater wiederum hatte beim Bau der transsibirischen Eisenbahn eine Feldküche betrieben – und man fragt sich, ob Liebe zum Geschäft mit Nahrungsmitteln vererbt werden kann. Zudem war er Konsul in Rumänien. Auch Gabriels Mutter war Italienerin, sie kam in Erfüllung von Familienpflichten in die Schweiz, um einem Verwandten, der als etwas verwahrlost und gefährdet galt, den Haushalt zu führen: die Assunta. In sie verliebte sich der immigrierte italienische Steinmetz, der die Schweiz nur als Durchgangsstation auf dem Weg nach Amerika sah. «Mit Auswandern wurde dann aber nichts, denn für zwei Billette über den Teich reichte das Ersparte nicht.» So blieb das Paar statt in Amerika im Aargau.

Um den Familienverdienst aufzubessern, stellte die Mutter einen Marktstand auf dem Bürkliplatz auf. Als die Einnahmen zu fließen begannen, legte Ehemann Angelo den Meißel weg und half den Handkarren stoßen – der Besitz eines Pferdes blieb arrivierteren Familien vorbehalten.

Aus den Einwanderern wurden Hiesige. Gabriel Marinello ist in den Augen der Alteingesessenen ein guter Italiener. Deshalb bot man ihm schon dreimal an, Zünfter zu werden. Für Oberschichtsaspiranten ist dies gewöhnlich das Höchste der Gefühle: Mitglied einer dieser traditionell auftretenden, in Wirklichkeit aber oft neu erfunden-en Zunftgesellschaften zu werden und am Zürcher Sechseläuten um einen brennenden Holzstapel zu reiten. Marinello lehnte ab. «Der Stolz der Zünfter fehlt mir. Ich habe heute noch ein südländisches Herz und komme mir gewiss nicht als Urschweizer vor.»

Seine Gemeinschaft ist die Kirche. «Ja, ich bin Präsident der Baptisten der Schweiz.» Bigott wirkt er nicht: «Ich habe keine Hemmungen, Geld zu besitzen.» Und offensichtlich auch keine Hemmungen, das zu sagen. «Auch zu Zeiten Jesu hat es Arme und Reiche gegeben.» Vor Gott seien letztlich alle bedürftig. Der Unternehmer geht jeden Sonntag in die Kirche. Es muss mit christlicher Überzeugung zu tun haben, dass Marinello im Alltag immer wieder zwischen widersprüchlichen Positionen zu vermitteln weiß. So hat er etwa die Zürcher Geschäftsleute dazu gebracht, ihren starrsinnigen Widerstand gegen Fußgängerzonen aufzugeben.

Der Kontakt mit ihm ist herzlich, er liebt die Menschen. «Als Krämer muss man die Leute einfach gern haben. Das ist das beste Verkaufsargument», lacht er. « Früher hat man den Leuten auf dem Markt als Verkäufer immer etwas geschenkt, und wenns nur eine Kirsche war. Die Haltung dahinter, wissen Sie.»

Der Lebensmittelhändler spricht von den neuen Verpflegungsgewohnheiten der Stadtmenschen, von Pizza und Kebab. Er klärt das Missverständnis, wonach die Pizza ein original italienisches Produkt sei: «Die gab es zuerst bei den Neapolitanern. Aber dort war sie nur ein Tomatenkuchen, ein dünner Hefeteig, den man zusammenklappte. Ihn haben die Neapolitaner nach Amerika gebracht, wo sie damit reich wurden. Und sie haben den Kuchen dann immer üppiger belegt. Damit kehrten sie nach Italien zurück und behaupteten, sie hätten die italienische Pizza erfunden, die es dort zuvor gar nicht gab. Wir in Norditalien jedenfalls aßen keine Pizza.»

Dann fügt Marinello hinzu. «Man muss wissen, der Süditaliener ist dem Norditaliener fremder als der Italiener dem Schweizer.»[367] Was beweist: Ein Italiener ist kein Italiener.

XX. Globalisierung – Der erweiterte Kreis

Eines Tages wird es eine muslimische Bundespräsidentin geben. Das wird nicht befremdlicher sein als der Aufstieg der jüdischen Ruth Dreifuss zu diesem repräsentativen Amt oder die Wahl des katholischen John F. Kennedy zum Präsidenten der Vereinigten Staaten.

Das christliche Abendland wird nicht untergehen dabei. So wenig wie Rom deshalb unterging, weil der Germanenfürst Odoaker sich im Jahr 476 die Krone als Heerkönig aufsetzte. Er brachte im Gegenteil wieder Leben in die sterbende Stadt. Wie sagte Kaiser Romulus in Friedrich Dürrenmatts Komödie, als man ihm meldete «Die Germanen kommen!»? – «Wenn dann die Germanen da sind, sollen sie hereinkommen.»[368]

Erinnern wir uns: Nachdem die Schweizer Unternehmer in ganz Norditalien nach Arbeitskräften gefischt hatten, rekrutierten sie Leute aus Sizilien, Griechenland, Spanien, Portugal, Jugoslawien – um einen Teil von ihnen wieder in den Mittelmeerraum zu schicken, als Mitte der siebziger Jahre die Krise ausbrach. Andere hatten tatsächlich ihr Häuschen in der Heimat endlich fertig gebaut und kehrten freiwillig an die Sonne zurück.

In den achtziger Jahren zog die Konjunktur erneut an. In ganz Westeuropa diesmal. Eine neue Phase der Migrationsgeschichte begann.

«Von unserer Wohnung bis zur Haustür meiner Mutter sind es genau 2500 Kilometer», erzählt eine Türkin.[369] 12 000 Menschen aus der Türkei und namentlich den kurdischen Gebieten wurden 1970 in der Schweiz gezählt, 1990 waren es 80 000[370].

Politische Ereignisse, Umstürze, Bürgerkriege in der Türkei und in Sri Lanka verstärkten den Zustrom von Menschen aus dem Nicht-EU-Raum. «Türken und Tamilen», mit diesem Zwillingsbegriff wurde eine Zeit lang die neue Migrationswelle apostrophiert. Bösartig redeten einige von «Kanaken». Seitdem sind aber vor allem die Tamilen als Kellner und Serviererinnen auf der Leiter der Sympathie gleichsam zu Lieblingsdienern der Nation aufgestiegen. Und die Türken versorgen gehetzte Bänkler und Versicherungsangestellte am Schnellimbissstand mit Kebab.

Ob das nun echte Asylsuchende oder bloß Wirtschaftsflüchtlinge seien, fragte sich die Öffentlichkeit. Ausgedehnte Debatten wurden geführt über «unechte Flüchtlinge».[371] Dabei hatte sich bei den Ungarn-Flüchtlingen schon abgezeichnet, dass die vielschichtigen Motive der Menschen nicht einfach mit den angebotenen Rechtskategorien übereinstimmen.

Die Globalisierung, die alle Kommunikations- und Verkehrswege immer dichter knüpft, lässt solche Unterscheidungen nicht mehr zu. Wer als politischer Flüchtling gekommen ist, berichtet zu Hause über die Arbeitsmöglichkeiten im Ausland, wer

Bosnische Flüchtlinge;
Nebelspalter Nr. 36, 1995

als Arbeitsmigrant hierher gelangte, verhilft politisch bedrängten Verwandten zur Flucht. Wenn sich am Sonntag in der Schweiz eine kurdische Familie zum Mittagstisch trifft, ist es wahrscheinlich, dass die verschiedensten Ausweise zusammenkommen. Die eingeheiratete älteste Tochter besitzt den Schweizer Pass, der zuletzt gekommene Onkel einen Touristenausweis, das Gastgeberehepaar ist in der Schweiz seit Jahren niedergelassen, während ein Bruder nach dem Militärputsch 1980 illegal hierher gelangte und als politischer Flüchtling anerkannt wurde.

Die umfangreichen Abklärungen über Motive und Hintergründe eines jeden Asylbewerbers überforderten die Behörden schnell einmal. Intensive persönliche Befragungen, meist unter Beizug eines Dolmetschers, wurden vorgenommen. Standardisierte Antworten kursierten, mit denen die Flüchtlinge die Anerkennung als Politische erlangen wollten. Absurderweise waren es oft gerade die eigentlichen politischen Flüchtlinge, die über ihr Vorleben nicht die ganze Wahrheit sagen konnten, wenn sie Kampfgenossen und Organisationsstrukturen, die im Land geblieben waren, nicht verraten wollten.

Die Zahl der Asylgesuche stieg, die Behandlungen verschleppten sich, die Pendenzenberge stiegen, zudem konnten Wegweisungen wegen der ablehnenden Haltung der Herkunftsländer oft nicht vollzogen werden. Die so genannten Asylbewerber – jene Menschen, die einen Asylantrag stellten – hatten zu warten. Oft jahrelang. Sie lebten sich hier ein, brachten Kinder auf die Welt, die Schweizerdeutsch zu sprechen begannen, feierten schon das 10-Jahr-Jubiläum beim Arbeitgeber und warteten immer noch auf den Asylbescheid, der die Ausweisung bedeuten konnte, in ein Land, das die Kinder nie gesehen hatten. Im Jahr 2000 beschloss der Bundesrat, dass 13 000 Asylsuchende, die vor 1993 in die Schweiz gekommen waren, aufgenommen werden könnten, darunter namentlich 6500 Tamilen. Es war sowohl ein Akt der Menschlichkeit wie ein bürokratischer Kollaps.

Weniger akademisch als die Debatte über die «echten» und «unechten» Flüchtlinge ist die Debatte um die kulturellen Veränderungen, die die Pluralisierung der Quellenländer in der Schweiz bewirkt hat. Zwei Entwicklungen zeigen sich. Zur guten alten Zeit, als Italiener die Hauptgruppe der Immigranten stellten, sprachen 90 Prozent der Ausländer eine der schweizerischen Landessprachen: deutsch, französisch, italienisch. Der Anteil ist auf rund die Hälfte gesunken. Albanisch wird heute ebenso oft gesprochen wie rätoromanisch.

Verändert hat sich auch die Stärke der religiösen Gruppen. Ungefähr 200 000 Muslime leben in der Schweiz; sie sind die größte Glaubensgemeinschaft nach den christlichen Kirchen.[372]

Die Migrantinnen und Migranten – wie die Zugezogenen in neuerer Terminologie genannt werden – bilden eigene ethnische Szenen, oft zusammengehalten durch Kleinhandel und Gastronomie. Eine wissenschaftliche Untersuchung in der Stadt Lausanne hat sie gezählt: 40 türkische, asiatische und spanische Geschäfte entfielen auf ein Total von 85 selbstständigen Lebensmittelläden in der Stadt. Fast die Hälfte der Quartierläden gehören also zum so genannten «Ethno-Business». Die Studie kommt zum Schluss: «Solche Läden machen das Anderssein sichtbar, auch durch Auslage, Dekoration, Farben, Plakate, Produkte. Und dadurch sind sie auch symbolische Orte, Kontaktpunkte und wahrscheinlich identitätsstiftende Zufluchtsorte.»[373]

Das Ethno-Business könne als der Versuch der Zugewanderten verstanden werden, «in ihrem Lebensraum eine aus ihrem Heimatland verpflanzte Parzelle zu schaffen».[374] Den Kern des Teams in einem solchen Geschäft bildet oft eine Familie; die ethnische Gemeinschaft stellt das Gros der Kundschaft, und daraus werden Arbeitskräfte rekrutiert; Beziehungen zum Herkunftsland erleichtern es, die benötigten Waren zu beschaffen und zu transportieren; Feste und Feiern bilden manchmal zusätzliche Aktivitäten. Ein tamilisches Importhandelsunternehmen in Zürich pflegt am 1. August unter großem Hallo seine Restbestände an Feuerwerkskörpern zu verbrennen.

Die Schweiz ist farbiger geworden. Das sieht man auf der Straße. Und wenn der «Nebelspalter»-Typ des «Schweizers» von anno dazumal ein Stück der Realität abgebildet hat – da traten immer wieder ein bleicher «Herr Schüüch» und eine pausbäckige Hausfrau auf –, sind die Menschen dank der Zuwanderung schöner geworden. Nach dem Geschmack des Autors jedenfalls, und der ist kein objektiver

Maßstab.

Das Wort vom «Multikulturalismus» liegt nahe. Während Rechtskonservative die Fremden als andersartig stets ablehnten, sahen Linke in ihnen eine kulturelle Bereicherung.

Die Ethnologen, immer auf der Suche nach neuer Arbeit, seit die exotischen Völker als Forschungsthema mit der Globalisierung verschwunden sind, haben sich auf den Begriff gestürzt. Sie haben eine epische Debatte über den so genannten «Kulturrelativismus» geführt, worunter sowohl Xenophobie wie Multikulturalismus verstanden wurde.[375] Diese seien einander verwandt, «richten doch beide Ideologien – die eine im Gewand der Toleranz, die andere im Kleid der Aversion – ihren Blick auf dasselbe Objekt; die ‹Fremden im eigenen Land›».[376] Es ist eine für manche Linke schwer verdauliche, aber wichtige Feststellung.

Radikale Kritiker der Multi-Kulti-Vorstellung schlagen harte Töne an und werfen ihr vor, «dass es sich hierbei um eine Romantisierung und Ideologisierung realer gesellschaftlicher Verhältnisse handelt». Sie scheinen dabei selber nicht ganz frei von abstrahierender Übertreibung im Interesse, den Begriff herauszuarbeiten, den sie vernichten wollen: «Strukturelle Zwänge und Ungleichheiten werden übersehen, unterbewertet oder moralisiert. MigrantInnen werden auf Kulturobjekte reduziert, ökonomische, rechtliche und politische Fragen geraten aus dem Blick.»[377]

Solche Rundumschläge stoßen denn ihrerseits auf Kritik: «Wer es wagt, in bester kulturrelativistischer Tradition die Unterschiedlichkeit von ‹Kulturen› zu betonen und von da her Gleichberechtigung und Toleranz in einer multikulturellen Gesellschaft fordert, macht sich in den Augen der Kritiker bereits des ‹kulturellen Rassismus› schuldig oder wird mit dem Rushdie-Skandal konfrontiert und als linksalternativer Utopist gebrandmarkt», moniert ein Ethnologe.[378]

Tatsächlich haben sich die ethnischen Zuschreibungen auch bei den Migrantinnen und Migranten eher verstärkt. Sie verstehen sich selbst als Kurdinnen, Chilenen, Roma, pflegen ihre Selbstbilder und ihre Folklore.

Wer die Berechtigung solcher ethnischer Vorstellungen einfach wegreden will, «orientiert sich an einer gerechten ethnizitätslosen Gesellschaft, beleuchtet die vorfindbaren Gegebenheiten (ethnische Identität) aus diesem utopischen Blickwinkel und kommt deshalb zur zirkulären Schlussfolgerung, dass die vorfindbaren Gegebenheiten notwendigerweise die Folge einer ungerechten ethnizitätsfördernden Praxis sein müssen». Das aber sei eine Argumentationsweise, die nur möglich werde «durch eine Ausblendung der zeitlichen Dimension, die festlegt, was jetzt ist und was in Zukunft sein könnte».[379]

Richtig ist wohl die simple Feststellung: «Ethnische und kulturelle Konflikte verschwinden nicht, wenn man sie nicht mehr als solche bezeichnet.»[380]

Eine wahre Begebenheit: Samia T., 25-jährig, Gymnasiallehrerin aus Tunesien, reist in die Schweiz ein; zum ersten Mal setzt sie ihren Fuß auf europäischen Boden.

Eine maghrebinische Freundin holt sie am Flughafen ab. Als beide in die Wohnung treten, stellen sie fest, dass ein Einbrecher da gewesen ist; er hat eine Hunderternote und ein Praline-Osterei gestohlen. Tags darauf ist Samia allein in der Wohnung. Es läutet. Die Fremde, die nicht weiß, dass ihre Freundin den Schreiner bestellt hat, um die Wohnungstür flicken zu lassen, gerät in Panik, holt das Küchenmesser. Eine Etagennachbarin hört Lärm, informiert die Polizei. Zwei Uniformierte mit gezückter Pistole schleichen das Treppenhaus hoch, führen den zappelnden Schreiner ab, kontrollieren den Pass der Fremden: «Professeur de lycée» steht da als Beruf. Einer der beiden Polizeibeamten: «Wott die üs en Saich agä: Füfezwänzgi und scho Profässer!!!» (Will uns die Frau Unsinn erzählen: Fünfundzwanzig, und schon Professorin.) Kommentar der Tunesierin, nachdem sich alle Irrtümer aufgeklärt haben und der Einbrecher unauffindbar bleibt: «Ich habe 25 Jahre lang in einem armen Land gewohnt, nie ist bei uns eingebrochen worden. Jetzt bin ich zum ersten Mal in meinem Leben in der Schweiz. Schon am ersten Abend ist ein Einbrecher gekommen, und die Polizisten verstehen kein Französisch.»[381]

Als Antwort auf den neuen Migrationsdruck erfand die Schweiz Anfang 1991 ein «Drei-Kreise-Modell».[382] Aus dem ersten Kreis – den EU- und Efta-Ländern – sollten Arbeitskräfte möglichst frei in die Schweiz einwandern dürfen, wie es der inneren Regelung der Europäischen Gemeinschaft entspricht. Aus dem dritten Kreis – den Kontinenten Asien, Afrika, Lateinamerika sowie aus Osteuropa – sollte eine legale Zuwanderung grundsätzlich ausgeschlossen sein, mit Ausnahme von politisch Verfolgten. Im mittleren Kreis – zu dem die USA, Kanada, Australien, Neuseeland, Japan, Monaco, San Marino, Andorra und der Vatikanstaat gezählt wurden – sollte die Zuwanderung zahlenmäßig begrenzt werden.

Nicht nur wurden die Länder der Welt in eigenartiger Weise auf die Kreise verteilt (so war Ex-Jugoslawien etwa den Kontinenten des dritten Kreises zugeordnet). Das Modell erinnerte an die Idee von assimilierbaren und nichtassimilierbaren Völkern, die Rechtskonservative in der Überfremdungsdebatte zur Zeit des Ersten Weltkriegs in die Diskussion gebracht hatten. Mit dem Unterschied, dass im Drei-Kreise-Modell Unterschiede der «Rassen» durch Unterschiede der «Kulturen» ersetzt waren. Die politische Linke, aber auch Tourismuskreise wie der Hotelierverein opponierten gegen das Modell. Es verschwand Anfang 1998 wieder in der Schublade und wurde faktisch ersetzt durch das Zwei-Kreise-Modell, das die Europäische Gemeinschaft praktiziert.

Schweizergeschichten: Nicolas Hayek – Industriesanierer aus Beirut

Es ist, als hätte ers den Schweizern zeigen wollen, die ihn belächelten, weil er klein und frech und ungebärdig war – und Ausländer. Ungebärdig ist er geblieben, Schweizer ist er geworden.

Er ist der Unternehmer, der zu Beginn der achtziger Jahre die Plastikuhr Swatch auf den Markt brachte. Sie hat das Matterhorn konkurrenziert, hat jedenfalls das Prestige der Nationalfirma Schweiz in den letzten Jahrzehnten mehr gehoben, als es der 4477 Meter hohe Berg tat. Seine Uhren werden häufiger getragen als das Schweizer Militärsackmesser. Der Markenname Schweiz symbolisiert seither nicht mehr Eigenschaften wie schwer, solid, teuer, traditionell und in Stein gehauen oder aus Holz oder Stahlguss. Sondern: leicht, tragbar, günstig, modisch – und aus peppigem Plastik. Trotz dieses völlig neuen Auftritts wurde mit dem Durchbruch der Swatch der Imagewert schweizerischer Präzisionsproduktion bewahrt. Klein, aber oho.

In Beirut wurde Nicolas Hayek geboren, in Frankreich machte er das Abitur, wollte einmal Kernphysik studieren, blieb dann in Bodennähe und lizenzierte in Physik, Chemie und Mathematik. Nach dem Studium zog die Familie in die Schweiz, wo Nicolas zuerst einmal Schwiegersohn wurde. In der kleinen Gießerei und Maschinenfabrik des Schwiegervaters machte er frühe Managementerfahrungen, dann stellte er sich auf die eigenen Füße.

Mit einem Bankkredit von nur fünftausend Franken gründete er seine Unternehmensberatungsfirma. Doch besaß er mehr als ein Handicap: keine Hausmacht, keinen Offiziersrang in der Schweizer Armee und vielleicht auch: keinen mausgrauen Anzug. Die Firma dümpelte anfänglich dahin. Niemand mochte das Genie in der Schweiz entdecken.

Er war gerade 25 Jahre alt. Als es ihm gelang, Aufträge aus Deutschland und Frankreich hereinzuholen und gar solche aus Übersee – den USA, Thailand, China – ans Binnenland zu ziehen, nahmen ihn die Mehrheitsschweizer wahr. Jetzt kamen Privatfirmen, Stadt-, Kantons- und Bundesbehörden bis zu den SBB und legten ihm ihre Probleme vor. Seine Kundenliste, darauf verweist er mit Stolz, liest sich «wie ein ‹Who is Who› der Großindustrie».

Im Herzen der Schweiz ist, wer mit Aufgaben für die Landesverteidigung betraut wird. Als die Schweizer Armee sich den Panzer Leopard anschaffte, führte Hayek die Evaluation darüber durch, wie das Gerät in Deutschland eingekauft werden und in welchem Maß sich die Schweizer Industrie an der Fabrikation beteiligen könnte. Die Seriosität des Gutachtens verblüffte, der Libanese sparte den Schweizer Steuerzahlern Millionen.

Ermutigt durch den Erfolg, wagte der Außenseiter, was chancenlos schien. Er stieg in kriselnde Uhrenkonzerne ein und schaffte es in kurzer Zeit, ihren Niedergang zu stoppen. Die Branche war ins Schlingern geraten, weil die Japaner mit günstigen Uhren den Weltmarkt überschwemmten, während die Schweizer an veralteten Konzepten festhielten und auf ihren teuren Apparaten sitzen blieben. Der Anteil der Schweizer Uhrenindustrie sank von rund siebzig Prozent des Weltmarktes in den sechziger Jahren auf etwa zehn Prozent Anfang der achtziger.

Hayek sammelte ein begabtes Team um sich, nützte auch die Talente anderer, kreierte, inszenierte und fusionierte, bis er als Verwaltungsratspräsident des neuen Branchenführers SMH – später Swatch-Group of Switzerland – als «Retter der schweizerischen Uhrenindustrie» dastand. Der Tell aus dem Libanon. Etwa die Hälfte der Arbeitsplätze in der gefährdeten Branche hatte erhalten werden können.

Er hat gekämpft, er hat auch verloren. Er wollte seinen nationalen Erfolg auf andere Industrien ausdehnen und mit einem billigen Kleinauto der europäischen Automobilindustrie zur Vorfahrt vor der Konkurrenz jenseits der Meere verhelfen. Ihm schwebte die Idee vor Augen, aus dem Automobil, das für viele Halter bloß ein Blechvehikel auf vier Rädern ist, ein liebenswertes und sittsam nippendes Geschöpf zu machen. Ein Kuschelkind. Mit dem Unternehmen Mercedes Benz als Partner gründete er eine gemeinsame Firma, die das neuartige Auto kreieren sollte.

Es stand um, buchstäblich: Ein Fahrzeug der ersten Serie kippte in Testfahrten zur Seite, ein anderes setzte sich auf der Autobahn auf den Hintern. Die Bilder gingen in vielen Ländern durch die Medien. Da allerdings war es schon nicht mehr Hayeks Baby.

Von der Geburt im Kopf an bis zu den ersten Rollversuchen hatte das Projekt Hayek Schwierigkeiten bereitet. Trotz seiner Warnungen, wie er betont, wurden immer wieder technische Änderungen vorgenommen, schließlich war nicht einmal mehr Platz für den von der Swatch Group entwickelten Hybridantrieb. Nach der Markteinführung des Gefährts verkaufte Hayek schließlich seine Anteile an Mercedes Benz und stieg aus. Zu allerletzt wurde ihm gar die Vaterschaft aberkannt. Das kleine Auto heißt nicht Swatch-Mobil, wie von Hayek einst geplant, sondern Smart.

Hayeks Ruf hat das nicht geschadet. Auf einer gewissen Höhe des Prestiges sind Flops erlaubt. So wurde er nachher erneut als Retter der Nation gerufen, als 1999 ein weiteres Schweizer Markenprodukt in die Krise geriet: die Expo. Die Landesausstellung, die ungefähr auf die Jahrtausendwende geplant wurde, sollte das Image der luftig-locker-launigen Schweiz in die Welt hinaustragen, sank aber wegen Managementfehlern fast auf den Grund des Neuenburgersees, wo die Ausstellungsplattformen geplant waren. Sie stak im Morast.

Sankt Nicolas solls richten, das war der Tenor in den politischen Führungsschichten. Der Angerufene anerbot sich, einen Stab von zehn Mitarbeitern freizustellen, die das Projekt auf Herz und Nieren durchleuchteten und seine Lebensfähigkeit diagnostizierten. Gratis. Sie lieferten in wenigen Wochen eine Machbarkeitsstudie ab und zeigten, wie die Expo vielleicht doch noch zu retten wäre. Hayeks Vorschlägen wurde Folge geleistet. So bewies er durch Milizarbeit: Keiner ist so patriotisch wie Nicolas Hayek.

Die «Weltwoche» kommentierte: «Es ist auch eine kleine Rache des in den frühen fünfziger Jahren in die Schweiz emigrierten Libanesen. Hayek zeigt, dass es im Land der sieben Millionen Zwerge einen einzigen gibt, der den Karren aus dem Sumpf ziehen kann: ihn, den großen Selbstdarsteller.» Im Rathaus von Murten nuschelte der Wahlschweizer ins Mikrofon des Journalisten: «Als Schweizer sind wir verpflichtet, für unser Land das zu tun, was das Land für uns getan hat. Die Schweiz hat sehr viel für mich gemacht. Jetzt kann ich etwas zurückgeben, auch wenn das meine Nerven strapaziert.» Aus der leichten Trübung im letzten Teil dieses Heimatbekenntnisses lässt sich herauslesen: Eigentlich bin ichs ein bisschen leid, ewig die Schweiz zu retten.

Dieses Land ist für seine Größe zu klein. Er hat den Schweizermachern längst gezeigt, was ein Schweizer Macher ist. Seinesgleichen könnte die Welt umfassen. Sein Lebensgefühl ist das eines echten Globalisierers.[383]

XXI. Schengener Abkommen – Die Illegalisierten

Südlich von Chiasso, praktisch am südlichsten Punkt der Schweiz, wohnt der pensionierte Zöllner James Foiada zusammen mit seiner Frau, einem Kaninchen und vier Hunden draußen im Wald. In einem einstigen Zöllnerhaus, das nicht mehr benutzt wird und dem Bahnhofgebäude einer Regionalbahn gleicht. Dort, wo Fuchs und Has und Schmuggler und Gendarm sich gute Nacht sagen, in jahrelangem Widerstreit aneinander gewohnt.

Laghetto heißt der Ort, der schon in Berichten über die Tessiner Schmuggelei des 19. Jahrhunderts erwähnt ist. Die Tourismusverantwortlichen haben ihn noch nicht als historische Stätte von Bedeutung erkannt. Heutzutage werden hier kaum mehr Kisten mit Virginia-Zigarren, Säcke voll Zucker, Salz und Mehl oder Kanister mit Mineralöl über die Grenze getragen, heute heißt die Ware Mensch. Es sind illegale Einwanderer aus verschiedenen Kulturkreisen, die von Schleppern nachts hierher geführt werden, Foiadas Boxerhund hat schon manche von ihnen gestellt. Hoch in den Bäumen wachen versteckte Kameras: «Aber was nützen sie, wenn die Monitoren nicht 24 Stunden im Tag beobachtet werden», meint Foiada.

Die Begegnung mit dem siebzigjährigen Zöllner war ein Zufall. Als der Autor auf einer Reportage entlang der Südtessiner Landesgrenze wanderte, stand ein großer, hagerer Mann im Busch und äugte mit stechendem Berufsblick zum dahinschreitenden Fremdling. Wärs ein Dunkelhäutiger gewesen, er hätte den Hund gerufen.

Die Wege entlang der Grenze sind spannend – und gut ausgebaut. Sie sind mit gelben Wegweisern markiert, als wären einstige Schmugglerpfade und Zollkontrollwege nach Einführung des Wanderwegobligatoriums einfach umfunktioniert worden. Bemooste Grenzsteine, zerrissene Maschengitter und neu gesetzte Eisenprofilhindernisse lassen die Fantasie arbeiten. Das Hundegebell rundum in Tälchen und hinter Hügeln, wo außer Fußspuren am Boden nichts zu sehen ist, macht die ständigen Grenzkonflikte spürbar.

Dem Zöllner James Foiada gefällt es da draußen: «Hier ist immer etwas los, da ist Leben.»

Er erzählt vom unablässigen Kampf, den die Zollbehörden entlang der 1881,8 Kilometer langen Schweizergrenze gegen hereinsickernde Asylsuchende, gegen skrupellose Fleischimporteure, gegen raffinierte Fälscher von Schweizer Markenuhren und -schokolade führen. Kurz gegen «Elemente» aller Art.

Mehr als 100 000 Personen mussten die Grenzorgane in der jüngsten Zeit Jahr für Jahr wegen fehlender oder ungültiger Ausweise an der Schweizer Grenze zurückweisen, Schmuggler inbegriffen; fast 1000 Schlepper wurden jährlich aufgegriffen.[384] Viele Migranten gelangten trotzdem illegal ins Land.

Die «Illegalen» sind eine neue Figur auf der europäischen Bühne und zugleich ein neuer dunkler Mythos. Sie leben in vielfältigen Formen rechtlicher Irregularität und arbeiten in den weit gefächerten Bereichen der Schattenwirtschaft. Als moderne Nomaden, ohne offiziellen Wohnsitz und Arbeitsplatz. Richtigerweise müsste man sie allerdings «Illegalisierte» nennen; «Menschen können schön sein oder noch schöner. Sie können gerecht sein oder ungerecht. Aber illegal? Wie kann ein Mensch illegal sein?» fragte der Schriftsteller und Friedensnobelpreisträger Elie Wiesel.[385] Menschen werden in die Rechtlosigkeit gedrängt.

Im EU-Bereich bezeichnet man die Illegalisierten auch als «extracomunitari» oder «extra-communeautaires», es klingt wie außerirdisch und außermenschlich.

Die meisten sind Nichteuropäer, illegalisiert durch das «Schengener Abkommen». 1997 schuf die Europäische Gemeinschaft diese Vereinbarung, die zwei Stoßrichtungen besitzt: Öffnung der Grenzen im Innern, Verstärkung der Mauern nach außen. In den Augen vieler verwandelte sich Europa damit zur Festung. Die Schweiz, nicht Mitglied der EU, sah sich in der kritischen Lage, in Westeuropa einziger Zufluchtsort für Personen zu werden, die gemäß Schengener Abkommen zurückzuweisen sind. So machte sie sich die europäische Politik mehr und mehr zu Eigen: Das Zwei-Kreise-Modell war die Übernahme der Schengener Politik.

«Welle von Emigranten im Süden Europas», lautete der Titel einer beliebigen Meldung der Schweizerischen Depeschenagentur 1999. «In Italien, Spanien und Griechenland sind am Wochenende Hunderte von illegal Eingewanderten aufgegriffen worden. Alleine an einem Abschnitt der kalabrischen Küste gingen wenige hundert Meter neben einer Polizeikaserne 230 Kurden an Land, wie das italienische Fernsehen berichtet. (…) In Griechenland wurden 83 mehrheitlich iranische Einwanderer aufgegriffen, unter ihnen 28 Kinder. Nach mehrstündiger Verfolgungsjagd stellte die Polizei auch das Schiff der Schlepper und nahm die sechs russischen Besatzungsmitglieder fest. (…) Die spanische Polizei nahm am Samstag über 91 Einwanderer aus Marokko fest. Die überwiegend jungen Nordafrikaner wurden in drei Fischerbooten in spanischen Küstengewässern aufgegriffen.»[386]

An allen Aussenlinien Europas versuchen Menschen, die Festungsmauern aus Infrarotfühlern, seismischen Sensoren, automatischen Kameras und Richtungsmeldern zu durchbrechen. Sie warten vor der spanischen Enklave Ceuta in Nordafrika auf einen günstigen Moment und bestechen einen der marokkanischen Uniformierten, die gerne wegschauen. Sie sind die feuerroten Punkte auf den Nachtsichtgeräten der Grenzwächter an der Oder. Sie tuckern im kleinen Motorboot über die Meerenge von Gibraltar, huschen zu Fuß über grüne Grenzen, am häufigsten aber landen sie als gewöhnliche Touristen auf grauen Flughäfen. Ausgerüstet mit richtigen oder falschen Touristenpässen. Versehen mit einer Einladung von echten oder angeblichen Familienangehörigen. Nach Ablauf ihres legalen Aufenthaltes tauchen sie unter. Diejenigen, die keine Bestätigungen von Verwandten vorweisen können, sprechen das Zauberwort Asyl aus und erwarten das Rechtsverfahren, das ihnen einige Monate Zeit gibt, sich ein Stück Europa anzusehen, eine kleine Höhle zu graben und darin zu verschwinden.

Zahlenmäßig hält sich die illegale Zuwanderung trotz Schlagzeilen in Grenzen – wenn sich diese definitionsgemäß unmessbare Größe der Illegalen überhaupt angeben lässt. Immerhin sind Größenordnungen anlässlich italienischer Legalisierungsprogramme bekannt geworden. In der Schweiz wurden die Ausländer ohne jede Aufenthaltsbewilligung in einer älteren Untersuchung auf einen Viertel der Asylbewerber geschätzt.[387]

Beobachter sind sich einig, dass es falsch wäre, die Einwanderung in Bildern von Völkerwanderungen zu beschreiben. Nicht nur, weil zahlenmäßig keine «Völker» unterwegs sind, sondern weil auch nirgends in der Welt zu beobachten ist, dass ganze Volksgruppen im Begriff wären, sich zu entwurzeln und nach Europa zu verschieben. Übertrieben waren auch die Ängste nach dem Fall der Berliner Mauer, dass Osteuropa gleichsam ausfließen würde wie nach einem Dammbruch. Hier zeigte sich ebenfalls, dass wirtschaftliche Ungleichheit allein keine Migration in großem Maßstab bewirkt. Es waren überwiegend Angehörige ethnischer Minderheiten, die in den Westen drängten, aus Bulgarien meist Türken, aus Rumänien deutsche Rückwanderer und die Gruppen der Roma. Unter den osteuropäischen Flüchtlingen in der Schweiz sollen sich rund 30 000 Roma befinden, die in ihrer Mehrheit allerdings nicht wagen, sich als solche zu erkennen zu geben.[388]

Die Kenner der Szene sind sich einig, dass ökonomische Motive der Auswanderung nach Europa überschätzt werden. Wie viele Studien belegten, «wird der Migrationsentscheid maßgeblich durch Faktoren kultureller Art mitbestimmt».[389] Auswanderung wird am ehesten erzeugt, wo familiäre Bindungen, sprachliche Verwandtschaften oder kulturelle Brücken bestehen. Viele Menschen aus Äthiopien – einer einstigen Kolonie Italiens – kennen die Verhältnisse im südeuropäischen Stiefel und reisen deshalb dorthin. Polnische Staatsangehörige kamen traditionell als Wanderarbeiter nach Deutschland, und viele Junge suchen auf den Wegen der Väter und Mütter erneut ihr Glück. Entsprechend diesen historischen Vernetzungen werden die europäischen Länder und Regionen in unterschiedlichem Maß von Wanderungen betroffen.

Soweit ökonomische Faktoren mitspielen, wird in den öffentlichen Debatten genügend herausgestrichen, dass das Angebot an «Illegalen» auf Seiten der Herkunftsländer durch schwache wirtschaftliche Entwicklung und Bevölkerungswachstum im Süden, durch Wirtschaftskrise und politische Umwälzungen im Osten mitverursacht sei. Dass auch eine westeuropäische Nachfrage besteht, bleibt schamhaft verschwiegen: Die Menschen werden nicht nur durch die Ereignisse im Herkunftsland weggetrieben, sie werden auch durch den Bedarf im Zielland angezogen. Eine ganze Branche wartet auf sie: die Schattenwirtschaft.

Die modernen Nomaden – ob sie nun formell als Asylsuchende, Familienange-hörige, Touristen, oder völlig Illegale in Europas Keller leben – finden am ehesten Beschäftigung durch Schwarzarbeit. Da besteht eine ganze Palette von Angeboten. Illegale Anstellungen finden sich häufig im privaten Reinigungswesen, im Gast-stättengewerbe, in der Baurenovation. Zur Schwarzarbeit gehören auch an sich er-laubte Tätigkeiten, die jedoch nur zu bestimmten Zeiten, nachts oder an Sonn- und Feiertagen, verboten sind: Arbeiten, für die keine Sozialabgaben bezahlt werden, gefährliche Arbeiten, die unter Umgehung von Sicherheitsvorschriften verübt wer-den, die Erstellung nicht bewilligter Bauten. Aus Italien ist bekannt, dass Nord-afrikaner eher in saisonalen und tertiären Beschäftigungen arbeiten, Äthiopier, Somalier, Kapverdier und Philippinen meistens in privaten Haushalten, die Senega-lesen und Marokkaner im ambulanten Handel und die Chinesen in Gaststätten.

«Selbst bei ausgesprochen nationalen Prestigeprojekten wie der Weltausstellung in Sevilla, den Olympischen Spielen in Barcelona oder dem Bau des französisch-bri-tischen Kanaltunnels wurden illegale Arbeitnehmer beschäftigt», wird behauptet.[390]

In allen Ländern werden «exotische» Frauen im Sexgewerbe gebraucht. Ver-mehrt ist in den letzten Jahren die «Feminisierung der Migration» festgestellt wor-den.[391] Illegale Prostituierte sind oft mit einem Touristinnen-Visum eingereist, das für drei Monate gültig ist; nach dessen Ablauf machen sie sich gegenüber den Behörden unsichtbar. Oder sie besitzen eine spezielle Bewilligung für Artistinnen, die nur so lange gilt, als sie nicht arbeitslos sind.[392] Das bringt sie in Abhängigkeit von Zuhältern oder Scheinehemännern, die sie gelegentlich wie Vieh halten. Gemäß der Wirtschaftszeitung «Cash» wurde Mitte der neunziger Jahre mehr als die Hälfte des Umsatzes im Sexgewerbe mit illegalisierter Prostitution erwirtschaftet.[393]

Frauen arbeiten illegalisiert auch als Hausangestellte, in der Betreuung und Pflege von Kindern und älteren Menschen, im Reinigungsbereich. Viele altgedien-te Linke, die gegen die Ausbeutung der Dritten Welt auf die Straße gegangen sind, halten sich zu Hause eine Putzfrau aus Portugal oder Sri Lanka, für die sie keine Sozialversicherungsbeiträge bezahlen und nicht einmal eine Unfallversicherung ab-geschlossen haben.

«Razzia in Baugeschäft», auch das eine beliebte Meldung aus der Tagespresse, sie berichtete über eine Polizeiaktion bei Gossau im Kanton Zürich: «Die Kantonspolizisten begannen mit ihrer Kontrolle morgens um fünf Uhr im Logierhaus der Arbeiter, das sich nicht am selben Ort befindet wie der Sitz des Baugeschäfts. Insgesamt wurden dreizehn Mazedonier und acht Jugoslawen im Alter zwischen 18 und 44 Jahren festgenommen, von der Polizei befragt und an-schließend zwecks Ausschaffung der Fremdenpolizei übergeben. (…) Bei der Razzia vom Mittwoch wurde auch die Finanzbuchhaltung beschlagnahmt. Die Polizei klärt nun ab, ob der Geschäftsführer auch auf die Zahlung von Sozialabgaben und der Quellensteuer verzichtet hat – was eigentlich anzunehmen ist.»[394]

Die Tänzerin;
Nebelspalter Nr. 30, 1995

Oft genug schlagen sich Illegalisierte als nicht registrierte Erwerbslose durch und leben von den letzten Resten der Arbeit, die abfällt. In Frankreich wurde ein Roman über die Situation der Illegalisierten zum Kulterfolg, er spielt in der maghrebinischen Szene der Pariser Banlieue und schildert karikierend die wenigen Arbeitsmöglichkeiten dieser Untergetauchten; die Situation kann von der schweizerischen nicht ganz entfernt sein: «Blut in der Ambulanz verkaufen, einmal pro Monat, öfter nicht, wie gesagt, aber das Blut bringt so gut wie nichts. Auf dem Friedhof helfen, die Gräber in Ordnung bringen, kurz vor Allerseelen, ist so eine Idee aus Marseille, taugt aber nur für die Saison. Die Mädchen überzeugen, dass jetzt kurze Haare in Mode sind, dann schneiden sie sich ihr Haar ab, und du verkaufst es für Perücken. Manchmal im Herbst für die Stadtverwaltung Laub zusammenkehren oder die Taubenscheiße in den Grünanlagen wegkratzen. Den Alten ihre Pakete hochtragen, wenn der Aufzug kaputt ist, also sozusagen immer. Beim Metzger die Schlachtabfälle holen und klein machen als Katzenfutter, aber dazu braucht man ein bisschen Werkzeug.»[395]

Etliche Zuwanderer lassen sich in die Kriminalität treiben, die für sie ein Wirtschaftszweig ist: Vertrieb von Drogen, Fälschung von Markenprodukten, industrielle Piraterie bei Tonband- und Videokassetten.

Wo die Schattenwirtschaft bedeutend ist, namentlich in südeuropäischen Ländern, finden illegale Zuwanderer am ehesten Fuß in den unteren Etagen der Ökonomie, ohne Aufstiegschancen und unter permanenter Angst vor dem Verlust des Arbeitsplatzes. Die südeuropäische Schattenwirtschaft wurde Ende der achtziger Jahre – bezogen auf die Gesamtwirtschaft – auf über zwanzig Prozent in Portugal, dreissig Prozent in Griechenland und dreissig Prozent in Italien geschätzt.[396] In der Schweiz wurde der durch Schwarzarbeit jährlich erwirtschaftete Reichtum 1998 mit acht Prozent des Bruttosozialproduktes bilanziert.[397]

Es besteht offensichtlich in ganz Europa eine absurde Situation, wie ein Beobachter im «Le Monde diplomatique» analysierte: «Ausländer werden mit gesetzlichen Mitteln zurückgewiesen und gleichzeitig aus wirtschaftlichen Gründen angeworben.» Der Autor fügte, sich auf französische Erfahrungen stützend, hinzu: «In dem Maße, wie sich die Landesgrenzen angeblich schließen, werden im Landesinnern die Grenzen der Legalität hinweggefegt. Man tut so, als seien Leiharbeit und befristete Arbeitsverträge Ausnahmen für genau umrissene Sonderfälle, in Wahrheit aber sind sie zum Normalfall geworden.»[398] So gesehen wirken Ausländer und Illegalisierte mit, die Flexibilisierung durchzusetzen, die Europa in der dynamisch gewordenen Situation braucht.

Die Illegalisierten eignen sich ideal als Projektionsfiguren aller Ängste, die mit den «Ausländern» zu tun haben. Zumal viele von ihnen ein dunkles Gesicht besitzen. Wer spricht von ihrer kulturellen Beweglichkeit, von der Sprachkompetenz ihrer Kinder, wer davon, dass sie jung sind in überalterten Ländern? Übersehen wird, dass sie Sozialleistungen sparen, weil sie oft zurückkehren, bevor sie solche beanspruchen. Unterschätzt wird, dass sie beitragen zur europäischen Kultur, wie es frühere Einwanderungsbewegungen taten. Sie erscheinen manchen gleichsam als die späten Abgesandten Dschingis Khans, die den Untergang des Abendlandes herbeiführen.

XXII. Alltagskonflikte – Kriminelle und friedfertige Ausländer

Die Stimmung ist gereizt. Ein Vergleich der Berichterstattung im «Blick» über zwei Verbrechen, fast gleichzeitig begangen, beweist es. Zwei Gangster mit Fasnachtsmasken überfallen das Restaurant Löwen in Dullikon und schießen dabei zwei Gäste nieder. Am 9. Februar 2000 titelte der «Blick»: «Maskenmörder Goran (22) – Wie er Schweizer wurde.» Der 22-jährige hatte einen Schweizer Pass, doch die Boulevardpresse stellte die Herkunft dieses Schweizers in den Vordergrund. Schlagzeile in der gleichen Sache am Vortag: «Gemeindepräsident schlägt Alarm: ‹Wir haben hier ein Ausländerproblem›».[399]

Wenige Tage darauf entführt ein 23-jähriger Mann aus Aarwangen die 9-jährige Sophie im Auto, missbraucht sie, stranguliert sie und lässt sie liegen in der Meinung, sie sei tot. Nur zufällig überlebt das Mädchen. Am 14. Februar 2000 lässt der «Blick» die Freundin des Täters auf der Titelseite sagen: «Er hatte doch kleine Kinder so gern.» Schlagzeile tags darauf: «Sophies Peiniger Jann L. (23) – Seine kriminelle Vergangenheit.»[400] Denkbar wäre eine ganz andere Schlagzeile gewesen: «Es war ein typischer Schweizer.» Oder: «Er gehörte zur Mehrheitsschweiz!» Oder gar: «Sollen Schweizer Kinderschänder ausgebürgert werden?»

Bei solchen Anlässen entlädt sich aufgestauter Frust über «die Ausländer». Er nährt sich aus Konflikten im Alltag, wird von fremdenfeindlichen Parolen geschürt und sieht sich bestätigt, wenn Ausländer tatsächlich kriminelle Handlungen begehen. Friedlich lösbare Alltagskonflikte und Gewalttaten werden durcheinander gemischt.

Die nationale Kriminalstatistik ist zwar für präzise Aussagen kaum brauchbar. Aufgrund kantonaler Erhebungen aber ist klar: Es gibt eine spezifische Ausländerkriminalität. Gruppen von Kriminaltouristen fahren in die Schweiz, ausschließlich, um hier Verbrechen zu begehen: 16,6 Prozent der tatverdächtigen Ausländer hielten sich gemäß der kantonalzürcherischen Kriminalstatistik mit einem Touristenausweis oder illegal in der Schweiz auf.[401] Besonders hoch war der Anteil der «Touristen» beim Checkkartenmissbrauch mit rund einem Viertel der sich illegal Aufhaltenden. Da wurden besonders häufig Identitätskarten, Fahrzeugausweise und Autokennzeichen gefälscht. «In der aktuellen politischen Diskussion wird immer wieder der Eindruck erweckt, das Asylrecht werde fortwährend in großem Ausmaß von ‹Kriminellen› missbraucht», heißt es in einer einschlägigen Studie über «Kriminelle Asylsuchende». «Dies ist schon insofern falsch, als unsere Daten für den Kanton Zürich deutlich machen, dass über neunzig Prozent der Personen mit einem Asylstatus in einem gegebenen Jahr nicht polizeilich erfasst werden.»[402] Hinge-

Die russische Geldwäscherei;
Nebelspalter Nr. 37, 1995

gen gebe es Deliktbereiche wie Einbruch oder Betäubungsmittelhandel, wo die Spuren auf gezielten Missbrauch des Asylrechts hinwiesen.

Es gibt auch naturgemäß eine Ausländern vorbehaltene Art von Verstößen gegen die Gesetze: nämlich alle jene Handlungen, die mit der illegalen Einreise in die Schweiz zu tun haben, im Vordergrund steht die illegale Einreise selbst.

Falsch ist aber die Vorstellung, dass eingewanderte Ausländer generell eine höhere kriminelle Energie zeigten als Schweizer. Kriminologen wie Marcel Niggli aus Murten jedenfalls halten die Kategorie «Ausländerkriminalität» für unbestimmt, «wirft sie doch all das zusammen, was üblicherweise – aus gutem Grund – fein säuberlich auseinander dividiert wird: Alter, Geschlecht, sozialer Status, Kindheit und Jugend, Ausbildung etcetera.» Niggli führt aus: «Einmal abgesehen vom Fehlen eines schweizerischen Passes, welche Gemeinsamkeit sollte schon zwischen einem alternden Schlagersänger nicht schweizerischer Herkunft, der sich hier niederlässt, und einem Flüchtling aus einem Kriegsgebiet bestehen, der hier um Asyl ersucht? Die Gruppe der Ausländer präsentiert sich mithin als mindestens ebenso heterogen wie diejenige der Schweizer.» Dann die entscheidende Überlegung: «Wäre es, nach allem, was wir an kriminologischen Zusammenhängen kennen, nicht verwunderlich, wenn eine Bevölkerungsgruppe, die im Schnitt jünger ist, einen höheren Anteil von Männern aufweist, sozial stärker isoliert und ökonomisch ärmer ist als die Vergleichsgruppe, wäre es nicht erwartungswidrig, wenn diese Bevölkerungsgruppe dieselbe Kriminalitätsrate aufwiese?» Und er schließt: «Vergleicht man aber nicht Äpfel und Birnen, sondern Ähnliches mit Ähnlichem, vergleicht man also nicht Schweizer mit Ausländern, sondern reiche Schweizer mit reichen Ausländern und arme Schweizer mit armen Ausländern, so gilt ebenso selbstverständlich, dass die unterschiedlichen Kriminalitätsbelastungen für fast alle Gruppen verschwinden.»[403]

Zu jeder Zeit, in der die Schweiz eine verstärkte Einwanderung verzeichnete, war die Behauptung zu hören, «Ausländer» seien krimineller als Schweizer. Eine ruhige Sicht der Dinge hat jeweils im Nachhinein gezeigt, dass dem nicht unbedingt so war. Ein Dissertand, der später Oberrichter wurde, stellte in einer Studie zur «Kriminalität der italienischen Arbeitskräfte» im Jahr 1963 fest, dass die genaue Auswertung der Statistiken für die Einwanderer «verblüffend günstige Ergebnisse» zeigte; die Delinquenz lag teilweise unter jener der Schweizer, vor allem in den frühen Einwanderungsjahren 1949 bis 1954.[404] Dabei war in den Zeitungen fast täglich von Vergehen und Verbrechen zu lesen, die ihnen angelastet wurden: Raufhändel, Diebstähle, Sittlichkeitsdelikte und Tierquälereien. Der langjährige Leiter des Jugenddienstes bei der Stadtpolizei Zürich sagt schlicht: Früher hatten die Kinder italienischer Gastarbeiter als besonders gefährdet gegolten, heute sehe ich die damaligen Täter als glückliche Familienväter in Zürich.»[405]

Zur Lösung der Spannungen trägt die Diskussion über die Kriminalität nichts bei.

Doch die Mehrheit in der Schweiz billigt generell eine härtere Gangart gegen Ausländer, weil man in ihnen nun einmal eine Quelle der Kriminalität erblickt. Im März 2000 stimmte der Ständerat einer Aargauer Standesinitiative zu, welche nichts weniger als «Sammelunterkünfte» für straffällige Ausländer verlangte. Zu den Gründen der Internierung sollte nicht nur «Bedrohung der öffentlichen Sicherheit» zählen, sondern auch «Vorlegung von ungültigen oder gefälschten Ausweisen und Unterlagen» oder «Verweigerung der wahrheitsgemäßen Auskunft über Herkunft und Identität».[406] Der Vergleich mit «Konzentrationslagern» sei nicht abwegig, meinte Ständerat Gian-Reto Plattner in der Debatte.[407]

Entsprechend der Richtung, in welche die politische Kompassnadel zeigt, handeln die Organe der Fremdenpolizei oft unzimperlich, unsensibel, nervös und manchmal brutal. Bei Ausschaffungen reißen Praktiken jenseits des Menschenwürdigen ein. Da werden tobende Leute in Flugzeuge verfrachtet, andere mit Spritzen beruhigt, Flüchtlinge ausgeschafft, die von medizinischer Versorgung abhängig sind, die sie nur in der Schweiz erhalten können, und Familien auseinander gerissen, wenn unterschiedliche Papiere vorliegen. Wenn jemand auch nur in geringem Maß in der Schweiz straffällig geworden ist, gibt es kein Pardon.[408] Während

Die Ausschaffung;
Nebelspalter Nr. 7, 1995

die biedere Schweiz in der guten Stube tafelt, spielen sich im Keller teilweise rüde Szenen ab.

Rassismus ist leider eine alltägliche Realität. Rassismus würde erst dort aufhören, wo von Fremden nicht mehr verlangt wird, dass sie anständiger sind als Einheimische. Oder konkret: Wo es möglich wird, dass auch eine Ex-Jugoslawin im Alltag straucheln kann, ein Jude auch einmal ein Ekel sein darf und ein Angehöriger der Roma nicht dauernd beweisen muss, dass er kein stehlender Zigeuner aus dem Schulbuch ist.

Interessanter als die hochgespielte Frage der so genannten Ausländerkriminalität sind die so genannten Kulturkonflikte, die sich im Alltag ergeben können, auch wenn wohl viele Angehörige der Mehrheitsschweiz selten dadurch betroffen werden. Die berühmte Kopftuchfrage gehört dazu, der Schwimmunterricht für Musliminnen, die Grabordnung für Angehörige der muslimischen Religion, die Fragen der Unterrichtssprachen in den Schulen.

Die Schweiz hat in der Tat den Kurs noch nicht gefunden. Doch zeichnen sich interessante Lösungsansätze ab, etwa in den Integrationsleitbildern, die mehrere Städte erarbeitet haben – das konsequenteste stammt von Basel-Stadt. Dieses will vor allem die Gleichstellung der Migrantinnen und Migranten auf dem Arbeitsmarkt garantieren. Dafür verlangt es von ihnen Bildungsanstrengungen und Sprachkenntnisse. Die Mispracherechte sollen ausgebaut und in den Ämtern Fachleute mit Migrationserfahrung eingestellt werden.[409]

«Wir wollen, dass die Eingewanderten die eigene Kultur pflegen und ihre Kenntnisse und Fähigkeiten mit dem hiesigen Bildungsangebot ergänzen», sagt der Architekt des Basel-Städter Integrationsleitbildes.[410] Die Eingewanderten sollen in zwei Kulturen zu Hause sein.

Wie aber soll sich die Mehrheitsschweiz verhalten, wenn Minderheiten Sonderrechte verlangen und spezifische Bedürfnisse ihrer «Kultur» geltend machen?

Die Ethnologin Joanna Pfaff-Czarnecka beschäftigt sich mit so genannten Kulturkonflikten zwischen Schweizern und Ausländern. Im Rahmen des Nationalfondsprogramms «Zukunft Schweiz» arbeitet sie an einer Studie über die Probleme religiöser Minderheiten. Ein Gespräch mit ihr zeigt sinnvolle Handlungsstrategien:

Frau Pfaff, muss eine multikulturelle Gesellschaft auf alle Ansprüche der Eingewanderten eingehen? Muslime verlangen eigene Friedhöfe, Religionsunterricht in den Schulen, das Recht auf das Tragen von Kopftüchern. Andere Minderheiten erheben andere Forderungen, in der Politik, im Sport, bei den Essensgepflogenheiten. Gibt es ein berechtigtes Nein?

«Das entscheidende Kriterium scheint mir die Verhältnismäßigkeit zu sein. Man muss die verschiedenen Fragen unterscheiden nach ihrer Bedeutung für die Betroffenen wie für die Gesellschaft. Stellt man eine Rangliste auf, gehören beispielsweise Bestattungsriten zu den wichtigsten Fragen für eine Minderheit, bei denen auch das größte Verständnis aufgebracht werden muss. Nicht zufällig ändern sich Bestattungsriten in einer Kultur extrem langsam. Der Umstand, dass die Moslems in der Schweiz bisher nur wenige eigene Grabstätten haben einrichten dürfen, stellt tatsächlich eine Diskriminierung dar.»

Nur ist die Frage der Begräbnissitten für die Mehrheit genau so von Belang.

«Doch die Mehrheit wird durch einen Friedhof selbst nicht in der Ausübung ihrer Bräuche gestört. Den Muslimen Friedhöfe zu erlauben, ist relativ unproblematisch, obwohl Friedhöfe viele politische Institutionen und Gesetze tangieren. Aber die Formen der schicklichen Bestattung betreffen doch in erster Linie den privaten Bereich.»

Den Ansprüchen, die vor allem die private Lebensführung betreffen, muss man demzufolge schneller entgegenkommen?

«Ja, wenn sie verhältnismäßig sind.»

Was bedeutet diese Unterscheidung von Privatbereich und Öffentlichkeit zum Beispiel in der viel diskutierten Kopftuchfrage. Ist das Tragen dieses Tuches in der Schule nicht eine öffentliche Sache?

«Ich bin dafür, dass man hier klar unterscheidet. Schulkinder sollen Kopftücher tragen dürfen, aber Lehrerinnen, bitte schön, nicht. Wenn Kinder in der Schule ein Kopftuch tragen, ist das noch privat genug, dass die Schweizer Umwelt diesen Brauch anerkennen kann. Denn die Schüler üben aufeinander niemals einen so großen Einfluss aus wie eine Lehrerin auf ihre Schüler. Die Lehrerin bewegt sich nicht nur in diesem öffentlichen Raum, sie hat eben auch eine Signalwirkung.»

Die einen sollen dürfen, die anderen nicht?

«Ja. Ich denke allerdings, dass auch das Kopftuch der Lehrerin in zwanzig Jahren kein Problem mehr sein wird. Bestimmte Dinge, die heute absolut nicht in Frage kommen, werden einmal zu den absoluten Selbstverständlichkeiten gehören. Der historische Kontext ist wichtig. Vor fünfzig Jahren hätte es auch niemand für möglich gehalten, dass man die Ehe der Homosexuellen erwägt. Solches muss sich in einer Gesellschaft entwickeln können.»

Dennoch gibt es Ihrer Meinung nach eine Art «hiesiger Kultur», die das Recht hat, sich im öffentlichen Bereich durchzusetzen.

«Ich würde pragmatisch sagen: Die Schweizer dürfen sich in der Schweiz zu Hause fühlen, wie jede Nation in ihrem Land. Die Leute müssen nicht vor den Kopf gestoßen werden. Es ist jedoch sehr wichtig, dass öffentliche Debatten über die kulturellen Werte geführt werden.»

Um das konkreter zu machen: Sollen Kinder aus anderen Kulturen am Schwimmunterricht teilnehmen müssen, auch wenn so etwas für die Eltern an eine unzüchtige Handlung grenzt?

«Das Bundesgericht hat ja in dieser Frage ein Urteil gefällt.» (Das Bundesgericht hieß im Sommer 1993 das Gesuch eines islamischen Vaters gut, der für seine Tochter einen Dispens vom Schwimmunterricht verlangte. d. A.) «Auch ich bin der Meinung, dass Immigranten grundsätzlich am obligatorischen Schulunterricht im Einwanderungsland teilnehmen sollen, doch gewisse Abweichungen sind unumgänglich. Es ist aber wichtig, dass die Immigranten gerade innerhalb des Schulsystems die einheimischen Werte und Regeln kennen lernen.»

Und der Sikh muss seinen Turban auf dem Motorrad mit einem Helm vertauschen?

«Er muss den Helm tragen, das ist zumutbar. Diese Verkehrsregel dient der Sicherheit, was auch für Eingewanderte einsehbar ist.»

Kehren wir zur Kopftuchfrage zurück. Ist es nicht eine Ungerechtigkeit, dass die eine Lehrerin ein Kreuz trägt, die andere aber mit ihrem Kopftuch nicht ins Schulzimmer darf?

«Nein, das eine ist eigen, das andere ist fremd. Man kann nicht darüber hinwegsehen, dass eine Lehrerin mit Kopftuch eine Signalwirkung ausübt. Wobei die Lehrerin natürlich auch mit einem Davidstern kommen könnte, denn auch dieses Symbol gehört zur eigenen Kultur.»

Was ist denn dieses Eigene? – Ein nationales Kulturgut?

«Ich würde das Eigene nicht abschließend definieren, weil Probleme erst dann entstehen, wenn eine Norm als unveränderlich zementiert wird.»

Sie haben gesagt: In zwanzig Jahren sind die Regeln vielleicht anders. Wie kommt es aber von der heutigen Situation zur morgigen, wenn die Einheimischen bestimmen dürfen, was das Eigene ist? Da sollte doch jemand verlangen: Die heutige Situation muss geändert werden. Und jemand muss dabei Recht bekommen.

«Ich meine, dass die Lehrerin zwar in der Schule ihr Kopftuch nicht tragen soll, aber die Gesellschaft unbedingt darüber debattieren muss, wieso denn dies oder jenes nicht möglich ist, ob es nicht doch denkbar wäre und warum welche Symbole in der Öffentlichkeit nicht zugelassen werden. Es muss ein Prozess eingeleitet werden, in dem – wie das ja schon häufig geschehen ist – ein fremdes Problem zu einem eigenen wird.»

Und an dieser Debatte zur Veränderung darf die ausländische Lehrerin selbst teilnehmen?

«Unbedingt. Gesellschaften sind bei allen Versteifungen formbar, und Transformationen können durchaus friedlich ablaufen.»

Allfällige Verbote gegenüber Ausländern – die ja aufrechterhalten bleiben, bis eine neue Ansicht vorherrscht – scheinen Ihnen zumutbar. Kann man beispielsweise jemandem sagen: Bei euch war das üblich, in dieser Gesellschaft ist das im Moment nicht üblich, zieh gefälligst das Kopftuch ab?

«Viele muslimische Frauen würden natürlich protestieren. Aber ich behaupte: Im Fall der Lehrerin ist das Kopftuchverbot zumutbar. Es wird ja nicht die Erteilung des Schulunterrichts an sich verboten und auch nicht das Tragen des Kopftuches in der Freizeit.»

Die Kriterien, mit denen Sie arbeiten, heißen Verhältnismäßigkeit und Abgrenzung von öffentlichem Raum und Privatbereich. Sind sie folgerichtig gegen öffentlichen Religionsunterricht in Islamkunde?

«Im Gegenteil: Man sollte heute schon Unterricht in islamischer Religion anbieten, weil ein solcher ja keinerlei Zwang nach sich zieht. Kein Muslim, geschweige denn ein Nichtmuslim, muss diesen Unterricht besuchen. Schließlich bezahlen auch die Muslime in der Schweiz Steuern wie andere auch und sollen entsprechend die Möglichkeit haben, Bedürfnisse anzumelden, die mit Steuergeldern zu befriedigen sind. Ideal wäre allerdings, wenn sie gleichzeitig ermutigt würden, sich für die kulturellen Eigenheiten dieser Gesellschaft zu interessieren.»[411]

Lösungen sind möglich. Am sinnvollsten sind solche, die zugleich für die Mehrheitsschweiz gelten – die ja letztlich nur ein Puzzle von Minderheiten ist. Die Eidgenössische Kommission gegen Rassismus vertritt: «Problemlösungen sollen prinzipiell alle religiösen Minderheiten berücksichtigen und möglichst nicht auf eine bestimmte Gruppe ausgerichtet sein.»[412] So wie auch kriminelle Handlungen unterschiedslos bekämpft werden sollen, ob sie nun von Ausländern oder Schweizern verübt werden.

Statt dem Sabbatdispens für Juden hat sich der freie Samstag für alle durchgesetzt, was das Problem von allein beseitigte. Und den muslimischen Lehrerinnen wird es leichter fallen, auf das Kopftuch im Schulzimmer zu verzichten, wenn die christlichen Lehrer und Lehrerinnen das Kreuzchen nicht im Schulraum tragen.

Schweizergeschichten – Isabelle G. und Roby C. aus Senegal

Wenn die in Senegal aufgewachsene Isabelle G. durch die Zürcher Langstraße geht, halten manche sie für eine Tänzerin. Wenn sie in der Berner Altstadt einkauft, für eine Diplomatengattin. Sie ist Übersetzerin. Und gewöhnliche Schweizerin, dem Pass nach. Ungewöhnlich ist sie als Person.

Als der Autor ihr das erste Mal begegnete, schaute sie ihm nicht in die Augen. Sie erschien verschlossen. Bis sie erklärte, dass jemandem in die Pupillen zu starren, in ihrer Heimat unanständig sei, Suche nach einem ungebührlichen Kontakt, Zeichen von Aggression. Es war ein erster Kulturkonflikt.

Schwarze Frauen und besonders diejenigen aus Afrika bilden einen eigenen Kontinent mitten unter den andern. Sie besitzen ihre eigene Infrastruktur, eine Art kommerzielle Subkultur. Diese reicht vom Lebensmittelgeschäft über den Coiffeurladen bis zum Tanzschuppen.

«Neunundneunzig Prozent der schwarzen Frauen sind über die Beziehung zu einem Weißen in die Schweiz gekommen und haben geheiratet», sagt Isabelle. So heißen sie denn bieder Burkhard oder Meili und haben einen roten Schweizer Pass.

Sie leben meist in einer konfliktreichen Situation. Irgendwo zwischen dem fremden Land, in dem sie nie richtig ankommen, und der Heimat, die sie nicht verlassen können. So groß und unterschiedlich Afrika selber ist, sie finden sich in der Schweiz in gemeinsamer Lage wieder. Um ihre Probleme zu besprechen, haben sie in Zürich den «Teffpunkt schwarzer Frauen» gegründet. Schon wenn sie hier ankommen, erleben viele einen Schock. Nicht dass es in diesem reichsten aller Länder Kühlschränke oder Fernsehgeräte gibt und unbegrenzte Einkaufsmöglichkeiten, ist Ursache dafür:

«Als ich in die Schweiz kam, war ich eine Senegalesin», erzählt Isabelle. «Wenn ich die Schweiz je verlassen sollte, tue ich es als eine Schwarze. Ich habe erst hier gelernt, dass ich eine Schwarze bin», sagt sie. «An der Reaktion der anderen.» Und sie fügt hinzu: «Auch mein Mann hat für mich keine Hautfarbe.»

Es war eine Kindergärtnerin, die das Kind Isabelles zum ersten Mal auf den Unterschied in der Hautfarbe ihrer Eltern aufmerksam machte. Isabelle ist heute noch entsetzt darüber.

So spüren die Frauen Rassismus dort, wo wir ihn noch nicht einmal wahrnehmen. Isabelles Tochter hat eine helle Haut: «Mischlinge gelten bei uns gleich viel wie die schwarzen Kinder, und man nimmt sie unterschiedslos in der Gemeinschaft des Dorfes oder des Quartiers auf. In Schweizer Siedlungen könnten sie entsprechend als ‹weiß› anerkannt werden, aber das ist nicht der Fall.» Darin zeigt sich Rassismus, nicht als politische Haltung, sondern als Alltagsgefühl.

Isabelle erzählt weiter: «‹Hier in der Schweiz geht es dir gut›, sagen die Leute. Was heißt, dass ich dankbar sein müsse. Dankbar für Eigenheim und Freiheit. Auch in Senegal gibt es Freiheit.» Und nach einer Pause fügt sie hinzu: «Aber ich mag nicht ein

Leben lang dankbar sein müssen. Ich mag nicht immer ‹die Schwarze in der Schweiz› sein. Ich will nur mein Leben leben.» Sie schaut mir in die Augen. Ich nehme es europäisch, als Offenheit.

Isabelle G. will sich nicht mit richtigem Namen porträtieren lassen. «Aus persönlichen Gründen», wie sie sagt. Vielleicht einfach, weil für sie nicht wichtig ist, was in Büchern steht. So erscheinen denn schwarze Frauen in den Medien oft nur als Exotinnen oder einfach als die Frauen aus dem Milieu. Andere werden kaum wahrgenommen, kommen schon gar nicht selber zu Wort.

Rund 30 000 Angehörige afrikanischer Staaten besitzen in der Schweiz die Niederlassung. Sie bilden die schwarze Schweiz.

Auch der 37-jährige Roby D. hat seine Wurzeln in Senegal, im Dorf Malik nahe bei Dakar. Als Junge hatte er staunend den Arbeitern zugesehen, welche die ersten elektrischen Drähte ins afrikanische Dorf zogen. Nie hätte sich der verträumte Knabe vorstellen können, dass er einmal in einer Schweizer Stadt in einer Betonkiste leben würde.

Er fertigt Illustrationen an für Musikzeitschriften, malt Bilder mit Filzstiften oder farbiger Tusche.

Er wohnt hier seit 1986, ist seiner Frau hierher gefolgt aus Liebe und hat seine Wurzeln abgeschnitten. Aber heimisch geworden ist er hier nicht. Nach jahrelangem Aufenthalt in der Schweiz ist ihm auch die Sprache immer noch unzugänglich. Zwar stürzt er nicht mehr im Alkohol ab wie noch in den Anfangszeiten seines Lebens hier, wo er weder die Kleidersprache noch die Esskultur oder das Verhalten der Leute verstand. «Wenn ich im Restaurant mit den Fingern aß, wie es meiner Kultur entspricht, schauten mich die Leute bizarr an. Und wenn ich zum Essen ein Glas Wasser verlangte, schickten sie mich in die Toilette.» Und an die Kälte des Winters wird er sich nie gewöhnen können.

Er versucht denn auch gar nicht, sich irgendwo zwischen zwei Kulturen zu positionieren.

Er ist nicht undankbar. Er lobt die Schweiz, weil er hier mehr kulturelle Veranstaltungen, mehr Bibliotheken, mehr Konzerte, mehr Ausstellungen findet als in seiner Heimat und selbst in Dakar. Weil er sich hier sicherer fühlt als in einem anderen europäischen Land. Weil er sich hier für die künstlerische Arbeit motiviert fühlt.

Aber er wird kein ruhiger Schweizer werden. Er kann nicht planen auf eine gesicherte Zukunft hin, wie es andere tun. Er kann nicht achteinhalb Stunden im Tag im Büro sitzen. Er hat keine Karriere im Sinn, auch keine Kunstkarriere.

Das Einzige, was Roby über seine Zukunft weiß: Er möchte einmal einen Bauernhof besitzen und Pflanzen anbauen und Tiere züchten und mit seinen Kindern und seiner Frau glücklich leben. In Senegal oder in der Schweiz oder irgendwo anders. Und malen.

Die geistige Welt Afrikas taucht in seinen Zeichnungen und Gemälden oft auf: Zauberer, Bäume, Altäre, sichtbare und unsichtbare Welten. Manchmal sind es Träume in ornamentalen Schwarz-Weiß-Mustern, welche zu flimmern beginnen wie eine erhitzte Landschaft. Manchmal sind die geistigen Landschaften in die Farben eines afrikanischen Sonnenuntergangs getaucht.

Roby C. fühlt sich in der animistischen Welt zu Hause. Zu fortgeschrittener Stunde erzählt er von einem Schlüsselerlebnis. «In unserem Dorf steht ein junger Baobab.» Ein Affenbrotbaum. «Da habe ich einmal ein Wesen gesehen, es glich einer Frau, mit Haaren von zwei oder drei Metern Länge. Sie ging über das Land» – Roby C. zeigt ihren Weg auf der Landkarte – «und schritt auch über einen Weiher, ohne ins Wasser zu stürzen. Sie war umgeben von Licht, dann begab sie sich in einen Wald, wo sie noch eine Zeit lang zu sehen war. Als ich das im Dorf erzählte, forderte man mich auf, das nicht weiterzusagen. Es sei ein Geist, der wandere. Aber es sei kein böser, sonst wäre ich nicht davongekommen.»

Auch in der Schweiz gibt es Geister.

«In einem Konzert habe ich einmal etwas Ähnliches gesehen. Eine Frau, welche in der Disco mitten durch die Leute hindurchschritt. Sie war selber transparent. Ich rannte schreiend heraus. Ich zitterte. Ein Kollege las mich dann auf.» Roby C. fügt hinzu: «Ich habe in meinem Leben nie LSD oder andere Drogen konsumiert, nur Bier.»

Solche Erfahrungen verschweigt man in diesem Land besser. Hier sieht man die Geister nicht.

XXIII. Heute – Secondos und Eingebürgerte

Meyrin mit seinen 20 000 Einwohnern, diese unbekannte westliche Ecke der Schweiz, ist keine gewöhnliche Schweizer Stadt. Wer sie besucht, braucht ein Auto oder zumindest ein Mofa; fußgängerfreundlich ist sie nicht. Die Distanzen zwischen Kirche, Stadthaus, Sportplatz und Friedhof sind groß.

Doch wer sollte Meyrin besuchen wollen? Diese Stadt am Rand, die kein Schloss und keinen Fluss, keinen Aussichtsberg und keine Kathedrale vorzeigen kann? Nur Reste eines alten Dorfkerns – entzweigeschnitten von der Durchgangsstraße – und mehrere Kilometer Flugpiste; der Flughafen Genf-Cointrin liegt zum großen Teil auf dem Boden der Gemeinde Meyrin.

Wer Meyrin dennoch besucht, findet auf den ersten Blick alle Vorurteile über eine Satellitenstadt bestätigt: Häuserblöcke wie Betonschnitten, in Reihen hintereinander gestellt, das Grau der Wände durchbrochen von den Kunststofffarben der Rolläden. Straßenraster, in denen die Parallele triumphiert. Weite Grünflächen, die von niemandem betreten werden, und ebenso weite Sportfelder. Im Zentrum ein Parkplatz für mehrere hundert Autos, da liegt das Centre commercial, wo Epa, Coop, Fust und Konsorten ihre Lager aufgeschlagen haben; es sieht mit seinen Hallen und Glasrippendächern aus wie seinesgleichen in der Banlieue von Paris. In der Hauptpassage des Einkaufszentrums Getränkebars und Wurststände und Bänke, an denen Menschen sitzen und zur Darbietung einer andalusischen Folkloregruppe ein Sandwich hinunterdrücken, neben sich voll beladene Einkaufswagen. In den Hallen rieselt Mozarts Zauberflöte vom Endlosband.

Kann man in einer solchen Stadt leben? Die Sprayschriften an den Schulhauswänden, die nicht gereinigt werden, weil ohnehin neue angebracht würden, lassen zweifeln.

Das Bild von Meyrin als der diffusen Vorstadt ändert sich schlagartig, wenn man die Menschen betrachtet. Rund 130 Nationalitäten weist das Einwohneramt aus, die Zahl wechselt praktisch von Woche zu Woche. 45 Prozent der Einwohner sind ausländischer Nationalität. Plötzlich wird das Grau farbig. So dicht ist die Welt sonst nirgends in der Schweiz versammelt. Sie heißen Agoritsas, Ahnlund oder Al-Atwi – um am Anfang des Alphabets zu bleiben –, und sie kommen aus Griechenland, Schweden und Jordanien. Am Ende des Alphabets Vlogaert aus Belgien, Wieckramasinghe aus Sri Lanka und Zoubeck aus der Ex-Tschechoslowakei. Dazwischen finden sich Familiennamen wie Halhoul aus Marokko, Hayes aus den USA, Karekezi aus Ruanda, Leukhin aus Russland, Li aus China, N'Diaye aus Senegal, Nakajima aus Japan, Tunaru aus Rumänien. Es lohnt sich, sie zu porträtieren: «Citizens of the World – Meyrin» nennt sich der stattliche Bildband, den der Fotograf Nicolas Faure geschaffen hat.[413]

Aber ist es eine lebenswerte Stadt? Gilles Anchisi ist ein siebzehnjähriger Koch, er stammt aus Bombay. «Ich fühle mich wohl in Meyrin», sagt er schlicht. Er erwähnt Sportanlagen, Kulturzentrum und Jugendparlament, in dem er sich engagiert. Wenn ihn etwas stört, dann, dass nachts um elf Uhr die Polizei durch die Straßen kurven muss, um allfällige Vandalen abzuschrecken. Auch der zweiundzwanzigjährige Oliver Mutter und sein gleichaltriger Freund Fabrizio Quirighetti finden, dass Meyrin Qualitäten besitzt. Sie gehören zu denen, die durch das Jugendparlament aktiv geworden sind. Oliver erklärt: «Ich bin stolz darauf, in Meyrin aufgewachsen zu sein», und Fabrizio kann dem nur beistimmen, denn Meyrin sei eine offene Stadt, offener als andere. Das Problem dieser beiden Jungen sind nicht «die Türken», mit denen sie ja die Schulbank gedrückt haben, ihr Problem sind «les Suisses», die sie bünzlig finden. Les Suisses, das sind eigentlich alle außer die Meyrinois.

Sie fühlen sich hier so selbstverständlich zu Hause, dass sie nicht verstehen, weshalb um Meyrin so viel Aufhebens gemacht wird. «Es gibt Journalisten, die scheinen Meyrin fast zur multikulturellen Musterstadt der Schweiz heraufstilisieren zu wollen, nachdem man sie jahrelang als Schlafstadt beschimpft hat», lächelt Mutter.

Dabei sei Meyrin – so erzählt ein Kunstmaler – so mittelmäßig wie alle anderen Schweizer Städte. Er will nichts Negatives sagen, er meint nur: «Alles stagniert hier, alles ist so spannungslos.» Vielleicht ist das ein Zeichen von Normalität.

Und die alten Einheimischen? In einem undefinierbar modernistischen Restaurant im Centre commercial klopfen vier Senioren einen Jass und lassen sich stören. «Ja, die Gemeinde hat sich verändert»; sie erinnern sich noch an die Zeit, als ein Auto eine Sensation war, dessen Ankunft buchstäblich Staub aufwirbelte, so dass die Schulkinder zur Landstrasse rannten. Sie haben die Stadt wachsen sehen dank der Zuwanderer. «Da, wo wir sitzen und wo sie das Centre gebaut haben, quakten noch die Frösche. Von Hand haben wir sie gefangen.» Bei solchen Erinnerungen stimmt sie manches unzufrieden. Doch die Zersiedlung scheint ihnen schlimmer zu sein als die Anwesenheit der Ausländer. Vandalismus? Wieder kichern sie und bestätigen einander: «Haben wir nicht selber mit Steinen die Telefonstangen beworfen als Junge und manchen der Bakelit-Isolatoren prächtig zerspringen lassen?»

Die Stadt ist spannend und eigenartig. Vielleicht ist sie ein Bild dessen, was auf die Schweiz zukommt. Futurologen prophezeien, dass sich dereinst eine Bandstadt von Genf bis zum Bodensee erstrecken wird. Eine Art Los Angeles, erschlossen durch ein nationales Tram wie die Tunnelbahn «Swiss Metro». Wenn die Regio Schweiz im Vereinten Europa Wirklichkeit wird, wird es im Mittelland wohl ungefähr überall so aussehen wie in Meyrin, abgesehen vom Berner Zibelemärt, der Zürcher Langstraße und einigen mit dem Wakkerpreis ausgezeichneten Ortskernen.

Wobei die Zukunft der Schweiz – die Multi-Kulti-Stadt aus Zugewanderten –

auch ihre Vergangenheit ist. Denn woher kommen die waschechten, eingesessenen Meyrinois? Drei von den vier Senioren im Restaurant des Centre commercial sind italienischer Herkunft, ihr Großvater war schon …

19,2 Prozent betrug der Ausländeranteil 1999 in der Schweiz, Kurzaufenthalter und Saisonniers wie immer nicht gezählt. 1 368 670 Ausländerinnen und Ausländer wohnten hier.[414] 40,5 Prozent der Wohnbevölkerung waren nicht schweizerischer Nationalität in Lugano, 37 Prozent in Genf, 34,6 Prozent in Lausanne, 28,1 Prozent in Zürich, 27,9 Prozent in Basel-Stadt.[415] In besonders farbigen Stadtquartieren steigt die ausländische Wohnbevölkerung auf über 50 Prozent, etwa im Basler Matthäus-Quartier.[416] In einzelnen Klassen bestimmter Schulkreise in Zürich, Basel und Genf beträgt der Anteil von Kindern ausländischer Herkunft über drei Viertel.

Doch 40 Prozent der Menschen mit ausländischem Pass leben schon seit über zehn Jahren in der Schweiz – und besitzen keine politischen Rechte. Rund ein Drittel der Italiener sind hier geboren, ein Fünftel der Spanier; sie gehören zur zweiten und dritten Generation. Zehn Prozent der über 15-jährigen Schweizer sind hier eingebürgert worden.[417] Auf zwei Ehen zwischen Schweizer Partnern kommt eine national gemischte.[418]

Kein Zweifel, die Schweiz ist ein Einwanderungsland. Sie war es schon nach dem Zweiten Weltkrieg. Und sie war es bereits um die Jahrhundertwende – wenn auch die Einwanderungsströme zu unterschiedlichen Zeiten unterschiedlich stark waren und abwechslungsweise Arbeitsimmigranten und Asylsuchende hierher gelangten. Das allerdings hat sich geändert: Arbeitswanderung und Asylwanderung sind mittlerweile zu einer einzigen, ununterscheidbaren Migrationsbewegung verschmolzen.

Es begann schon mit den Ostflüchtlingen: Die Ungarn 1956, die Tibeter 1961, die Tschechen und Slowaken 1968 erhielten das Asylrecht kollektiv, obwohl viele von ihnen sich als Wohlstandsflüchtlinge sahen. Die durch Kriege an Leib und Leben gefährdeten Kurden, Bosnier oder Kosovo-Albaner waren als Gruppe nur zeitweise geduldet, sie mussten einzeln Asylgesuche einreichen und wurden mehrheitlich doch nicht anerkannt. Von 1985 bis 1991 stieg die Zahl der Asylgesuche von 10 000 auf 42 000; die Anerkennungsquote sank von 14,1 Prozent auf 3,0 Prozent; 1981 hatte sie noch 94,1 Prozent betragen.[419]

Fachleute und WissenschaftlerInnen debattieren, wie sie die Menschen benennen sollen. Ausländerinnen und Ausländer? Da schwingen fremdenfeindliche Töne mit. Einwanderer? Da wird übersehen, dass die Menschen heute nicht in ein Zielland auswandern wie vor hundertfünfzig Jahren, sondern mit ihrem Herkunftsland vernetzt bleiben. Migrantinnen und Migranten? Da wird den Betroffenen eine Lebensweise zugeschrieben – nämlich nicht ansässig zu sein –, was noch diskriminierender sein kann, als wenn sie Ausländer geheißen werden. Der korrekte Begriff ist nicht zu finden. Umso wichtiger, mit verschiedenen Begriffen sich der Sache sorgfältig zu nähern.

«Wenn nun die Schweiz ein Einwanderungsland ist, dann müsste sie auch eine Einwanderungspolitik haben, die diesen Namen verdient.» Der Politologe Georg Kreis spricht aus, was als Selbstverständlichkeit erscheint: «Mit Politik ist in diesem Bereich wie in jedem anderen gemeint: ein auf einem Konzept beruhender Gestaltungswille. Dieses Wollen hat grundsätzlich drei verschiedene Gestaltungsbereiche. In erster Linie denkt man an die Regulierung des Zustromes. Ebenso gehört aber die Integration der Eingelassenen dazu. Und als Drittes gehört (...) eine partnerschaftliche Hilfspolitik im Ausland dazu, die gewisse Wanderungswünsche oder -zwänge mindestens etwas dämpft.»[420]

Eine Einwanderungspolitik, die den Einheimischen Sicherheiten und den Eingewanderten Rechte garantiert, wäre eine wichtige Voraussetzung für einen wirkungsvollen Kampf gegen Xenophobie. Wobei die Entstehung von Fremdenfeindlichkeit oft nicht viel mit der realen Immigration zu tun hat, sondern mehr mit der Wahrnehmung der Immigration. Die wiederum entwickelt sich aus inneren Unsicherheiten aufgrund der Wirtschaftslage oder von sozialen und politischen Veränderungen. In Krisenzeiten wird das Fremde stigmatisiert, sagt ein soziologischer Erklärungsversuch. «In schöner Regelmässigkeit finden wir in Krisenphasen soziale Bewegungen, die aus der Geschichte schöpfen und über die Propagierung der Ausgrenzung alles Fremden eine substanzialistisch geprägte Identitätsfindung anhand dessen betreiben, was man nicht ist, und die Ursache für die triste Gegenwartslage dem Einfluss dieses Fremden in der Gesellschaft zuschreiben.»[421]

Wir hassen das Fremde, wenn wir es als Grund für unseren Hass brauchen. Wäre es nicht da, würden wir es erfinden.

Ein verzweifeltes Mittel, die Überlegenheit über die Fremden zu demonstrieren, besteht darin, ihnen den Schweizer Pass vorzuenthalten: das rote Büchlein mit dem Schweizerkreuz, das neben Sackmesser und Kartoffelschäler jahrzehntelang das wichtigste Utensil im Hausrat von Herrn und Frau Schweizer war. Nach Belieben wurde es im Kassenschrank eingesperrt oder im Zimmerbuffet ausgestellt. Es bezeugte vor aller Welt die Zugehörigkeit zum kleinen Volk, dem Gott einen Wohnraum im Paradiesgarten zugeschanzt hat, und ersetzte einigen Schweizern die Seele.

Die Secondos, die Angehörigen der zweiten Generation, reagieren darauf, indem sie ihn gar nicht mehr wollen. Sie pendeln seit ihrer Geburt zwischen mehreren Kulturen hin und her. Viele möchten ihre Ausbildung einmal in Frankreich oder Großbritannien fortsetzen. Oder sie träumen von einem Job in einem aufblühenden europäischen Wirtschaftszweig. Mancher junge Italiener hat keine Lust, den schweizerischen Pass in Empfang zu nehmen und hier Militärdienst zu leisten. Die Zugehörigkeit zum Klub der Inselbewohner lässt sein Herz nicht höher schlagen. Und die Freude, mit dem roten Pass wedelnd bei der Passkontrolle am Flughafen hinter Nicht-EU-Angehörigen anzustehen, ist gering.

Der Servierer;
Nebelspalter Nr. 31, 1955

So ist der Preis des Schweizer Passes auf dem Schwarzmarkt am Sinken. EU-Pässe sind gefragter. Dennoch kommt ein neuer, noch sicherer und noch wertvollerer Schweizer Pass zur Ausgabe, mit allen technischen Schikanen ausgerüstet. Schade, man hätte einen Pass aus Tannenholz kreieren können. Er wäre heimatlicher. Und ebenso unbrauchbar.

Schweizergeschichten: Donghua Li – Schweizer Olympiasieger aus China

Die große Terrasse seiner Wohnung hoch über Luzern ist sein privater Sportplatz. Da trainiert er täglich seine eineinhalb Stunden: der erfolgreichste Schweizer Kunstturner aller Zeiten mit dem Vornamen Donghua: das heißt Blume aus dem Osten.

Mit sieben begann er zu turnen, mit elf gehörte er zum Kader der chinesischen Provinz Sichuan, die hundert Millionen Einwohner zählt, mit sechzehn war er ein Star. Er wurde nach Peking ins Nationalkader berufen. Und da wusste er: «Ich will Weltmeister werden, dafür werde ich trainieren und alle Hindernisse überspringen.» So erzählt er mit freundlich-leiser Stimme. Auf dem Schrank in seinem Büro stehen Pokale, und in der Vitrine sein erster, schon voll gestempelter Schweizer Pass.

Hindernisse standen zuhauf im Weg.

Eine erste Verletzung beim Pferdesprung. Sie erforderte eine schwere Operation: eine Niere wurde entfernt und die Milz. Es hieß: «Sie werden ein Leben lang im Büro arbeiten müssen.» Ärzte begleiteten sein Wiederaufbautraining mit sorgfältigen Messungen. «So etwas hat es im Spitzensport nie gegeben.» Nach sechs Monaten hat er seine frühere Leistung wieder erreicht.

Bis zum zweiten schweren Unfall: Riss beider Achillessehnen an der Hinterseite des Fußgelenks. Nicht etwa bei einer unsanften Landung, wie sich der Laie vorstellen mag. «Bei der Landung entstehen keine solchen Kräfte», sagt Donghua Li. «Beim Absprung geschahs.» Die Kraft des Absprungs zum Doppelsalto zerriss die Achillessehnen buchstäblich. Donghua Li machte erneut weiter. Er spezialisierte sich aufs Pferdpauschen, wo der Einsatz der Arme besonders gefragt ist. Woher er seine Energie nahm, ist für den Außenstehenden ein Rätsel. Zumal er als Person – jedenfalls heute – keineswegs verbissen wirkt. Er lächelt bescheiden, seiner Leistungen bewusst. Donghua Li wurde chinesischer Meister.

Der letzte «Unfall» war die Liebe. In den Augen der chinesischen Sportfunktionäre. Denn die Frau, die er liebte, war eine Ausländerin. Die Geschichte ging durch die bunte Presse: Die Luzernerin hatte sich als Touristin in Peking verlaufen und zufällig Donghua nach dem Weg gefragt.

Er hatte sich in sie verliebt. Die Funktionäre stellten ihm ein Ultimatum, in drei Tagen wollten sie Antwort. Er entschied sich für Esperanza – deren Name Hoffnung bedeutet – und musste das Nationalkader verlassen. Aus der Traum von einer sportlichen Karriere für China!

In China heirateten die beiden.

Doch Donghua Li wollte beides: die Liebe und den Weltmeistertitel. So bestiegen er und seine Frau 1989 in Peking den Zug und fuhren mit der Bahn durch die Mongolei und Russland und Osteuropa bis in die Schweiz, die nun sportlich wahrhaftig keine Weltmacht ist. Er erlebte die bare Provinz, als er trainieren wollte. «Im Sportzentrum des Bürgerturnvereins Luzern wurde das Pferdpauschen vor jedem

Training aus dem Geräteschuppen geholt und musste nachher wieder abgeräumt werden. So etwas habe ich in China nie erlebt.» Für die Nachwuchsförderung im Spitzensport habe man dort alles getan; in der Schweiz werde zwar Hobbysport breit betrieben, die Elite aber wenig gefördert. Hier gab es für den Einwanderer Donghua Li weder Gratisbetreuung durch Sportärzte noch finanzielle Unterstützung. Er begann zu fünfzig Prozent in einer Garage zu arbeiten, Reifen wechseln, Autos waschen. Unsäglich für einen, der Weltmeister werden will und täglich bis acht, neun Stunden trainieren muss. «Spitzensport ist ein Beruf», sagt Li nur.

Schlimmer: Die Zeit verrann. Als Donghua Li in die Schweiz kam, war er 21-jährig. Es würden ihm nur noch drei, vier Jahre bleiben, nachher wäre er als Kunstturner zu alt für die Weltelite. Im Schweizerischen Turnverband aber herrschten Meinungsverschiedenheiten darüber, ob man diesen Ausländer ins Nationalkader aufnehmen sollte. So blieb er draußen. Und die politischen Behörden erlaubten keine beschleunigte Einbürgerung. Auch wenn ein chinesischer Meister kommt. Der hatte wie alle fünf Jahre zu warten, bis er als Ehemann einer Schweizerin den Antrag auf Einbürgerung stellen durfte.

Donghua Li gibt gerne zu, dass er manchmal ans Aufgeben gedacht hat.

Dann fand man einen Kompromiss. Donghua Li war so sensationell an Ringen, Pferdpauschen und in den Bodenübungen, dass er in der Nationalmannschaft in Magglingen mitturnen durfte, ohne ihr anzugehören. Und leider auch: ohne internationale Kämpfe bestreiten zu dürfen. Trainieren ohne Chance auf einen Start.

Es kam zu absurden Situationen, wenn etwa ans Kader neue Sportkleider ausgegeben wurden. Alle standen sie in einer Reihe. Wie bei der Bescherung an Sankt Nikolaus wurde jedem sein Trainingsanzug ausgehändigt. Der kleine Chinese am Schluss der Reihe ging stets leer aus. Keiner fragte, warum das so sei. Donghua Li sagt sanft: «Jeder schaute auf sich selbst.»

Die Situation belastete. Er hatte sich die unbekannte Schweiz als Heimat ausgewählt, doch vieles verstand er nicht. Li beklagt sich nicht, er berichtet nur. Was er erlebte, kleidet er in ein Bild. «Enten legen im Spätsommer ihr Federkleid vollständig ab und tun sich dann ein neues zu. So bin ich mir in den ersten fünf Jahren in diesem Land vorgekommen, wie eine solche federlose kleine Ente im kalten Wasser.»

Erst als er die ordentliche Wartefrist abgesessen hatte, erfolgte die Einbürgerung. Das war 1994. Endlich Mitglied in der Nationalmannschaft. Mit sechsundzwanzig Jahren. Endlich Teilnahme an internationalen Wettkämpfen. Der Sportler, der insgesamt drei schwere Verletzungen überwunden hatte, den Wechsel von China in die Schweiz verkraftete und nach bisherigen Maßstäben für die Weltelite zu alt war, explodierte förmlich. Schon drei Wochen später holte er an der WM in Australien eine Bronzemedaille. Vierzig Jahre lang hatten die Schweizer Kunstturner nie mehr eine Medaille erkämpft.

Ein Jahr darauf wurde er Weltmeister am Pferdpauschen. «Es war eine Sensation für die Schweiz», sagt er; nicht für Li: Er hatte diesen Titel ja angestrebt, sein halbes Leben lang. Mit einer Zielstrebigkeit sondergleichen.

Er pflückte alles Edelmetall, so hoch es hing. Wenige Monate danach: Europameister. Als Donghua Li das erzählt, merkt man erstmals an einem maliziösen Lächeln, dass es einen zweiten Donghua Li gibt, einen Menschen, der beobachtet, was da alles mit Menschen angestellt wird. Es gibt einen weniger bekannten Donghua Li, der die Gesellschaft und die Politik kritisch betrachtet und seine eigenen Schlussfolgerungen zieht. Der Sportler Li sagt nur: «Es ist ungewöhnlich, dass ein Asiate Europameister wird.» Noch ungewöhnlicher, dass ein Chinesischer Meister auch Schweizer Meister ist, und zudem Weltmeister und Olympiasieger, wie Donghua Li mit sichtlicher Freude aufzählt. «So etwas wird es nie mehr geben», sagt er. Und es ist nicht überheblich, denn er hat Recht.

Donghua Li krönte nämlich seine Karriere damit, dass er an der Olympiade von Atlanta die Goldmedaille holte. Für die Schweiz, die es ihm nicht leicht gemacht hatte. Li lächelt: «In allen Büchern zur Sportgeschichte wird es heißen: Kunstturnen 1996, Pferdpauschen: Goldmedaille, Donghua Li – Switzerland.»

Nun ist er Familienvater in Luzern. Er arbeitet als technischer Berater für die Kunstturn-Nationalmannschaft und widmet sich seiner Familie. Eben bringt er seiner Tochter Jasmin Chinesisch bei. «Meine Wurzeln sind in China», sagt er; mit dem Land, in dem er geboren wurde, bleibt er verbunden. Seine Autobiografie erzielt dort Verkaufserfolge. Das zeigt, Donghua Li hat noch etwas geschafft. Er hat den Traum vieler Chinesen verwirklicht, im Ausland Karriere zu machen. «Das ist wie der Traum der Schweizer Auswanderer im letzten Jahrhundert vom Glück in Amerika», erklärt Donghua Li.

Der Titel seines Buches lautet auf Deutsch übersetzt: «Die Grenzen überschreiten.»[422]

XXIV. Morgen – Die Vielvölkerschweiz

Zum Schluss seis gesagt. Es gibt in der Schweiz Offenheit und sogar Fremden-freundlichkeit, obwohl dieses Wort in keinem Lexikon verzeichnet ist. Die Schweiz hat ein eigenartiges Doppelbewusstsein entwickelt. Eine durch Behörden, Parteien und Stammtische vertretene, oft ungeheuerliche Härte in der Grenzziehung gegen-über Fremden, die sich vor allem in den Tätigkeitsbereichen von Justiz und Polizei niederschlägt, eine erstaunliche Weichheit im persönlichen Kontakt und in der Einzelhilfe.

Verzichten wir auf den Versuch eines internationalen Vergleichs, für den Maß-stäbe fehlen. Da das Einfamilienhaus Schweiz durch Geschichte und Reichtum pri-vilegiert ist, sind seine Bewohner zu allererst auch sich selbst gegenüber verantwort-lich. Die Schweiz soll so kritisiert werden, von allen, die dieses Land lieben, nach den Grundsätzen, die im Haus am Anschlagbrett verkündet werden: Toleranz und Humanität.

Wer reich und frei ist, setzt die Maßstäbe selbst und wird entsprechend beurteilt.

Das ist kein Appell an soziales Handeln. Kein Aufruf zur Aufnahme der armen Weltbevölkerung. Letztlich geht es nicht nur um die Integration der andern. Wie zu Beginn der Geschichte der Immigration geht es um die Integration des ganzen Lan-des. Und es geht darum, einzusehen, dass auch die Mehrheitsschweizer die andern sind.

Es ist ein Appell zum Perspektivenwechsel.

Ein Beizer sagt: «Wer hat schon in den sechziger Jahren in Zürich Tomaten mit Mozzarella gegessen, oder als Salat? - Niemand.» Und er fügt hinzu: «Früher haben die Schweizer immer geschimpft, die Tschinggen stinken nach Knoblauch. Und jetzt, jetzt stinken sie selbst nach Knoblauch.»[423]

Die «Spaghettifresser» haben die Teigwaren gebracht, die einstigen «Maiser» – das Wort bedeutet auf Schweizerdeutsch lärmige Leute – die Polenta.

Bedeutende Errungenschaften gehen auf die Fremden zurück. «Aber wenigstens nicht die Verfassung!» mag ein patriotisch gesinnter Schweizer einwerfen, «wir sind immer Herren im eigenen Land gewesen.»

Auch die Verfassung ist keine landeseigene Erfindung! Es gibt Wissenschaftler, die in ihr sogar den Einfluss von Indianern feststellen. Von Rothäuten.

Man mag sich zwei Schritte denken, dann leuchtet die Behauptung ein. Die schweizerische Bundesverfassung war beeinflusst von der fortschrittlichsten Verfas-sung der damaligen Zeit, der amerikanischen. Und die Menschen, die die amerika-nische Verfassung ausgearbeitet hatten, standen teilweise in engem Kontakt zu Indianerstämmen, wie dem Bund der Irokesen, die sich eben mit den Weißen ar-rangiert hatten. «Benjamin Franklin, der Gründungsvater der USA, hat die Gepflo-

Spaghettiexpress;
Nebelspalter Nr. 43, 1956

genheiten der irokesischen Entscheidungsfindung beobachtet und darüber berichtet», erzählt der emeritierte Literaturprofessor Heinz Lippuner: «Er gilt als die Person, welche in einzigartiger Weise europäisches politisches Gedankengut mit der amerikanischen Realität verknüpfte.»[424] Franklin schrieb 1750 in einem Brief: «Es müsste eine eigenartige Sache sein, wenn sechs Nationen unwissender Wilder fähig sein sollten, den Entwurf für eine Union auszuarbeiten und ihn auch zu verwirklichen, so dass sie Jahrhunderte überdauerte, und dass es für zehn oder ein Dutzend englischer Kolonien nicht möglich sein sollte, eine solche Union zu bilden, für die das noch notwendiger ist und mehr Vorteile bringt …»[425]

Vorbildcharakter hatten die zentralen Verfahrensregelungen der Irokesenverfassung:

- Die Diskussion aller wichtigen Entscheide in einer Ratsversammlung bis zum allgemeinen Einverständnis.
- Ein Zweikammersystem, bei dem zuerst die Ratsmitglieder der Mohawks und Senecas den Konsens zu finden hatten und den Entscheid dann an den Rat der Eneidas und Cayugas weitergaben.
- Die dritte, judikative Instanz, bei der die Ältesten der Onondagas die Verträglichkeit der Schlussentscheidung mit den Grundprinzipien der Föderation zu prüfen hatten.[426]

Als die verfassungsgebende Versammlung der USA das Zweikammersystem übernahm, kopierte sie nicht einfach das bestehende englische Parlament, sondern orientierte sich ausdrücklich auch an den indianischen Modellen.[427]

Nur waren die Irokesen nie in der Schweiz, aber Schweizer wie Oberst Henri Bouquet aus Rolle im Waadtland nahmen persönlich an Treffen mit Sprechern der Irokesennationen teil und lernten ihr System kennen.[428] Für Schweizer Publizisten wie Ignaz Troxler war die Verfassung der Vereinigten Staaten das «Mustergebilde», nach dem sich die eigene Verfassung richten sollte.[429] Vor allem ihr Zweikammersystem und das Prinzip der Gewaltenteilung.

Das war zu Zeiten, als eine Reise nach Amerika eine Woche dauerte.

Der Globus ist kleiner geworden, Kontakte sind so dicht, Reisen so billig, Flugdistanzen so kurz, dass der Begriff Immigration veraltet.[430] Schon bestehen Pläne – in Winterhur –, ein Museum der Einwanderung zu schaffen.

Migrantinnen und Migranten bewegen sich hin und her, erhalten Beziehungen zum Land ihrer Geburt oder ihrer Jugend aufrecht und fühlen sich an mehreren Orten zu Hause. Das Fernsehen trägt das Seine zur Lockerung der Bindungen an irgendein Territorium bei und hält gleichzeitig die Verbindungen zum Herkunftsland wach. Transnationale Migration, Mobilität, Verflechtung und Diversität heißen die neuen Stichworte. Und wohl auch: Individualisierung. Damit verliert die Frage, wo man lebt, an Wichtigkeit. Nicht aber jene nach dem eigenen Herkommen, die eine Bereicherung jeder Individualität ist.

Zugehörigkeitsgefühl kann sich auch in der Vielfalt entwickeln. Das beste Beispiel ist vielleicht der Filmemacher Samir aus Bagdad, dessen ganzes Werk ein Plädoyer für Multikultur ist. Als er in die Schweiz kam, erlitt er einen Kulturschock. «In den ersten Jahren habe ich meine Mutter gefragt, ob sie mir nicht wieder Auberginen und Kirchererbsen kochen könnte», erzählt er. – «Das würde ich gerne», antwortete diese, «aber wo soll ich die in diesem Land hernehmen?» Seither hat sich vieles verändert, auch Samir. «Heute liebe ich die Schweiz», sagt er geradeheraus. «Natürlich wird mir sofort schlecht, sobald ich Christoph Blocher reden höre. Und dennoch ist die Schweiz eines der multikulturellsten Länder Europas.» Dann ein Schlenker, typisch Samir: «Ich fürchte aber, dass außer der SVP noch niemand gemerkt hat, wie offen das Land in den letzten dreißig Jahren geworden ist.»[431]

Leider haben nur wenige Leute die 1.-August-Feier erlebt, die vor einigen Jahren, 1997, in der Bäckeranlage im Zürcher Stadtkreis 4 stattfand. Sie setzte ein Zeichen, um es pathetisch zu sagen, wie es solchen Anlässen entspricht.

Zum zweiten Mal hatte es der Quartierverein gewagt, eine patriotische Feier anzusagen, auf unebenem sozialem Boden und unter widrigen Umständen: Es regnete auf die kleine Budenstadt, die in der Bäckeranlage aufgestellt worden war, wo sonst obdachlose Alkoholiker zu Hause sind. Doch das hereintröpfelnde Publikum bestand nicht nur aus den unentwegten Quartierpolitikern, die demonstrieren wollten, dass die Schweiz bis nach Zürich reicht. Etliche Anwohner und Anwohnerinnen hatten sich ins Freie gewagt. Interessierte Tamilen waren da und Familien aus Ex-Jugoslawien, ein Asiate und ein Schwarzer mit seiner weißen Freundin und ein paar Schweizer. Es wurde Tsatsiki und Bratwurst ausgegeben, ein Kellner fegte mit dem Scheibenwischer Wasser von den Holztischen, scharf vorbei an den Knien der paar Dutzend Personen, die unter den Festtischschirmen saßen.

Nicht ganz so groß war die Zahl der Redenden. Doch genügte für den kleinen Multi-Kulti-Kreis eine einzige 1.-August-Ansprache jedenfalls nicht. Den Reigen eröffnete die SP-Präsidentin des Kreises. Farbig war vor allem ihr leuchtend rotes Jackett, blässlich ihre Ausführungen zum Thema Solidarität, die auf den Vorschlag hinausliefen, dass die Krankenversicherung kostengünstiger wäre, wenn sie überkantonal vereinheitlicht würde. Von hinten brüllte ein sozial ungesicherter Alkoholiker Unverständliches, und das Publikum eröffnete seine Privatgespräche.

Davon ließ sich der junge SVP-Politiker nicht beirren, der anschließend das Podium bestieg und keck verkündete, da alle Rednerinnen und Redner am 1. August von der Rolle der Schweiz im Zweiten Weltkrieg sprächen – was allerdings die Vorrednerin nicht getan hatte –, werde er von Hongkong reden. Die SVP als internationalistische Kraft. Die Geschichte Hongkongs sei ein Exempel für sein zentrales Anliegen: die Freiheit. Der freie Alkoholiker war mit der Flasche vorübergehend zum Schweigen gebracht worden.

Das Publikum lauschte der langen Erzählung darüber, wie die Kronkolonie Hongkong vom chinesischen Drachen verschluckt wurde und wie Hongkongs Gemeinderat das alles mit sich machen ließ. Passte das quartierferne Märchen nicht wunderschön in diesen Stadtkreis, der seine Bewohner aus aller Welten Winkel rekrutiert? Selbst einige Veteranenlinke klatschten höflich, als der Rechtspolitiker geendet hatte.

Dann kündete der Quartiervereinspräsident unprogrammgemäß einen dritten Redner an; eben jenen Alkoholiker, der sich anfänglich lautstark bemerkbar gemacht hatte: Dieser habe versprochen, die weiteren Ausführungen ruhig anzuhören, sofern er anschließend auch etwas sagen dürfe und ein weiteres Bier erhalte.

«Liebi Lüüt, ihr sind alles Fründ», verkündete der Mann ziemlich zusammenhängend ins Mikrofon. «Ich bi da dihei. Ich bin en alte Alk und bliibe eine, und wenn er mer e Wonig gäbted, würd ich si nöd nch.» (Ich bin hier zu Hause. Ich bin ein Alkoholiker und bleibe einer, und wenn man mir eine Wohnung gäbe, würde ich sie nicht nehmen.) Irritiertes Lächeln über so viel Deregulierung. Dieser oder jener Linke, der sich in Mieterkampf und Hausbesetzung seine Sporen verdient hatte, spürte den alten Gegensatz von Freiheit und Sozialstaat. «Aber ir sind alles mini Fründ», wiederholte der Alk seine zentrale Botschaft. Irgendwo krachte ein Böller. «Jetzt isch de erscht Schuss abverreckt und s'Fäscht fangt a». (Jetzt ist der erste Schuss misslungen, und das Fest beginnt.) So schloss der Mann seine einprägsame Rede, die er in Übereinstimmung mit den Maximen moderner PR-Experten frei vorgetragen hatte, als Einziger der drei Redner.

Die Ländlerkapelle, die einsetzte, wirkte mit ihren roten Sennenkutten so wenig exotisch wie der Tourist mit seiner Videokamera, der im Hintergrund auszumachen war und der die Eingeborenenbräuche interessiert filmte. «Wenn es noch ein wenig schont, werden wir mit dem Feuerwerk beginnen», teilte der Organisator mit. Es tropfte ununterbrochen weiter, und kaum jemand ging weg, denn auch im Regen stehen kann Heimat sein.

Wenn die Mikrowelt des Kreises 4, die für Auguren oft Trends enthüllt, dies auch mit seiner neu belebten 1.-August-Feier tat, dann steht dem Patriotismus eine große Zukunft bevor.

Dank

Ich danke:

Gertrud Germann, die meine zeitaufwendige Unternehmung wie stets von Herzen unterstützt hat.

Den Porträtierten Nicolas Hayek, Andreas Herczog, Donghua Li, Gabriel Marinello.

Vivianne Berg für Materialien und Kritik, Esther Kamber und Kurt Imhof vom Forschungsbereich Öffentlichkeitssoziologie und -geschichte des Soziologischen Instituts der Universität Zürich für die Benutzung ihrer Datenbank, Steffen Strohmenger in Berlin für Auskünfte zum Thema Kulturrelativismus, Joanna Pfaff-Czarnecka als Interviewpartnerin für die Gespräche, Helena Kanyar für Archivmaterialien, Alice und Adolf Gerig für die Testlektüre des Manuskrips sowie vielen weiteren Freunden und Bekannten für Anregungen, Tips und Hinweise.

Meiner Bürokollegin Natascha Knecht für Nachsicht. Den Mitarbeiterinnen und Mitarbeitern der «Weltwoche»-Dokumentationsabteilung Jacqueline Baumann, Silja Landolt, Ernst Schlumpf, Gabrielle Strübin für ihre unablässige Hilfsbereitschaft. Res Strehle, Cecile Holenstein für nützliche Hinweise.

Den Angestellten von Zentralbibliothek und Sozialarchiv für die stets freundliche Bedienung. Vielen kantonalen und Bundesbehörden für Auskünfte.

Walter Brülisauer, Redaktor der Zeitschrift «Nebelspalter», für die Vermittlung bei den Bildrechten aus dem «Nebelspalter».

Dem Medienausbildungszentrum MAZ, namentlich Sylvia Egli von Matt und ihrem Team, die mir einen Monat lang Gastfreundschaft im «Schriftstellerhäuschen» in Kastanienbaum boten.

Dem Orell Füssli Verlag und Bernd Zocher für die problemlose Zusammenarbeit.

Vor allem aber danke ich allen – mir persönlich meist unbekannten – Verfasserinnen und Verfassern von Einzelstudien, ohne deren Grundlagenarbeiten diese Darstellung nicht möglich wäre. Ich habe sie, soweit es die Textdramaturgie zuliess, wenn immer möglich zitiert.

Anmerkungen

1   Reto Jäger u. a., Baumwollgarn als Schicksalsfaden. Wirtschaftliche und gesellschaftliche Entwicklung in einem ländlichen Industriegebiet (Zürcher Oberland) 1750–1920, Zürich 1986, S. 132.

2   J. Trog, zitiert in: William Schlesinger, Das Geldproblem in der öffentlichen Meinung der Schweiz. 1803–1850, Diss., Zürich 1936, S. 55.

3   Hugo Isler, Das schweizerische Mass- und Gewichtsrecht, Abhandlungen zum schweizerischen Recht, Neue Folge, Bern 1932, S. 1.

4   Siehe etwa: Gérald Arlettaz und Silvia Burkart, ‹Naturalisation›, ‹assimilation› et nationalité suisse. L'enjeu des années 1900–1930, in: Pierre Centlivres (Hrsg.), Devenir suisse. Adhésion et diversité culturelle des étrangers en Suisse, Genf 1990, S. 47–62; S. 50.

5   Leo Weisz, Die Redaktoren der Neuen Zürcher Zeitung bis zur Gründung des Bundesstaates 1780–1848, Zürich 1961, S. 162.

6   Erwin Bucher, Die Geschichte des Sonderbundskrieges, Zürich 1966, S. 15.

7   Geschichtsfreunde von Ruswil und Umgebung, mündliche Mitteilung an den Autor.

8   Botschaft des Bundesrates an die Bundesversammlung über die Revision des Bundesgesetzes betreffend die Erteilung des Schweizer Bürgerrechtes und den Verzicht auf dasselbe (vom 20. März 1901), Bundesblatt, 1901 / II, S. 458–490; Zitat S. 483.

9   Am selben Ort.

10   Historische Statistik der Schweiz S. 134.

11   Das Posthörnchen, Nr. 59, Aarau 23. 7. 1844, S. 235.

12   Peter Witschi, «Minderheiten: Nichtsesshafte unter Sesshaften», in: Paul Hugger (Hrsg.), Handbuch der schweizerischen Volkskultur, Band II, Zürich 1992, S. 837–846; S. 841.

13   Das Posthörnchen, Nr. 76, Aarau 20. 9. 1844, S. 304.

14   Bundesgesetz, die Heimatlosigkeit betreffend (Vom 3. Dezember 1850), Schweizerisches Bundesblatt, 1850 / III, S. 913–921, Artikel 1–3.

15   Am selben Ort, Artikel 3.

16   Thomas Dominik Meier und Rolf Wolfensberger, «Eine Heimat und doch keine». Heimatlose und Nicht-Sesshafte in der Schweiz (16.–19. Jahrhundert), Zürich 1998, S. 500.

17   Bundesgesetz, die Heimatlosigkeit betreffend, am angegebenen Ort, Artikel 15 und 18.

18   Meier/Wolfensberger, S. 219.

19   Meier/Wolfensberger, S. 477.

20   Sergius Golowin, Zigeunermagie im Alpenland, Frauenfeld/Stuttgart 1973, S. 14 f. sowie S. 235.

21   Gottfried Keller, «Eidgenossenschaft», in: Gottfried Keller, Die Leute von Seldwyla/Gesammelte Gedichte, Zürich 1978, S. 657.

22   Siegmund Wagner, Das Hirtenfest zu Unspunnen oder die Feyer des 5. Jubiläums der Schweizer Freyheit, auf Berchtoldstag den 17. Aug., Bern 1808, S. 14.

23   Friedrich Schiller, Wilhelm Tell. Schauspiel, 4. Aufzug, 3. Szene, Zeilen 2683 f.

24   Friedrich Engels, «Der Schweizer Bürgerkrieg» (Aus: Deutsche Brüsseler Zeitung, Nr. 91, vom 14.11.1847), in: Karl Marx und Friedrich Engels, Werke, Institut für Marxismus-Leninismus beim ZK der SED (Hrsg.), Band 4, Berlin 1959, S. 391–198; Zitat, S. 392.

25   Am selben Ort, S. 391.

26   Julius Fröbel, Ein Lebenslauf. Aufzeichnungen, Erinnerungen und Bekenntnisse, Band I, Stuttgart 1890, S. 86 ff.

27   Anton Karl Fischer, Die Hunnen im schweizerischen Eifischtale und ihre Nachkommen bis auf die heutige Zeit, Zürich 1896, S. 170.

28   Karl Frischknecht, Herkunft und Land der Appenzeller, Heiden 1980, S. 20.

29   Roswitha Doerig: «Ich liebe die Menschen, freie Menschen», in: Bruno und Vreni Dörig-Hug (Hrsg.), Appenzeller Lebensart. Frauen und Männer aus Innerrhoden äussern sich zu ihrer Herkunft, Oberegg 1991, S. 13–15; Zitat S. 13 f.

30   Gitermann S. 259.

31   Heinrich Rothmund, Bericht an Bundesrat von Steiger vom 23.11.1941, zitiert in: Expertenkommission Schweiz–Zweiter Weltkrieg S. 46.

32   Lorenz Stucki, Das heimliche Imperium. Wie die Schweiz reich wurde, Bern/München/Wien 1968, S. 32.

33   Bruno Barbatti, Das «Refuge» in Zürich. Ein Beitrag zur Geschichte der Hugenotten– und Waldenserflüchtlinge nach der Aufhebung des Edikts von Nantes, Zürcher Beiträge zur Geschichtswissenschaft, Band 24, Zürich 1957, S. 31.

34   Liliane Mottu-Weber, «Genève et ses réfugiés. Politiques des autorités, réactions de la population (XVIe–XVIIIe siècles)», in: Hansjörg Gilomen, Anne-Lise Head-König und Anne Radeff (Hrsg.), Migration in die Städte. Ausschluss – Assimilierungen – Integration – Multikulturalität, Zürich 2000, S. 157–170.

35   Florian Imer, La colonie française, ancienne commune Huguenote, de Berne, Paris 1933, S. 4.

36   Siehe dazu: Ingrid Mittenzwei (Hrsg.), Hugenotten in Brandenburg-Preußen, Berlin 1987.

37   Wilhelm Bickel, Bevölkerungsgeschichte und Bevölkerungspolitik der Schweiz seit dem Ausgang des Mittelalters, Zürich 1947, S. 107.

38   Musée historique de l'Ancien-Evêché (Hrsg.), Le Réfuge Huguenot en Suisse. Die Hugenotten in der Schweiz, Lausanne 1985, S. 143.

39   Barbatti S. 36.

40   Exulantenmanual vom 12.3.1686, zitiert bei: Barbatti S. 42.

41   Kaufmannschaft, um 1690, zitiert bei: Barbatti S. 77.

42   Ratsmanual vom 21.8.1699, zitiert bei: Barbatti S. 79.

43   Exulantenakten, 23.1.1686, zitiert bei: Barbatti S. 70.

44   Barbatti S. 84 f.

45   Alfons Bronarski, Die polnisch-schweizerischen Beziehungen im Laufe der Jahrhunderte, o. O. (ca. 1930), S. 16.

46   Siehe: Martin Huber und Alan Banbery, Patek Philippe, Genf 1993, S. 11–14.

47 Benedetto Croce, Geschichte Europas im neunzehnten Jahrhundert, 2. Auflage, Zürich 1937, S. 122 f.

48 E. Blösch, Eduard Blösch und dreissig Jahre bernischer Geschichte, Bern 1872, S. 229.

49 Ernst Schüler, Die Regierung der Republik Bern und die Verfolgung der Könige. Als Vertheidigung gegen eine Anklage auf ‹Hochverrath› vor den Gerichten und der öffentlichen Meinung, Biel 1837, S. 17 f.

50 Julius Fröbel, Ein Lebenslauf. Aufzeichnungen, Erinnerungen und Bekenntnisse, Band I, Stuttgart 1890, S. 74.

51 Historische Statistik der Schweiz S. 134.

52 Historische Statistik der Schweiz S. 138 f.

53 Schlaepfer S. 96.

54 Bericht des schweizerischen Bundesrates an die Bundesversammlung (vom 29. Juli 1849), in: Schweizerisches Bundesblatt, 1849/II, S. 313–332; Zitat S. 314.

55 Am selben Ort, S. 316.

56 Am selben Ort, S. 322 f.

57 Ricarda Huch, 1848. Die Revolution des 19. Jahrhunderts in Deutschland, Zürich 1944, S. 267.

58 Julius Fröbel, Ein Lebenslauf. Aufzeichnungen, Erinnerungen und Bekenntnisse (2 Bände), Stuttgart 1890.
Leo Weisz, Die Redaktoren der «Neuen Zürcher Zeitung» bis zur Gründung des Bundesstaates 1780–1848, Zürich 1961.

59 Fritz Schöllhorn, Das Braugewerbe und die Brauereien des Kantons Zürich, Zürich (1922), S. 43.

60 Siehe etwa: Gruner S. 86 f.

61 Nach: Gruner S. 88.

62 Nach: Gruner S. 86.

63 Sulzer Firmenarchive. Zitiert in: Madelyn Holmes, Forgotten Migrants. Foreign Workers in Switzerland before World War, London/Toronto 1988, S. 98.

64 Aus «E Wagges», in: Elsie Attenhofer (Hrsg.), Cornichon. Erinnerungen an ein Cabaret, Bern 1975, S. 135.

65 Historische Statistik der Schweiz S. 135 ff.

66 Statistisches Bureau des Schweiz. Finanzdepartementes (Hrsg.), Die Ergebnisse der Eidgenössischen Volkszählung vom 1. Dezember 1910, Band III, S. 42.

67 Nach den Berechnungen von Ritzmann S. 626 ff. Es wurden die Zahlen von 1841–1900 addiert.

68 Historische Statistik der Schweiz S. 137. Zahlen für 1841 existieren nicht, es wurden die Zahlen von 1836/37 genommen.

69 Ritzmann S. 73.

70 Im zitierten Werk, S. 86.

71 Nationalrat Friedrich Bopp in: Stenographisches Bulletin der Bundesversammlung März/April 1924, S. 312; (Nationalrat, Vormittagssitzung vom 5. Juni 1924, Geschäftsbericht, Motion Bopp vom 8. April 1924).

72 Hans-Rudolf Wicker, «Einleitung» zu: Hans-Rudolf Wicker u. a. (Hrsg.), Das Fremde in der Gesellschaft. Migration, Ethnizität und Staat, Zürich 1996, S. 17.

73 Valentin Gitermann, Geschichte der Schweiz, 2. Auflage, Thayngen–Schaffhausen 1941, S. 515.

74 Nach: Urner S. 188.

75 Zitiert im selben Werk, S. 189

76 Am selben Ort.

77 Andreas Dietsch, «Das tausendjährige Reich», Das Posthörnchen, Aarau, 22. Juli–12. August 1842.
Nold Halder, Die grossartige Auswanderung des Andreas Dietsch und seiner Gesellschaft nach Amerika, Zürich 1978.
Heimatlied aus: Staatsarchiv, (Akten des Bezirksgerichtes Zürich) BX XII, Zch. 6421, 1911; («Fall Widmer, Auswanderungsgesetz»).

78 Nach: 100 Jahre A. Sutter Münchwilen, (Firmenschrift) Münchwilen 1958, S. 18.

79 Zitiert im selben Werk, S. 20.

80 Friedrich Engels, «Der Schweizer Bürgerkrieg» (Aus: Deutsche Brüsseler Zeitung, Nr. 91, vom 14.11.1847), in: Karl Marx und Friedrich Engels, Werke, Institut für Marxismus-Leninismus beim ZK der SED (Hrsg.), Band 4, Berlin 1959, S. 391–198; Zitat, S. 394.

81 Chocoladefabriken Lindt & Sprüngli AG, Historisches über die Chocoladefabriken Lindt & Sprüngli AG, I 1/I 2 (Loseblatt), Kilchberg ZH, o. D (ca. 1952).

82 So: Verband Schweiz. Schokolade-Fabrikanten (Hrsg.), Von der Schokolade. Eine Aufklärungsschrift, Zürich 1948, S. 4.

83 H. R. Schmid, Zum 100. Geburtstag von Julius Maggi, o. O. (1950), S. 4.

84 H. R. Schmid, Zum 100. Geburtstag von Julius Maggi, o. O. (1950).
Pharus IV, Frank Wedekinds Maggi-Zeit. Reklamen, Reisebericht, Briefe, Darmstadt 1992.

85 Gruner S. 297.

86 Siehe die Werke von Gruner, aber auch Goehrke und Urner im Literaturverzeichnis.

87 Gruner S. 621 ff.

88 Siehe: Willi Wottreng, Die phantastische Lebensgeschichte des Walliser Geldfälschers Joseph-Samuel Farinet, der grösser war tot als lebendig, Genf/Basel 1995, S. 135ff.; (Kapitel: «Büste der Freiheit»).

89 Gruner S. 142.

90 Gruner S. 364.

91 Sozialdemokratische Partei der Schweiz, Grundsätzliches Programm, nach Beschluss des schweizerischen Arbeitertages vom 21. Oktober 1888 in Bern, Bern 1889, Absatz 1.

92 «August Bebels letzter Gang», Volksrecht, Nr. 191, 18.8.1913, S. 1–4; Zitat S. 1.

93 «Die Beerdigung Bebels», NZZ, Nr. 228, 18.8.1913, S. 1f. Siehe auch: August Bebels letzter Gang», Volksrecht, Nr. 191, 18.8.1913, S. 1–4, sowie: Korr., «Die Totenfeier für August Bebel», «Tages-Anzeiger», Nr. 192 18.8.1913, S. 1f.

94 Zitiert in: Schweizerischer Verband der Akademikerinnen (Hrsg.), Das Frauenstudium an den Schweizer Hochschulen, Zürich 1928, S. 53.

95   Daniela Neumann, Studentinnen aus dem Russischen Reich in der Schweiz (1867–1914), Diss., Zürich 1987, S. 12.

96   Hans Zopfi, Anekdoten und Erinnerungen, Affoltern a. A., S. 37.

97   Patrick Kury, «Man akzeptierte uns nicht, man tolerierte uns!» Ostjudenmigration nach Basel 1890–1930, Beiträge zur Geschichte und Kultur der Juden in der Schweiz 7, SIG (Hrsg.), Basel/Frankfurt am Main 1998, S. 48f. Siehe auch: Neumann, im zitierten Werk, S. 108.

98   Vera Figner, Nacht über Russland. Lebenserinnerungen, Berlin 1985, S. 38f.

99   So: Ernst Gagliardi, Hans Nabholz und Jean Strohl, Die Universität Zürich 1833–1933 und ihre Vorläufer. Festschrift zur Jahrhundertfeier, Erziehungsrat des Kantons Zürich (Hrsg.), Zürich 1938, S. 636.

100   Gagliardi u. a., am selben Ort.

101   Anonym, Die Verläumdung der in Zürich studirenden russischen Frauen, Zürich, 1873; Zitat S. 4.

102   Gagliardi u. a., S. 638.

103   Gottfried Keller, «Polenlied» (1. Strophe). Das Gedicht wird in der polnischen Emigrantenliteratur zitiert (z. B. Raczek, Anmerkung 293) ist aber in den Gottfried Keller-Beständen nicht zu finden.

104   Kury, im zitierten Werk, S. 49.

105   Willy Spühler, 100 Jahre Universität Zürich, (Sonderdruck aus den Zürcher statistischen Nachrichten), Zürich 1932, S. 10.

106   Max Gallo, Rosa Luxemburg. Eine Biographie, Zürich 1993, S. 53.

107   Siehe dazu: Hans-Lukas Kieser (Hrsg.), Die armenische Frage und die Schweiz (1896–1923). La Question Arménienne et la Suisse (1896–1923), Zürich 1999, S. 146.

108   Nach den Aussagen Dembskis am 9. März 1889, in: Catarina Zweidler, «Die Bombenaffäre 1889 auf dem Zürichberg» in: Goehrke/Zimmermann S. 173–196; Schilderung S. 178f.

109   Schlaepfer S. 118.

110   Franziska Rogger, Der Doktorhut im Besenschrank, Bern 1999; vor allem S. 164–175 (Kapitel: «Die Philosophin Anna Tumarkin: Europas erste prüfende Dozentin»).
Anna Tumarkin, Wesen und Werden der schweizerischen Philosophie, Frauenfeld 1948.

111   Felix Moeschlin, Wir durchbohren den Gotthard, Band I und II, Zürich 1947 und 1949; Zitat Band II, S. 421.

112   Dario Gamboni, «Phidias in Ligornetto», in: Beat Schläpfer (Hrsg.), Swiss, made. Die Schweiz im Austausch mit der Welt, Zürich 1998, S. 67–78; Zitat S. 72.

113   Niederlassungs- und Konsularvertrag zwischen der Schweiz und Italien, 22. Juli 1868, in: Amtliche Sammlung der Bundesgesetze und Verordnungen der schweizerischen Eidgenossenschaft, Band IX, Bern 1869, S. 706 ff.; Artikel 1, S. 708.

114   Im selben Artikel, S. 709.

115   Lucio Boscardin, Die italienische Einwanderung in der Schweiz mit besonderer Berücksichtigung der Jahre 1946–1959, Diss., Basel 1962, S. 14.

116   Schlaepfer S. 15.

117   Historische Statistik der Schweiz S. 149.

118 Tagblatt, Nr. 160, 11.7.1904, zitiert in: Hans-Martin Habicht, Rickentunnel-Streik und Rorschacher Krawall. St. Gallische Fremdarbeiterprobleme vor dem Ersten Weltkrieg, 115. Neujahrsblatt, Historischer Verein des Kantons St. Gallen (Hrsg.), Uznach 1975, S. 20.

119 Felix Moeschlin, Wir durchbohren den Gotthard, Band 2, Zürich 1949, S. 219.

120 Missione Cattolica Italiana Don Bosco – Zurigo (Hrsg.), Missione Cattolica Zurigo. I Salesiani di Don Bosco al servizio della fede e dell'emigrazione, Zürich 1997, S. 1.

121 Achtzehnter Jahresbericht des Schweizerischen Arbeitersekretariates für das Jahr 1904, Zürich 1905, S. 88.

122 Berichterstattung über Konflikt und Prozesse: «Tages-Anzeiger», Nr. 174, 27. 7. 1896; Nr. 175, 28.7.1896; Nr. 177, 30.7.1896; Nr. 179, 1.8.1896. NZZ, Nr. 207, 27.7.1896; Nr. 108, 28.7.1896; Nr. 209, 29.7.1896; Nr. 210, 30.7.1896; Nr. 219, 8.8.1896; Nr. 271, 29.9.1896; Nr. 275, 3.10.1896; Nr. 276, 4.10.1896; Nr. 327, 24.11.1896.
Anonym, Die Italiener-Revolte in Zürich vom 26. bis 29. Juli 1896. Ursache, Wirkungen und Folgen. Nach den zuverlässigen Quellen bearbeitet. Zürich, o. D.
Heinz Rathgeb, Der Ordnungsdiensteinsatz der Schweizer Armee anlässlich des Italiener-Krawalls im Jahre 1896 in Zürich, Bern/Frankfurt 1977.
Staatsarchiv (Akten des Bezirksgerichtes Zürich), BXII Zch 6321, 1896, («Gegen Babtist u. a., Eigentumsschädigung ‹Italienerkrawall›»).

123 Georg Sibler, Geschichte der Studentenverbindung Teutonia Zürich 1865–1965, Jubiläumsschrift zum 100. Stiftungsfest 1965, Zürich 1965, S. 18.

124 Zitiert bei: Urner S. 208.

125 Am selben Ort.

126 «Die Friedensfeier der Deutschen in Zürich», NZZ, Nr. 129, 11.3.1871, S. 1.

127 Am selben Ort.

128 «Die Friedensfeier der Deutschen in Zürich (Fortsetzung)», NZZ, Nr. 130, 12.3.1871, S. 1.

129 Am selben Ort.

130 NZZ, Nr. 129, am zitierten Ort.

131 Am selben Ort.

132 Urner S. 216.

133 Zitiert bei: Urner S. 221.

134 Historische Statistik der Schweiz S. 132 bzw. S. 148.

135 Statistisches Amt der Stadt Zürich (Hrsg.), Statistisches Jahrbuch der Stadt Zürich, 1910 und 1911, zum Teil auch 1912, Zürich 1914, S. 206; («Stand der Wohnbevölkerung nach Heimatgruppen und Monaten, 1912»).

136 Urner S. 433.

137 Urner S. 443.

138 Urner, am selben Ort.

139 Kurt Huber, Drohte dem Tessin Gefahr? Der italienische Imperialismus gegen die Schweiz (1912–1943), Aarau 1954, S. 79.

140 Siehe etwa: Ernst Hasse, Deutsche Grenzpolitik, München 1906; namentlich S. 156 oder S. 168 f.

141 Karl Liebknecht, «Sozialdemokratische Kritik der Kaisertage», «Nationalzeitung», 14.9.1912, zitiert in: Urner S. 561.

142 Brigitta Kubitschek, Franziska Gräfin zu Reventlow. Leben und Werk. Eine Biographie und Auswahl zentraler Texte von und über Franziska Gräfin zu Reventlow, München/ Wien 1998.
Franziska Gräfin zu Reventlow, Autobiographisches. Ellen Olestjerne, Roman. Novellen – Schriften – Selbstzeugnisse, München/Wien 1980; Zitate S. 192 und S. 480.
Erich Mühsam, Unpolitische Erinnerungen, Berlin 1961; (Kapitel «Die Gräfin», S. 189–199), Zitat S. 145.

143 Liste des étrangers, Nr. 22, 2.9.1860, S. 1, abgedruckt in: Arthur Schärli, Höhepunkt des schweizerischen Tourismus in der Zeit der «Belle Epoque» unter besonderer Berücksichtigung des Berner Oberlandes. Kulturgeschichtliche Regionalstudie, Bern 1984, S. 238.

144 Schärli, im zitierten Werk S. 7.

145 Schärli, im zitierten Werk S. 16.

146 Chronik der Sektion Davos S.A.C. 1886–1896, zitiert in: J. Ferdmann, Der Aufstieg von Davos. Nach den Quellen dargestellt, Kurverein Davos (Hrsg.), Davos 1947, S. 141 f.

147 Mark Twain, A tramp abroad, Leipzig 1880, Band I, S. 257 ff.; (Kapitel XXVIII).

148 Zitiert in: Josef Thomas Stecher, Die Mineralquellen von Tarasp, Tarasp 1979, S. 25.

149 Schärli, im zitierten Werk, S. 1 bzw. S. 10.

150 Schärli, im zitierten Werk, S. 13.

151 Schärli, im zitierten Werk, S. 179.

152 Nach: Schärli, im zitierten Werk, S. 157.

153 Zitiert in: Stefan Bachmann, Zwischen Patriotismus und Wissenschaft. Die schweizerischen Naturschutzpioniere (1900–1938), Zürich 1999, S. 111.

154 Am selben Ort.

155 Am selben Ort.

156 In: Bachmann, im zitierten Werk, S. 113.

157 Leonhard Steiner, Jungfraubahn. Festspiel zur Einweihung der I. Sektion; Scheidegg-Gletscher, Zürich 1909, S. 2.

158 «Der Prozess Luccheni», NZZ, Nr. 12, 10.11.1898; Nr. 13, 11.11.1898; Nr. 14, 12.11.1898.

159 Hans Zopfi, Anekdoten und Erinnerungen, Affoltern a. A. 1952, S. 9.

160 Zitiert in: Carl Alfred Schmid, «Die Fremdenfrage in der Schweiz», NZZ, Nr. 677, 13.5.1912, S. 1.

161 «Einbürgerungen 1910», NZZ, Nr. 308, 7. 11. 1910, S. 1.

162 Historische Statistik der Schweiz S. 139.

163 Historische Statistik der Schweiz S. 138.

164 Historische Statistik der Schweiz S. 146.

165 Schlaepfer S. 14.

166 Historische Statistik der Schweiz S. 146.

167 Historische Statistik der Schweiz S. 133.

[168] Historische Statistik der Schweiz S. 380 bzw. S. 129.

[169] Gallus Schwendener, in: Amtliches stenographisches Bulletin der schweizerischen Bundesversammlung, Nr. 16, 21.6.1910, S. 296; («Nationalrat, Sitzung vom 21. Juni 1910, Postulat der Geschäftsprüfungskommission vom 15. Juni 1909 betreffend die Einbürgerung der Ausländer»).

[170] Schlaepfer S. 101.

[171] Schlaepfer S. 57.

[172] Siehe z. B. den Fall des Brauereiunternehmers Walter Kollbrunner in: Willi Wottreng, Nachtschattenstadt. Der kriminelle Anfang unseres Jahrhunderts, Zürich 1997, S. 13 ff.

[173] Botschaft des Bundesrates an die Bundesversammlung über die Revision des Bundesgesetzes betreffend die Erteilung des Schweizer Bürgerrechtes und den Verzicht auf dasselbe (vom 20. März 1901), Bundesblatt, 1901/II, S. 458–490; Zitate S. 459.

[174] Amtliches stenographisches Bulletin der schweizerischen Bundesversammlung, Nr. 42, 4.12.1902, S. 601 ff.; («Bundesgesetz betr. die Erwerbung des Schweizer Bürgerrechts und den Verzicht auf dasselbe, Beschluss des Nationalrates, 20. Juni 1902»), Zitat S. 601.

[175] Amtliches stenographisches Bulletin der schweizerischen Bundesversammlung, Nr. 15, 21.6.1910, S. 285; («Nationalrat, Sitzung vom 21. Juni 1910, vormittags, Postulat der Geschäftsprüfungskommission vom 15. Juni 1909 betr. die Einbürgerung der Ausländer»).

[176] Amtliches stenographisches Bulletin der schweizerischen Bundesversammlung, Nr. 16, 21.6.1910, S. 295; («Nationalrat, Sitzung vom 21. Juni 1910, nachmittags, Postulat der Geschäftsprüfungskommission vom 15. Juni 1909 betr. die Einbürgerung der Ausländer»).

[177] Siehe etwa: Gustave Addor, De la naturalisation et de l'assimilation des étrangers en Suisse. Separat-Abdruck aus dem «Schweizerischen Zentralblatt für Staats- und Gemeindeverwaltung», XII. Jahrgang, Zürich 1911.

[178] Jakob Lorenz, Zur Italienerfrage in der Schweiz, Zürich 1909, S. 20.

[179] Carl Alfred Schmid, «Die Fremdenfrage in der Schweiz», NZZ, Nr. 677, 13.5.1912, S. 1 f.

[180] Amtliches Stenographisches Bulletin der schweizerischen Bundesversammlung, Nr. 3, 29.3.1911, S. 43; («Nationalrat, Motion von Herrn Nationalrat Lutz und Mitunterzeichnern, vom 22. Juni 1910»).

[181] Medienereignis-Datenbank, «Tages-Anzeiger» 1911, Rang 3.

[182] Vollständiger Text in: Schmid, am zitierten Ort, S. 2.

[183] NZZ, Nr. 1824, 22.12.1912, S. 1.

[184] Familienakten Willi Wottreng.
Nikolaus Hess und Michael Gross, Heimatbuch der Banater Schwestergemeinden St. Hubert – Charleville – Soltur, München 1981.
Kirche des Heiligen Jesu Christi, Mikrofilme Nr. 0858403 und 0858404, Staatsarchiv Baden-Württemberg, Ludwigsbuch, (Geburtstafeln, Sterbetafeln, Heiratsverzeichnisse von St. Hubert, Charleville, Soltur 1771 bis ca. 1820).

[185] Auskunft Thomas Niedermann, April 1999.

186   Korr., «Das Deutschtum in der deutschen Schweiz», NZZ, Nr. 308 (Zweites Morgenblatt), 6.11.1909, S. 1.

187   Siehe: Willi Wottreng, Hirnriss. Wie die Irrenärzte August Forel und Eugen Bleuler das Menschengeschlecht retten wollten, Zürich 1999; (darin u. a. Kapitel «Rassenselbstmord»), S. 156 ff.

188   Eugen Bleuler, «Erblichkeitsforschung beim Menschen» (Nach einem Vortrag in der Naturforschenden Gesellschaft), in NZZ, Nr. 243, 2.9.1909; Nr. 244, 3.9.1909; Nr. 245, 4.9.1909; Nr. 247, 6.9.1909; Zitat Nr. 247, 6.9.1909, S. 3.

189   Dasselbe, NZZ, Nr. 308 (Zweites Morgenblatt), 6.11.1909, S. 1.

190   Max Koller, Die Fremdenfrage in der Schweiz, Stimmen im Sturm, Kaspar-Escher-Haus Zimmer No. 121, (Hrsg.), Zürich 1915. S. 25 ff.; (Kapitel: «Wie könnte die Fremdenfrage gelöst werden?»), Zitate S. 27 f.

191   Erwähnt bei: Karin Huser-Bugmann, Schtetl an der Sihl. Einwanderung, Leben und Alltag der Ostjuden in Zürich 1880–1939, Zürich 1998, S. 138 f.

192   Protokoll des Stadtrates von Zürich, 1906, S. 645 f.; («85. Sitzung, Mittwoch, den 17. Oktober 1906, Nr. 1429»).

193   Zitiert in: (L.) «Eine Debatte im Zürcher Grossen Rat», Israelitisches Wochenblatt für die Schweiz, Nr. 5, 1.2.1907, S. 1.

194   Nach: Huser-Bugmann, im zitierten Werk, S. 93.

195   Huser-Bugmann, im zitierten Werk, S. 81.

196   Huser-Bugmann, im zitierten Werk, S. 138 ff. (Kapitel «Von ‹Schnorrern und Ramschern›, die ostjüdischen Hausierer.»)

197   Blumer-Egloff, «Ausländische Hausierer in der Schweiz», NZZ, Nr. 284, 13.10.1906, S. 1.

198   Im Original nur: «mit Schreiben vom 12. dies».

199   Rechtsgutachten Prof. Dr. Walter Burckhardt, Bern, 19. September 1912, Bundesarchiv, Signatur E 21, 20606; («Polizeiwesen 1848–1930, Frage der Anwendung von Artikel 70 der Bundesverfassung für die Ausweisung von Zigeunern, Umschreibung des Begriffs Zigeuner»).

200   Huser-Bugmann, im zitierten Werk, S. 156 und S. 158.

201   Entscheidungen des Schweizerischen Bundesgerichtes, Amtliche Sammlung, 33. Band, I. Teil, 1907, S. 723 ff.; Zitat S. 732.
      Dany Rothschild, Das Schächtverbot der Schweizerischen Bundesverfassung, Diss., Zürich 1955, S. 60.

202   Staatsarchiv (Akten des Bezirksgerichtes Zürich) BX XII Zch 6421, 1918; («Bezirksanwaltschaft Zch. c. M. Hans u. a., Übertretung d. Schächterverbotes»; Rapport des Polizeikommandos des Bezirks Zürich, Station Seebach gegen Kahn Samuel & Cons., 26.3.1918, sig. Schneider.)

203   Israelitischer Frauenverein Zürich (Hrsg.), Festschrift zum 75jährigen Bestehen des Israelitischen Frauenverein Zürich 1878–1953, Zürich 1953, S. 6.

204   Zitiert in: Patrick Kury, «Man akzeptierte uns nicht, man tolerierte uns!» Ostjudenmigration nach Basel 1890–1930, Beiträge zur Geschichte und Kultur der Juden in der Schweiz, 7, SIG (Hrsg.), Basel/Frankfurt am Main 1998, S. 41.

205 Huser-Bugmann, im zitierten Werk, S. 221.

206 Heinrich Rothmund am 2.11.1925, zitiert in: Gast S. 236.

207 Zitiert in: Expertenkommission Schweiz–Zweiter Weltkrieg S. 48.

208 Expertenkommission Schweiz–Zweiter Weltkrieg S. 75.

209 Staatsarchiv (Akten des Bezirksgerichtes Zürich), BXII Zch 6421, 1918; («Israelitische Kultusgem. Minjan Sfard c. A. Peter, Religionsfriedensstörung + bösw. Eigentumsbeschädigung», darin namentlich: Ludwig Köhler, Gutachten der Bezirksanwaltschaft Zürich, 30. 4.1918.)
Karin Huser–Bugmann, Schtetl an der Sihl. Einwanderung, Leben und Alltag der Ostjuden in Zürich 1880–1939, Zürich 1998.

210 «Tumult auf dem Bahnhofplatz», «Tages-Anzeiger», Nr. 176, 30. 7.1914, 4. Blatt.

211 W. G. Zimmerli, Durch Frankreich und Deutschland während des Krieges 1914/15. Erlebnisse und Beobachtungen eines Schweizers, Berlin 1915, S. 16 ff.

212 Im zitierten Werk, S. 17.

213 Historische Statistik der Schweiz S. 133.

214 Siehe dazu: Bettina Durrer, Auf der Flucht vor dem Kriegsdienst, in: Goehrke/Zimmermann S. 197–215; Zitat S. 197.

215 Zitiert bei: Durrer, am selben Ort.

216 Angelica Balabanoff, Erinnerungen und Erlebnisse, Berlin 1927, S. 192.

217 Johannes Seeländer, Soldatenfriedhof Davos-Wolfgang, Bad Dürrheim 1989, S. 5.

218 Zitiert in: Lothar Grisebach, Ernst Ludwig Kirchners Davoser Tagebuch. Eine Darstellung des Malers und eine Sammlung seiner Schriften, Köln 1968, S. 15.

219 Schieberprozesse sind dargestellt in: Willi Wottreng, Nachtschattenstadt. Der kriminelle Anfang unseres Jahrhunderts, Zürich 1997; (Kapitel «1917 – Spionage und Schiebereien»), S. 53 ff.

220 Bundesrat Felix Calonder, zitiert in: «Freisinnig-demokratischer Parteitag», NZZ Nr. 2226, 26.11.1917, S. 1.

221 Jean Musy, Der Landesstreik vom 11. bis 13. November 1918 (Rede im Nationalrat am 10. Dezember 1918), Separatdruck aus: «Zeitschrift für christliche Sozialreform», Heft I, Luzern 1919, S. 4 ff.

222 Der Eiserne Besen, Kampfblatt der Nationalen Front, 1931–1933.

223 Konrad Ilg, «Die schweizerischen Gewerkschaften in den letzten 25 Jahren», in: Festschrift für Bundesrat Edmund Schulthess, Zürich 1938, S. 487–503; Zitate S. 495 f.

224 Angelica Balabanoff, Erinnerungen und Erlebnisse, Berlin 1927.
Angelica Balabanoff, La mia vita di rivoluzionaria, Milano 1979.
Gaudens Megaro, Mussolini in The making, London 1938.

225 «Freisinnig-demokratischer Parteitag», NZZ, Nr. 2226, 26.11.1917, S. 1 f.; Zitat S. 1.

226 Daniel Frei, Neutralität – Ideal oder Kalkül, Frauenfeld/Stuttgart 1967, S. 58.

227 Hans Zopfi, Anekdoten und Erinnerungen, Affoltern a. A. 1952, S. 172.

228 Im selben Werk, S. 182.

229 Eduard Blocher, Über Schädigungen der Schüler durch Fremdsprachenunfug, Separatdruck, o. O. o. D. (ca 1910), S. 552 bzw. 554.

230 Im zitierten Werk, S. 554 bzw. 557.

231 Im zitierten Werk, S. 551.

232 Eduard Blocher, Für und wider die Sprachreinigung, Separatabdruck aus der «Jährlichen Rundschau» des deutschschweizerischen Sprachvereins, Bern (1912), S. 3 bzw. S. 17.

233 Max Koller, Die Fremdenfrage in der Schweiz, Stimmen im Sturm, Kaspar–Escher–Haus Zimmer No. 121 (Hrsg.), Zürich 1915; Zitat S. 4.

234 Am selben Ort.

235 Im zitierten Werk, S. 5.

236 Im zitierten Werk, S. 12.

237 Im zitierten Werk, S. 14.

238 Im zitierten Werk, S. 14 f.

239 Max Koller, Die kulturelle Überfremdung der Schweiz. Vortrag, gehalten in der Gruppe Winterthur der N.H.G. im Mai 1917, Schriften für Schweizer Art und Kunst 86, Zürich 1918.

240 Siehe auch: Gast S. 15.

241 Verordnung betreffend die Grenzpolizei und die Kontrolle der Ausländer, 21. November 1917, Schweizerische Gesetzessammlung, Bd. XXXIII, 1917, S. 959–067; Artikel 1.

242 Am selben Ort, Artikel 10.

243 Tagebucheintrag von Bundesrat Heinrich Häberlin, zitiert in: Rolf Soland, Zwischen Proletariern und Potentaten. Bundesrat Heinrich Häberlin 1868–1947 und seine Tagebücher, Zürich 1997, S. 182.

244 Gast S. 69.

245 Medienereignis-Datenbank, NZZ 1919, Rang 3.

246 Ph. Mercier, Ministre de Suisse à Berlin, au Chef du Département de Justice et Police, E. Müller, Berlin 6. März 1919, in: Diplomatische Dokumente der Schweiz, Nationale Kommission für die Veröffentlichung diplomatischer Dokumente der Schweiz 1848–1945 (Hrsg.), Band 7 (1918–1920), Bern 1979, S. 449 f.

247 Herman Greulich in: Amtliches Stenographisches Bulletin der Bundesversammlung, Sommersession 1925, S. 534; (Nationalrat, Vormittagssitzung vom 18. Juni 1925, Geschäftsbericht für 1924).

248 Medienereignis-Datenbank, Vaterland 1921, Rang 4.

249 BV, Artikel 69ter.

250 Botschaft des Bundesrates an die Bundesversammlung über die bundesrechtliche Regelung von Aufenthalt und Niederlassung der Ausländer (vom 2. Juni 1924), Bundesblatt der schweizerischen Eidgenossenschaft, 1924/II, S. 493–516; siehe beispielsweise S. 502 f.

251 Am selben Ort, S. 503.

252 Am selben Ort, S. 514 f.

253 Am selben Ort, S. 498.

254 Bundesgesetz über Aufenthalt und Niederlassung der Ausländer (vom 26.3.1931), Art 16, 1.

255 Vollziehungsverordnung zum Bundesgesetz über Aufenthalt und Niederlassung der Ausländer (ANAV), vom 1. März 1949, Art 16, 2.

256 Vladimir Prelog und Oskar Jeger, Leopold Ruzicka 1887–1976, Separatdruck aus «Helvetia Chimica Acta», Band 66, Heft 5, S. 1307–1342, Zürich 1983.
ETH, Wissenschaftshistorische Sammlung (Personendossier «Leopold Ruzicka»).
Lucien Trueb, «Ein Leben für Naturstoffchemie, Alpenblumen und niederländische Malerei. Zum 100. Geburtstag Leopold Ruzickas», NZZ, Nr. 210, 11.9.1987, S. 25.
Leopold Ruzicka, «Vorwort», in: Heinrich Buchbinder, Landesverteidigung im Atomzeitalter, Zürich 1966, S. 3–6.

257 «Ein politisches Attentat», NZZ, Nr. 203, 5.2.1936, S. 1; «Die Ermordung Gustloffs», in derselben Ausgabe, S. 2; Zitat S. 2.

258 Werner Rings, Schweiz im Krieg 1933–1945. Ein Bericht. Zürich 1974, S. 62.

259 Am selben Ort.

260 Historische Statistik der Schweiz S. 147.

261 Bruno Grimm, «Gau Schweiz». Dokumente über die nationalsozialistischen Umtriebe in der Schweiz, Sozialdemokratische Partei der Schweiz (Hrsg.), Zürich 1939; Zitat S. 5.

262 Gustav Huonker, Begegnungen im Exil – ein Geben und Nehmen, in: Swiss, made S. 343 ff.; Zitat S. 343.

263 Wolfgang Langhoff, Die Moorsoldaten. 13 Jahre Konzentrationslager, 10. Auflage, Zürich 1935.

264 Im zitierten Werk, S. 190.

265 Zitiert in: Erika Klüsener und Friedrich Pfäfflin (Hrsg.), Else Lasker-Schüler 1869–1945, Marbach am Neckar 1995.

266 Zitiert in: Klüsener/Pfäfflin, im zitierten Werk, S. 263.

267 Im zitierten Werk, S. 281.

268 Im zitierten Werk, S. 294.

269 Rolf Soland, Zwischen Proletariern und Potentaten. Bundesrat Heinrich Häberlin 1868–1947 und seine Tagebücher, Zürich 1997, S. 186.

270 Siehe z. B.: Expertenkommission Schweiz–Zweiter Weltkrieg S. 43.

271 Nach: Gast S. 331 bzw. 342.

272 Weisung vom 13. August 1942, zitiert in: Expertenkommission Schweiz–Zweiter Weltkrieg S. 135.

273 H. Rothmund, Chef der Polizeiabteilung im Justiz- und Polizeidepartement, an A. de Pury, Geschäftsträger der Schweiz in Den Haag, 27.1.1939, in: Diplomatische Dokumente der Schweiz, Nationale Kommission für die Veröffentlichung diplomatischer Dokumente der Schweiz 1848–1945 (Hrsg.), Band 13 (1939–1940), S. 22–24; Zitat S. 22.

274 Guido Koller, «Entscheidungen über Leben und Tod. Die behördliche Praxis in der schweizerischen Flüchtlingspolitik während des Zweiten Weltkrieges», in: Schweizerisches Bundesarchiv (Hrsg.), Die Schweiz und die Flüchtlinge. La Suisse et les réfugiés. 1933–1945, Studien und Quellen, 22, Bern/Stuttgart/Wien 1996, S. 17–106; Zitat: S. 22.

275 In: Elsie Attenhofer (Hrsg.), Cornichon. Erinnerungen an ein Cabaret, Bern 1975, S. 83.

276 Hans F. R. Günther, Rassenkunde Europas. Mit besonderer Berücksichtigung der Ras-

sengeschichte der Hauptvölker indogermanischer Sprache, 3. Auflage, München 1929, S. 44.

277 Siehe: Otto Schlaginhaufen, Die anthropologische Untersuchung an den schweizerischen Stellungspflichtigen, Bericht I–VI, Bern 1927–1932.

278 Otto Schlaginhaufen, «Aus den Ergebnissen der anthropologischen Untersuchungen an den schweizerischen Stellungspflichtigen», Archiv der Julius-Klaus-Stiftung für Vererbungsforschung, Sozialanthropologie und Rassenhygiene, Band XXI, Heft 3/4, 1946, S. 411–425; Zitat S. 424.
Siehe auch: Christoph Keller, Der Schädelvermesser. Otto Schlaginhaufen – Anthropologe und Rassenhygiene. Eine biographische Reportage, Zürich 1995, S. 194 f.

279 Schweizerische Landesausstellung 1939 Zürich (Hrsg.), Die Schweiz im Spiegel der Landesausstellung, Band II, S. 462.

280 Siehe: Christoph Keller, «Im Namen der Hygiene», Das Magazin, Nr. 5, 5.–11.1.2000, S. 30–39.

281 Siehe dazu auch: Georg Kreis, «Der ‚homo alpinus helveticus'. Zum schweizerischen Rassendiskurs der 30er Jahre», in: Marchal/Mattioli S. 175–190.

282 Constant Wieser, Erbbiologische Bestandesaufnahme einer Unterengadiner Gemeinde mit Tirolischem Einschlag, Diss., Lausanne 1952.

283 Hans Jakob Ritter, «Basler Psychiatrie und Eugenik. Ein Beitrag zur aktuellen Diskussion um die Schweizer Psychiatriegeschichte», Basler Magazin, Nr. 35, 11.9.1999, S. 15.

284 Susanne Gisel-Pfankuch, «Die Pfeffermühle» in der Schweiz 1933 bis 1936 – zwischen Frontismus und geistiger Landesverteidigung (Lizenziatsarbeit, Typoskript), Zürich 1987.
Helga Keiser-Hayne, Erika Mann und ihr politisches Kabarett «Die Pfeffermühle» 1933–1937. Texte, Bilder, Hintergründe, Reinbek bei Hamburg 1995.
Erika Mann und Klaus Mann, Escape to life. Deutsche Kultur im Exil, München 1991.
Protokolle des Stadtrates von Zürich, 1934.

285 Arnulf Moser, Der Zaun im Kopf. Zur Geschichte der deutsch-schweizerischen Grenze um Konstanz, Konstanz 1992, S. 103.

286 Unabhängige Expertenkommission S. 21.

287 Unabhängige Expertenkommission S. 24.

288 Nach: Guido Koller, «Entscheidungen über Leben und Tod. Die behördliche Praxis in der schweizerischen Flüchtlingspolitik während des Zweiten Weltkrieges», in: Schweizerisches Bundesarchiv (Hrsg.), Die Schweiz und die Flüchtlinge. La Suisse et les réfugiés. 1933–1945, Studien und Quellen, 22, Bern/Stuttgart/Wien 1996, S. 17–106; Zahlen S. 85 ff.

289 Edgar Bonjour, Geschichte der schweizerischen Neutralität. Vier Jahrhunderte eidgenössischer Aussenpolitik, Bände IV–VI, Basel/Stuttgart 1970.
Card Ludwig, Die Flüchtlingspolitik der Schweiz in den Jahren 1933 bis 1955. Bericht an den Bundesrat zuhanden der eidgenössischen Räte, Bern 1957.
Unabhängige Expertenkommission Schweiz–Zweiter Weltkrieg, Die Schweiz und die Flüchtlinge zur Zeit des Nationalsozialismus, Bern 1999.

Alfred A. Häsler, Das Boot ist voll. Die Schweiz und die Flüchtlinge 1933–1945, Zürich 1967.

Regina Kägi–Fuchsmann, Das gute Herz genügt nicht. Mein Leben und meine Arbeit, Zürich 1968.

Werner Rings, Schweiz im Krieg 1933–1945. Ein Bericht, Zürich, 1974.

Stefan Keller, Grüningers Fall. Geschichten von Flucht und Hilfe, Zürich 1993.

290 Text der Weisung, siehe etwa: Guido Koller, im zitierten Werk, S. 36 f.

291 Expertenkommission Schweiz–Zweiter Weltkrieg S. 286.

292 Nach: Guido Koller, im zitierten Werk, S. 85.

293 Zitiert in: F. K. Raczek (Oberstlt.), Die Internierung der 2. Polnischen Schützendivision in der Schweiz vor 25 Jahren 1940–1945, London 1965, S. 12.

294 Nach: Andreas Steigmeier, «Die Polen haben bei uns eine gute Erinnerung hinterlassen». Das Polenlager Niederweningen (CH), Verein für Ortsgeschichte (Hrsg.), Niederweningen 1998, S. 21.

295 Raczek, im zitierten Werk, S. 21.

296 Abgedruckt in: Jürg Stadelmann und Selina Krause, Concentrationslager Büren an der Aare 1940–1946. Das grösste Flüchtlingslager der Schweiz im Zweiten Weltkrieg, Baden 1999, S. 68.

297 Ida Zimmermann nach: Steigmeier S. 18.

298 Bettina Volland, Polen, Schweizerinnen und Schweizer. Militärinternierte und Zivilbevölkerung 1940–1945 (Lizenziatsarbeit), Chur 1993, S. 127.

299 Zitiert in: Stadelmann/Krause, am angegebenen Ort, S. 65.

300 Zitiert in: Stadelmann/Krause, am angegebenen Ort, S. 41.

301 Nach: Stadelmann/Krause S. 41.

302 Raczek, im zitierten Werk, S. 32.

303 Raczek, im zitierten Werk, S. 16.

304 Raczek, im zitierten Werk, S. 15.

305 Medienereignis-Datenbank, Vaterland 1945, Rang 5.

306 Christian Picco, Das Biochemische Institut der Universität Zürich 1931–1981, Zürich 1981, S. 21.

307 Bundesarchiv, Signatur E 4264 (–) 1985/186, Band 1072 («Anton Reinhardt»). Romani Rose, Den Rauch hatten wir täglich vor Augen. Der nationalsozialistische Völkermord an den Sinti und Roma, Heidelberg 1999.

308 Siehe: Rolf Schmid, Die Rechtsstellung des ausländischen Saisonarbeiters in der Schweiz, Diss., Zürich 1991, S. 54.

309 Siehe: Josef Doleschal, Das Problem der ausländischen Arbeitskräfte in der schweizerischen Arbeitgeberpolitik der Nachkriegszeit. Unter besonderer Berücksichtigung der Jahre 1962–1970, Bern 1970.

310 Doleschal S. 40.

311 Historische Statistik der Schweiz S. 146.

312 Siehe etwa: Amtliches Bulletin der Bundesversammlung, Wintersession 1967, S. 503–564; (5. Dezember 1967, Nationalrat. Nr. 9715, Volksbegehren gegen die Überfremdung, Bericht des Bundesrates), S. 334.

313 Max Frisch, «Vorwort», in: Alexander J. Seiler, Siamo Italiani. Die Italiener. Gespräche mit italienischen Arbeitern in der Schweiz, Zürich 1965, S. 7–10; Zitate S. 7.

314 In: René Riedo, Das Problem der ausländischen Arbeitskräfte in der schweizerischen Gewerkschaftspolitik von 1945–1970, Bern/Frankfurt a. M. 1976, S. 170 bzw. S. 191.

315 So Hermann Leuenberger in: Amtliches Bulletin der Bundesversammlung, Wintersession 1967, S. 522; («Nationalrat, Vormittagssitzung vom 5.12.1967, Volksbegehren gegen die Überfremdung. Bericht des Bundesrates»).

316 Bundesratsbeschluss über die Beschränkung der Zulassung ausländischer Arbeitskräfte (Vom 1. März 1963), Sammlung der eidgenössischen Gesetze, Nr. 8, 1.3.1963, S. 190–192; Zitat Artikel 1.

317 Riedo S. 222.

318 Bernhard Wehrli, «Die Fremdarbeiterfrage im Lichte der wirtschaftlichen Überexpansion», in: Schweizer Monatshefte, Nr. 3, Juni 1962, S. 240–246; Zitat S. 243.

319 Hoffmann-Nowotny S. 265 bzw. S. 305.

320 Medienereignis-Datenbank, «Tages-Anzeiger» 1964, Rang 1.

321 Gallus Berger, Amtliches Bulletin der Bundesversammlung, Wintersession 1967, S. 511 («Vormittagssitzung vom 5. Dezember 1967, Volksbegehren gegen die Überfremdung, Bericht des Bundesrates»).

322 Robert Eibel, am selben Ort, S. 506.

323 Fritz Meier, zitiert in: James Schwarzenbach, Im Rücken das Volk, Zürich 1980, S. 10.

324 Autorenkollektiv, Materialien zur Intervention: Arbeiterkämpfe in der Schweiz 1945–1973. Die Entstehung einer multinationalen Arbeiterklasse, Zürich 1974.

325 Nach: Schwarzenbach, im zitierten Werk, S. 47.

326 Zitiert bei Schwarzenbach, im zitierten Werk, S. 105.

327 Riedo S. 269.

328 Schwarzenbach, im zitierten Werk, S. 152.

329 Schwarzenbach, im zitierten Werk, S. 174.

330 Schwarzenbach, im zitierten Werk, S. 198.

331 Werner Haug, «Grundlagen für eine schweizerische Migrationspolitik», in: Wicker, Nationalismus ..., S. 117–163; Zitat S. 119.

332 Historische Statistik der Schweiz S. 146.

333 Charles Chaplin, My autobiography, London 1964.
Curt Riess, Charlie Chaplin. Biographie, Rastatt 1989.
David Robinson, Chaplin. Sein Leben, seine Kunst (Aus dem Englischen), Zürich 1989.

334 Heinrich Harrer, «Zum Geleit», in: Schweizer Tibethilfe Solothurn (Hrsg.), Das Leiden eines Volkes. Die Tragödie Tibets und der Tibetischen Flüchtlinge, Solothurn 1961, S. 5–8; Zitat S. 6.

335 Emil Wiederkehr, «Hunger, Elend und Zwangsarbeit vertreiben die Tibeter aus ihrem Land», in: Schweizer Tibethilfe, im zitierten Werk, S. 175–181; Zitat S. 181.

336 Heinrich Harrer, am selben Ort, S. 5.

337 Blanche Christine Olschak, «Die Gömpas als Zentren des religiösen Lebens», in: Schweizer Tibethilfe, im zitierten Werk, S. 83–85; Zitat S. 84.

338 Arthur Dürst, «Tibetische Pilgerfahrt», in: Schweizer Tibethilfe, im zitierten Werk, S. 86–99; Zitat S. 99.

339 Alfons Rosenberg, «Buddhismus und Christentum», in: Schweizer Tibethilfe, im zitierten Werk, S. 100–124; Zitat S. 100.

340 Projekt-Arbeitskreis Tibeter-Jugend, Universität Zürich und Universität Konstanz (Hrsg.), Junge Tibeter in der Schweiz, Zwischenbericht über Ergebnisse der Befragung anlässlich der 10-Jahres-Feier des Vereins Tibeter-Jugend, Konstanz/Zürich 1980, S. 15.

341 Am selben Ort, S. 20.

342 Matyas Gödrös, Das ganze Matterhorn. Aufzeichnungen eines ungemachten Schweizers, Zürich 1983, S. 24.

343 Gödrös, am selben Ort, S. 24 f.

344 Emil Pintér, Der helvetische Alptraum. Die Hassliebe eines ungarischen Arztes zur neuen Heimat, Zürich 1986, S. 78.

345 Emil Pintér, Wohlstandsflüchtlinge. Eine sozialpsychiatrische Studie an ungarischen Flüchtlingen in der Schweiz, Basel/New York 1969, S. 50.

346 Emil Pintér, Wohlstandsflüchtlinge, S. 63

347 Am selben Ort.

348 Pintér, im zitierten Werk, S. 89.

349 Pintér, im zitierten Werk, S. 122.

350 Pintér, im zitierten Werk, S. 138.

351 Pintér, im zitierten Werk, S. 138.

352 Pintér, im zitierten Werk, S. 307.

353 Juroslav Marek, «Das kalte Paradies. Junge Menschen in einer fremden Welt», in: Eric A. Peschler (Hrsg.), Das kalte Paradies. Emigration – Integration – Konfrontation, Frauenfeld 1972, S. 93–113; Zitat S. 112.

354 Hans-Rudolf Wicker, «Bemerkungen zu einer ethnozentrierten Sozialpolitik», in: Kälin/Moser S. 173–181; siehe S. 175.

355 Nikolai Terlecky, «Flucht in den Zuschauerraum. Stegreifrede an ein imaginäres Publikum», in: Eric A. Peschler, im zitierten Werk, S. 9–22; Zitat S. 14.

356 Gespräch mit Andreas Herczog, 10.12.1999, Tonbandprotokoll.
Amtliches Bulletin der Bundesversammlung, 1989, S. 783 bzw. S. 787; («Nationalrat. Voranschlag 1989 bis Nachtrag I»), diverse Zeitungsartikel, «Weltwoche»-Dokumentation.

357 Ettore Tenchio, Amtliches Bulletin der Bundesversammlung, Wintersession 1967, S. 503–564 (5. Dezember 1967, Nationalrat. Nr. 9715, Volksbegehren gegen die Überfremdung, Bericht des Bundesrates), Zitat S. 504.

358 Siehe dazu: Beat Kappeler, «Wachsende Klüfte», «Weltwoche» Nr. 39, 30.9.1999, S. 47.

359 Arbeitsgemeinschaft ‹Mitenand›, Kontaktstellen Schweizer–Ausländer von Genf und Lausanne (Hrsg.), Weissbuch: Die Ausländer in der Schweiz. Geschichtlicher Überblick. Kritische Analyse des Entwurfs zum Ausländergesetz. Vorschläge für eine neue Politik, Zürich 1979, S. 68.

360 Hoffmann-Nowotny S. 172.

361 Hoffmann-Nowotny S. 164.

362 Claude Borel (Député), Vote et élibilité des étrangers en matière communale dans le Canton de Neuchâtel (Typoskript, Fotokopie), Enges 1990, S. 5.

363 Siehe: Florian Immer, La colonie française, ancienne commune Huguenote, de Berne, Paris 1933, S. 12.

364 Hans Tschäni, Profil der Schweiz. Ein lebendiges Staatsbild, Zürich 1966.

365 Historische Statistik der Schweiz S. 380 bzw. S. 152.

366 Jane Kramer, «Mein europäischer Blick» (Rede bei der Verleihung des Europäischen Essay-Preises Charles Veillon in Zürich), «Weltwoche», Nr. 2, 13. 1. 1994, S. 36 f.; Zitat S. 37.

367 Gespräch mit Gabriel Marinello, 19. 11. 1999, Tonbandprotokoll. Diverse Zeitungsartikel, «Weltwoche»-Dokumentation.

368 Friedrich Dürrenmatt, Romulus der Grosse. Eine ungeschichtliche historische Komödie in vier Akten. Neufassung 1980, Zürich 1998 (3. Akt), S. 94.

369 In: Brigitte Seger, Annamarie Jud und Ottavia Caprez, Türken im Kanton Zürich. Versuch einer Annäherung an die Mentalität muslimischer Gastarbeiter (Abschlussarbeit an der Schule für Soziale Arbeit Zürich), Zürich 1986, S. 61.

370 Historische Statistik der Schweiz S. 146.

371 Medienereignis-Datenbank, Tagwacht 1984, Rang 4.

372 Eidgenössische Kommission gegen Rassismus (Hrsg.), Muslime in der Schweiz, Tangram, Nr. 7, Oktober 1999, S. 3.

373 Etienne Piguet, Les commerces étrangers dans l'espace urbain. Le cas de Lausanne, in: Wicker, Das Fremde ..., S. 75–92; Zitat S. 76 (übersetzt).

374 Piguet, im zitierten Werk, S. 87 (übersetzt). Siehe dazu auch: Etienne Piguet, Les migrations créatrices – Etude de l'entreprenariat des étrangers en Suisse, Paris 1999.

375 Siehe etwa: Wolfgang Rudolph, Der kulturelle Relativismus. Kritische Analyse einer Grundsatzfragen-Diskussion in der amerikanischen Ethnologie, (Habilitationsschrift), Berlin 1968.
Werner Schiffauer, Fremde in der Stadt. Zehn Essays über Kultur und Differenz, Frankfurt am Main 1997.
Hans-Rudolf Wicker (Hrsg.), Nationalismus, Multikulturalismus und Ethnizität. Beiträge zur Deutung von sozialer und politischer Einbindung und Ausgrenzung, Bern/Stuttgart/Wien 1998.

376 Hans-Rudolf Wicker, «Nationalismus, Multikulturalismus und Ethnizität» in: Wicker, Nationalismus ..., S. 39–63; Zitat S. 50.

377 Heinz Müller, «Rasse, Ethnos, Kultur und Nation. Eine Phänomenologie zentraler Begriffe im Diskurs um die Migrationsgesellschaft», in: Mehdi Jafari Gorzini und Heinz Müller (Hrsg.), Handbuch zur interkulturellen Arbeit, Wiesbaden 1993, S. 52–69; Zitate S. 64.

378 Andreas Wimmer, «Der Appell an die Nation. Kritische Bemerkungen zu vier Erklärungen über Xenophobie und Rassismus», in: Hans-Rudolf Wicker, Das Fremde ..., S. 173–198; Zitat S. 173 f. (Das Zitat wurde um Hinweise auf weitere Literatur gekürzt.)

379 Gita Steiner-Khamsi, «Universalismus oder Partikularismus? Gleichheit vor Differenz?», in: Wicker, Das Fremde …, S. 353–372; Zitat S. 369.

380 Hans-Rudolf Wicker, «Zu Rasse, Kultur, Nation und Ethnischer Identität. Oder zur Frage: Wer gehört dazu und wer nicht?», in: Simone Prodolliet (Hrsg.), Blickwechsel. Die multikulturelle Schweiz an der Schwelle zum 21. Jahrhundert, Luzern 1998, S. 21–36; Zitat S. 35.

381 Mündlicher Bericht Saida Keller-Messahli.

382 Bericht des Bundesrates zur Ausländer- und Flüchtlingspolitik (Vom 15. Mai 1991); vor allem S. 12 f.

383 Diverse Zeitungsartikel, «Weltwoche»-Dokumentation.
Informationen der Swatch Group LTD, Biel.

384 Eidgenössisches Finanzdepartement, Medienmitteilung. 99er Bilanz des Grenzwachts-korps (GWK) im grenzpolizeilichen Bereich, 31. 1. 2000, sowie mündliche Mitteilung der Oberzolldirektion, Zentrales Kommando Grenzwachkorps.

385 Zitiert in: Uta Ries, «Es gibt keine ‹illegalen Flüchtlinge›, wie es keine ‹illegalen› Menschen geben kann», in: Autorinnenkollektiv, Jo Schmeiser u. a. (Hrsg.), Staatsarchitektur. Vor der Information, Nr. 7/8, Wien 1998, S. 201.

386 (dpa), «Welle von Emigranten im Süden Europas», nach: NZZ, Nr. 200, 30. 8. 1999, S. 3.

387 Werner Haug, «Grundlagen für eine schweizerische Migrationspolitik», in: Wicker, Nationalismus ..., S. 117–163; Zitat S. 130.

388 Willi Wottreng, «Lieber in der Schweiz Ausländer sein als Zigeuner zu Hause», «Weltwoche» (Extra), 16. 4. 1998, S. 37–41.

389 Walter Kälin, «Schweizerische Migrationspolitik im Spannungsfeld von Humanität und Staatssouveränität», in: Kälin/Moser S. 13–25; Zitat S. 18.

390 Nach: Bernhard Santel, Migration in und nach Europa. Erfahrungen, Strukturen, Politik, Opladen 1995, S. 73.

391 FIZ Fraueninformationszentrum für Frauen aus Afrika, Asien und Lateinamerika (Hrsg.), Migration von Frauen aus Mittel- und Osteuropa in die Schweiz. Eine Dokumentation zur Situation von Cabaret-Tänzerinnen, Prostituierten, Hausangestellten und Heiratsmigrantinnen im Grossraum Zürich, Zürich 1998, S. 19.

392 Am selben Ort, S. 52.

393 Am selben Ort, S. 61

394 Thomas Isler, «Razzia in Baugeschäft», «Tages-Anzeiger», 2. 7. 1999, S. 23.

395 Chimo, sagt Lila, Stuttgart 1996, S. 97.

396 Chies S. 116.

397 Schweizerischer Gewerbeverband (Hrsg.), Schwarzarbeit ist kein Kavaliersdelikt, Bern 1999, S. 2.

398 Alain Morice, «Lohndrücker, Fremdenfeinde und Nomaden des Liberalismus», «Le Monde diplomatique», Nr. 1, Januar 1997, S. 12 f.; Zitate S. 12.

399 «Blick», 9. 2. 2000, S. 1, bzw. 8. 2. 2000, S. 1.

400 «Blick», 14. 2. 2000, S. 1., bzw. 15. 2. 2000, S. 1.

401 Kantonspolizei Zürich (Hrsg.), Krista. Kriminalstatistik des Kantons Zürich, Zürich

1998, S. 136 f. («5.8. Anlass des Aufenthaltes [Aufenthaltsgrund] ausländischer Tatver-
dächtiger»).

402 Manuel Eisner, Marcel Niggli und Patrik Manzoni, Asylmissbrauch durch Kriminelle
oder kriminelle Asylsuchende. Zahlen, Fakten und Erklärungsansätze zur Kriminalität
unter Asylsuchenden in der Schweiz, Schweizerische Flüchtlingshilfe SFH (Hrsg.), Bern
1999, S. 27.

403 Marcel Niggli, «Ausländerkriminalität: Ein untauglicher Begriff», Plädoyer, Nr. 5,
1. Oktober 1999, S. 24–27.

404 Jürg Neumann, Die Kriminalität der italienischen Arbeitskräfte im Kanton Zürich,
Diss., Zürich 1963, S. 40 und S. 50.

405 Heini Koldewey, Leiter des Jugenddienstes bei der Stadtpolizei Zürich, Mündliche
Mitteilung.

406 99.301 – Standesinitiative, Straffällige und renitente Ausländerinnen und Ausländer im
Asylbereich. Errichtung von geschlossenen und zentralen Sammelunterkünften.
Eingereicht von Aargau, am 17.6.1999.

407 AP/BaZ, «Sammellager für renitente Asylbewerber», «Basler Zeitung», 9.3.2000, S. 1.

408 Siehe z. B.: Willi Wottreng, «Rüde Sitten im Keller», «Weltwoche» Nr. 50, 16.12.1999,
S. 23.

409 Siehe z. B.: Valentin Kessler, «Integrationspolitik: Kanton Basel-Stadt beschreitet Neu-
land», «Basler Zeitung», 11.12.1999, S. 3.

410 Zitiert in: Willi Wottreng, «Von Alewiten und Innerschweizer Katholiken», «Weltwoche» (Extra), Nr. 46, 12.11.1998, S. 30.

411 Gespräch Joanna Pfaff-Czarnecka mit dem Autor, siehe: Willi Wottreng, «Das Kreuz mit
dem Kopftuch», «Weltwoche» (Extra), Nr. 46, 12.11.1998, S. 29.

412 Eidgenössische Kommission gegen Rassismus, Musliminnen und Muslime in der
Schweiz, Pressemitteilung, 18.1.2000.

413 Nicolas Faure, Citizens of the World – Meyrin. Text by André Klopman, Zürich/Berlin/
New York 1995.

414 Informationsdienst Bundesamt für Ausländerfragen, Ausländeranteil von 19,2% per
Ende Dezember 1999, Pressemitteilung, 11.2.2000

415 Schweizerischer Städteverband (Hrsg.), Statistik der Schweizer Städte, Zürich und Bern
1999, S. 20; («Ausländerbestand nach Geschlecht, Aufenthaltskategorien und Staatsangehörigkeit Ende April 1999»).

416 Basler Kantonalbank (Hrsg.), Basel-Stadt in Zahlen 1998, S. 4.

417 Werner Haug, «Grundlagen für eine schweizerische Migrationspolitik», in: Wicker,
Nationalismus ..., S. 117–163; Zahlen S. 124 f.

418 Bundesamt für Statistik, Statisches Jahrbuch der Schweiz, 1999, S. 42 («Heiraten
1990–1997»).

419 Bundesamt für Flüchtlinge (Statistikdienst), Asylgesuche nach Nationen 1981–1993.

420 Georg Kreis, «Die Schweiz wird zum Einwanderungsland», in: Leimgruber/Fischer
S. 33–57; Zitate S. 54.

421 Kurt Imhof, «Nationalismus, Nationalstaat und Minderheiten. Zu einer Soziologie der Minoritäten», Soziale Welt, Zeitschrift für sozialwissenschaftliche Forschung und Praxis, 44, Heft 3, 1993, S. 327–357; Zitat S. 342.

422 Gespräch mit Donghua Li, 24. 2. 2000, Tonbandprotokoll.

423 Nach: Susanne Rudolf, «Vom Esskulturkonsum zur Esskonsumkultur», in Nigg S. 313–317; Zitate S. 313.

424 Heinz Lippuner, Unsere Bundesverfassung und das Great Law of Pease der Irokesen-Konföderation, Kleine Schriften des Museumsvereins Schaffhausen, 99/5, Schaffhausen 1999, S. 5.

425 Leonard W. Labaree (Hrsg.), The Papers of Benjamin Franklin, New Haven, Conn. 1959–1987, Bd. 4, S. 118 f.; (Brief vom 20. 3. 1750 an James Parker. «It would be a strange Thing, if six Nations of ignorant Savages should be capable of forming a Scheme for such an Union, and be able to execute it in such a Manner, as that it has subsisted Ages, and appears indissoluble; and yet that a like Union should be impracticable for ten or a Dozen English Colonies, to whom it is more necessary, and must be more advantageous ...»)

426 Nach: Lippuner, im zitierten Werk, S. 8.

427 Nach: Lippuner, im zitierten Werk, S. 18.

428 Nach: Lippuner, im zitierten Werk, S. 9.

429 Ignaz Paul Vital Troxler, Die Verfassung der Vereinigten Staaten Nordamerikas als Mustergebilde der schweizerischen Bundesreform, Schaffhausen 1848.

430 Nach: Hans-Rudolf Wicker, «Einführung: Nationalstaatlichkeit, Globalisierung und die Ethnisierung der Politik», in: Wicker, Nationalismus ..., S. 9–37; siehe vor allem S. 19 ff.

431 Zitiert nach: Thorsten Stecher, «Der Schweizermacher», «Weltwoche» Nr. 3, 20. 1. 2000, S. 3.

Literatur

Es wird hier nur die allgemeine Literatur angeführt, die verschiedene Kapitel betrifft. Spezifische Literatur zu einzelnen Fragen, Kapiteln und Biografien ist am entsprechenden Ort im Text zitiert.

Arbeitsgemeinschaft ‹Mitenand› und Kontaktstellen Schweizer-Ausländer von Genf und Lausanne (Hrsg.), Weissbuch. Die Ausländer in der Schweiz. Geschichtlicher Überblick. Kritische Analyse des Entwurfs zum Ausländergesetz. Vorschläge für eine neue Politik, Zürich 1979.

Gérald Arlettaz, «Demographie et identité nationale (1850–1914). La Suisse et ‹La Question des étrangers»», Studien und Quellen, Nr. 11, Bern 1985, S. 83–180.

Autorengruppe für eine fortschrittliche Ausländerpolitik, Basta! Fremdarbeiter in den achtziger Jahren. Ein Lesebuch, Zürich 1980.

Autorenkollektiv, Materialien zur Intervention. Arbeiterkämpfe in der Schweiz 1945–1973. Die Entstehung einer multinationalen Arbeiterklasse, Zürich 1974.

Autorinnenkollektiv, Jo Schmeiser u. a. (Hrsg.), Staatsarchitektur, vor der Information, Nr. 7/8, Wien 1998.

Monika Bankowski, Peter Brang, Carsten Goehrke und Werner G. Zimmermann (Hrsg.), Asyl und Aufenthalt. Die Schweiz als Zuflucht und Wirkungsstätte von Slawen Basel/Frankfurt 1994.

Wilhelm Bickel, Bevölkerungsgeschichte und Bevölkerungspolitik der Schweiz seit dem Ausgang des Mittelalters, Zürich 1948. (Zitiert: Bickel)

Lucio Boscardin, Die italienische Einwanderung in der Schweiz mit besonderer Berücksichtigung der Jahre 1946–1959, Diss., Basel 1962.

Rudolf Braun, Sozio-kulturelle Probleme der Eingliederung italienischer Arbeitskräfte in der Schweiz, Erlenbach-Zürich 1970.

Pierre Centlivres (Hrsg.), Devenir suisse. Adhésion et diversité culturelle des étrangers en Suisse, Genf 1990.

Laura Chies, Das Migrationsproblem in der Europäischen Gemeinschaft. Theoretische und empirische Analyse der Bestimmungsfaktoren und Folgen internationaler Arbeitskräftewanderungen, Frankfurt am Main 1994.

Josef Doleschal, Das Problem der ausländischen Arbeitskräfte in der schweizerischen Arbeitgeberpolitik der Nachkriegszeit. Unter besonderer Berücksichtigung der Jahre 1962–1970, Bern 1970. (Zitiert: Doleschal)

Mario Erdheim, Die Relevanz der Kulturimago für die Gesellschaftlichkeit und Friedensfähigkeit der Individuen (Hektographiertes Typoskript), Zürich, o. D.

Uriel Gast, Von der Kontrolle zur Abwehr. Die eidgenössische Fremdenpolizei im Spannungsfeld von Politik und Wirtschaft 1915–1933, Zürich 1997. (Zitiert: Gast)

Valentin Gitermann, Geschichte der Schweiz, 2. Auflage, Thayngen-Schaffhausen 1941. (Zitiert: Gitermann)

Carsten Goehrke, Werner G. Zimmermann (Hrsg.). «Zuflucht Schweiz». Der Umgang mit Asylproblemen im 19. und 20. Jahrhundert, Zürich 1994. (Zitiert: Goehrke/Zimmermann)

Erich Gruner, Die Arbeiter in der Schweiz im 19. Jahrhundert. Soziale Lage, Organisation, Verhältnis zu Arbeitgeber und Staat, Bern 1968.

Peter Max Gutzwiller und Urs L. Baumgartner, Schweizerisches Ausländerrecht. Die Rechtsstellung der Ausländer in der Schweiz, 2. Auflage, Basel 1997.

Albert Hauser, Schweizerische Wirtschafts- und Sozialgeschichte. Von den Anfängen bis zur Gegenwart, Erlenbach-Zürich 1961.

Hans-Joachim Hoffmann-Nowotny, Soziologie des Fremdarbeiterproblems. Eine theoretische und empirische Analyse am Beispiel der Schweiz, Stuttgart 1973. (Zitiert: Hoffmann-Nowotny)

Kurt Imhof, Heinz Kleger und Gaetano Romano (Hrsg.), Vom Kalten Krieg zur Kulturrevolution. Analyse von Medienereignissen in der Schweiz, Band 1–3, Zürich 1993, 1997, 1999.

Walter Kälin und Rupert Moser (Hrsg.), Migrationen aus der Dritten Welt. Ursachen und Wirkungen, 2. Auflage, Bern und Stuttgart 1991. (Zitiert: Kälin/Moser)

Walter Leimgruber und Werner Fischer (Hrsg.) «Goldene Jahre». Zur Geschichte der Schweiz seit 1945, Zürich 1999. (Zitiert: Leimgruber/Fischer)

Martin Leuenberger, «Ehrenbürger oder ‹Fremde Hünd›? Zu einigen Aspekten des ‹Fremdseins› im 19. Jahrhundert», Traverse (Zeitschrift für Geschichte), Nr. 3, 1994, S. 161–177.

Guy P. Marchal und Aram Mattioli (Hrsg.), Erfundene Schweiz, Konstruktionen nationaler Identität. La Suisse imaginée, bricolages d'une identité nationale, Zürich 1992. (Zitiert: Marchal/Mattioli)

Medienereignis-Datenbank des Forschungsbereichs Öffentlichkeitssoziologie und -geschichte des Soziologischen Instituts der Universität Zürich (Elektronisch gespeichert in den Anlagen des Forschungsbereichs). (Zitiert: Medienereignis-Datenbank)

Thomas Dominik Meier und Rolf Wolfensberger, «Eine Heimat und doch keine». Heimatlose und Nicht-Sesshafte in der Schweiz (16.-19. Jahrhundert), Zürich 1998.

248

Heinz Nigg (Hrsg.), Da und fort. Leben in zwei Welten. Interviews, Berichte und Dokumente zur Immigration und Binnenwanderung in der Schweiz, Zürich 1999.

Lorena Parini, La politique d'asile en Suisse. Une perspective systémique, Paris/Montréal 1997.

Jacques Picard, Die Schweiz und die Juden 1933–1945. Schweizerischer Antisemitismus, jüdische Abwehr und internationale Migrations- und Flüchtlingspolitik, Zürich 1994.

Simone Prodolliet (Hrsg.), Blickwechsel. Die multikulturelle Schweiz an der Schwelle zum 21. Jahrhundert, Luzern 1998.

René Riedo, Das Problem der ausländischen Arbeitskräfte in der schweizerischen Gewerkschaftspolitik von 1945–1970, Bern 1976. (Zitiert: Riedo)

Heiner Ritzmann-Blickenstorfer (Hrsg.), Historische Statistik der Schweiz. Statistique historique de la Suisse. Historical Statistics of Switzerland, Zürich 1996. (Zitiert: Historische Statistik der Schweiz)

Heiner Ritzmann-Blickenstorfer, Alternative Neue Welt. Die Ursachen der schweizerischen Überseeauswanderung im 19. und frühen 20. Jahrhundert, Diss., Zürich 1997.

Saskia Sassen, Migranten, Siedler, Flüchtlinge. Von der Massenauswanderung zur Festung Europa, Frankfurt am Main 1996.

Beat Schläpfer (Hrsg.), Swiss, made. Die Schweiz im Austausch mit der Welt, Zürich 1998. (Zitiert: Swiss, made)

Rudolf Schlaepfer, Die Ausländerfrage in der Schweiz vor dem Ersten Weltkrieg, Diss., Zürich 1969. (Zitiert: Schlaepfer)

Rolf Schmid, Die Rechtsstellung des ausländischen Saisonarbeiters in der Schweiz, Diss., Zürich 1991.

Schweizerisches Bundesarchiv (Hrsg.), Die Schweiz und die Flüchtlinge. La Suisse et les réfugiés. 1933–1945, Studien und Quellen, 22, Bern/Stuttgart/Wien 1996.

Alexander J. Seiler, Siamo Italiani. Die Italiener. Gespräche mit italienischen Arbeitern in der Schweiz, Zürich 1965.

Hans Stutz, Rassistische Vorfälle in der Schweiz. Eine Chronologie und eine Einschätzung (Gesellschaft Minderheiten in der Schweiz und Stiftung gegen Rassismus und Antisemitismus), 7. Auflage, Zürich 1998.

Tangram, Bulletin der Eidgenössischen Kommission gegen Rassismus.

Unabhängige Expertenkommission Schweiz–Zweiter Weltkrieg, Die Schweiz und die Flüchtlinge zur Zeit des Nationalsozialismus, Bern 1999. (Zitiert: Expertenkommission Schweiz–Zweiter Weltkrieg)

Klaus Urner, Die Deutschen in der Schweiz. Von den Anfängen der Kolonienbildung bis zum Ausbruch des Ersten Weltkrieges, Frauenfeld/Stuttgart 1976. (Zitiert: Urner)

Hans-Rudolf Wicker u. a. (Hrsg.), Das Fremde in der Gesellschaft. Migration, Ethnizität und Staat, Zürich 1996. (Zitiert: Wicker, Das Fremde …)

Hans-Rudolf Wicker (Hrsg.), Nationalismus, Multikulturalismus und Ethnizität. Beiträge zur Deutung von sozialer und politischer Einbindung und Ausgrenzung. Bern/Stuttgart/ Wien 1998. (Zitiert: Wicker, Nationalismus …)

Philipp Dreyer

Zwischen Davidstern und Schweizerpass

24 Porträts jüdischer Jugendlicher

In unserem Land leben rund 20 000 jüdische Schweizerinnen und
Schweizer, davon viele Jugendliche. Wie haben diese jungen
Menschen das politische Klima rund um die Holocaust-Dis-
kussionen erlebt? Wie gehen sie mit ihrem Jüdisch-Sein um?
Es sind junge Frauen und Männer im Alter zwischen 15 und 27
Jahren, die ihren Glauben auf unterschiedlichste Weise leben und
erleben. Da ist beispielsweise der Schreinerlehrling, der streng
nach den Gesetzen der Tora lebt, die Psychologiestudentin, die
sich die Rosinen aus der christlichen wie aus der jüdischen
Religion herauspickt, der Lehrer einer jüdischen Schule, dessen
Traum es ist, mit 30 als Musicaldarsteller in Manhatten aufzutre-
ten, oder die 22-jährige Sachbearbeiterin, die aus Angst vor anti-
semitischen Äusserungen anonym bleiben möchte. Alle
Porträtierten sprechen sehr offen über sich selbst, über ihre
Erlebnisse als Juden und über das, was sie beschäftigt.

192 Seiten, gebunden mit Schutzumschlag

orell füssli

Jürg Martin Gabriel

Schweizerische Aussenpolitik im Kosovokrieg

Der Kosovokrieg war ein erster Test der neu formulierten schweizerischen Aussenpolitik – mit zwiespältigem Ergebnis. Zu diesem Schluss gelangen die Verfasser der acht in diesem Band enthaltenen Beiträge. Die Autoren stammen aus den unterschiedlichsten Disziplinen und gehen die Frage aus sicherheitspolitischer, juristischer, politologischer, ethischer oder soziologischer Perspektive an. Allen ist aber gemeinsam, dass sie nicht bei blosser Beschreibung und analytischer Kritik verharren, sondern konstruktive Anregungen für Verbesserungen machen. Zwar liegen heute der Aussenpolitische Bericht 93 und der Sicherheitspolitische Bericht 2000 auf dem Tisch, doch bei ihrer Umsetzung tun sich einige Departemente und Bundesämter schwerer als andere. Das Ergebnis ist uneinheitlich – und Verbesserungen sind möglich.

224 Seiten, gebunden mit Schutzumschlag

orell füssli

Mauro Mantovani

Schweizerische Sicherheitspolitik im Kalten Krieg 1947–1963

Zwischen angelsächsischem Containment und Neutralitäts-Doktrin

Der Kalte Krieg ist zu Ende, die Ideologien jener Zeit werden in diesem Buch endlich als solche preisgegeben.

Das Buch «Schweizerische Sicherheitspolitik im Kalten Krieg 1947–1963» informiert fundiert über die Haltung der Schweiz im Kalten Krieg. Die Schweiz befand sich von ihren Wirtschaftsbeziehungen her klar im westlichen Lager. Sie berief sich allerdings gleichzeitig auf ihre Neutralität. Wie stand es mit der Neutralitäts-Doktrin?

Dem populären Glauben entsprechend war die Neutralität die Voraussetzung für eine erfolgreiche Sicherheitsstrategie des Kleinstaates. Mantovani bezweifelt diesen Glauben und stellt brisante Fragen.

367 Seiten, gebunden mit Schutzumschlag

orell füssli